Yao Ming-le · Die Verschwörung

Yao Ming-le

Die Verschwörung

Staatsstreich und Ermordung des Lin Piao

C. Bertelsmann Verlag

Die amerikanische Ausgabe ist unter dem Titel
»The Conspiracy and Death of Lin Biao« im Verlag
Alfred A. Knopf, New York, erschienen.

Aus dem Amerikanischen von Hans Jürgen Baron von Koskull

Die Übersetzung erfolgte in Übereinstimmung mit Alfred A. Knopf, Inc.
Alle deutschen Rechte C. Bertelsmann Verlag GmbH, München 1983/54321
Gesamtherstellung Mohndruck Graphische Betriebe GmbH, Gütersloh
ISBN 3-570-00219-5 · Printed in Germany

Einführung

Lin Piao starb am 12. September 1971. Er war einer der bedeutendsten militärischen und politischen Führer Chinas. Seinen legendären Ruf begründete er zunächst auf dem Schlachtfeld gegen die Japaner und später im chinesischen Bürgerkrieg als Sieger in den Entscheidungsschlachten gegen die Nationalisten, und zwar sowohl im äußersten Norden des Landes in der Mandschurei, als auch auf den im Süden gelegenen Hainan-Inseln.

Nach dem Sieg der Kommunisten wurde Lin Piao 1949 als einer von zehn chinesischen Heerführern zum Marschall ernannt. 1959 löste er Peng Dehuai als Verteidigungsminister ab, 1966 wurde er stellvertretender Vorsitzender der Kommunistischen Partei, 1969 schließlich offiziell zum Nachfolger des Vorsitzenden Mao Tse-tung bestimmt. Zur Zeit seines Todes war Lin Piao die zweitmächtigste Persönlichkeit in China.

Sein Tod wurde zunächst vor der Öffentlichkeit und auch vor dem inneren Kreis der chinesischen Politiker geheimgehalten. Es gab nur einen Hinweis darauf, daß etwas Außergewöhnliches geschehen war: Die Oberbefehlshaber der zehn großen Militärregionen in China erhielten vom Zentralkomitee den Befehl, sich auf einen Notstand vorzubereiten. Dieser Befehl enthielt jedoch keine weiteren Erklärungen, und nichts ließ vermuten, daß er etwas mit Lin Piao zu tun hätte.

Vier Wochen später wurde Lin Piao noch immer als Nachfolger Maos und dessen engster Waffengefährte verehrt. Auf dem Tiananmen-Platz in Peking sah man nach wie vor die Tafeln, auf denen die Bürger durch mit riesigen Schriftzeichen gemalten Parolen ermahnt wurden, auf die Worte von Mao und Lin zu hören. Die größte offizielle chinesische Illustrierte, *People's China,* brachte auf der Titelseite der Ausgabe vom Oktober 1971 ein Foto, das Lin Piao an der Seite von Mao Tse-tung zeigte. Man mußte also den Eindruck gewinnen, daß die Beziehungen zwischen den beiden Männern so eng waren wie eh und je. Doch während sein öffentliches Image weitergepflegt wurde, war der Mann selbst schon tot.

Bisher war Lin jedes Jahr am chinesischen Nationalfeiertag, dem 1. Oktober, bei einem großen öffentlichen Auftritt neben Mao auf dem Tiananmen-Platz erschienen. In diesem Jahr wurde die Feier abgesagt und hat seither nicht mehr stattgefunden. Begründet wurde die Absage damit, daß eine Versammlung von Hunderttausenden der Sowjetunion ein zu lohnendes Angriffsziel böte. Die Nachricht vom Tode Lin Piaos verbreitete sich nur langsam, denn eine Reihe streng geheimer Dokumente des Zentralkomitees, die später unter dem Titel »Kriminell belastendes Material über die parteifeindliche Clique Lin Piaos, Teil 1, 2 und 3« zusammengefaßt worden sind, wurde erst allmählich in Umlauf gebracht und zunächst nur den höchsten Parteifunktionären zugänglich gemacht. Das erste Dokument erschien Wochen nach dem Tode von Lin Piao und erwähnte dieses Ereignis nur nebenher. Nach einiger Zeit wurde ein weiteres Dokument herausgegeben, das die Entlassung der engsten Mitarbeiter von Lin Piao aus ihren militärischen und politischen Positionen forderte. Das waren der Chef des Stabes, Huang Yongsheng, der Oberbefehlshaber der Luftstreitkräfte, Wu Faxian, der politische Kommissar für die Flotte, Li Zuopeng, und der Chef der Logistik, Qiu Huizuo. Im November 1971 wurde mit einem weiteren Dokument angeordnet, alle über Lin Piao gedruckten Schriften und alle Fotos von ihm einzuziehen.

Erst am 13. Januar 1972 erhielten die höchsten Parteifunktionäre eine Erklärung über den Tod von Lin Piao. Ein

Bericht des Zentralkomitees informierte sie über einen gegen Mao Tse-tung gerichteten Attentatsversuch Lin Piaos. Diese Verschwörung mit der Bezeichnung »Projekt 571« sei von Lin Piaos Sohn, Lin Liguo, organisiert worden. In der offiziellen Erklärung hieß es, Lin Piao habe, nachdem die Verschwörung aufgedeckt worden sei, offenbar versucht, mit dem Flugzeug in die Sowjetunion zu entkommen, und sei beim Absturz der Maschine in der Mongolischen Volksrepublik ums Leben gekommen.

Zehn Monate nach dem Tode Lin Piaos, am 26. Juni 1972, wurde schließlich ein detaillierter Bericht über die »Affäre Lin Piao« veröffentlicht. Dieser Bericht trug die Überschrift »Inkriminierendes Beweismaterial für einen gegenrevolutionären Staatsstreich der parteifeindlichen Clique Lin Piaos«. Er enthielt Abschriften von Geständnissen, Untersuchungsergebnissen, Aufzeichnungen über Telefongespräche, Auszüge aus Briefen, Notizen, Tagebüchern und andere Beweismittel für die Verbrechen Lin Piaos. Dieser Bericht wurde allen Parteimitgliedern mit der Anweisung übergeben, die chinesische Bevölkerung von seinem Inhalt zu unterrichten.

Nach jenem Dokument des Zentralkomitees hatten die folgenden Ereignisse zum Tode Lin Piaos geführt:

Auf der zweiten Plenarsitzung des 9. Parteikongresses im Kurort Lushan im August 1970 entstanden zwischen Mao Tse-tung und Lin Piao deutliche Meinungsverschiedenheiten bei der Diskussion über die Nachfolge Maos als Parteivorsitzenden. Lin, der spürte, daß Mao ihn nicht als seinen Nachfolger akzeptierte, begann daraufhin einen Staatsstreich vorzubereiten. Dabei ließ er sich von seinem Sohn, Lin Liguo, und dessen Geheimorganisation, der sogenannten »Vereinigten Flotte«, unterstützen. Gemeinsam erarbeiteten sie das »Projekt 571«, das einen Sprengstoffanschlag gegen den Zug vorsah, mit dem Mao eine Besichtigungsreise durch Südchina unternehmen sollte. Angeblich erfuhr Mao jedoch von der Verschwörung und kehrte sofort nach Peking zurück. Als Lin Piao von der Ankunft

Maos in Peking hörte, beschloß er, seine Komplizen und Anhänger nach Guangzhou (Kanton) zu entsenden, wo er die Vorbereitungen für den von ihm geplanten Staatsstreich fortsetzen wollte.

Wie aus den Dokumenten weiter hervorgeht, erfuhr Premierminister Tschou En-lai von den Plänen Lin Piaos aus einem Geständnis, das dessen Tochter, Lin Lihang, abgelegt hatte, und erließ den Befehl, daß alle Flüge von und nach chinesischen Flughäfen besonders überwacht werden sollten. Lin Piao hielt sich damals im Kurort Beidaihe an der Bucht von Bohai, etwa 200 Kilometer ostwärts von Peking, auf und beschloß, als er erkannt hatte, daß seine Pläne scheitern würden, in die Sowjetunion zu fliehen.

Am späten Abend des 12. September 1971 fuhr, wie es in dem Bericht weiter heißt, eine rot beflaggte Limousine zum Marineflughafen Shanhaiguan in der Nähe der Insel Quinhuang bei Beidaihe. Dort wartete eine britische Düsenmaschine des Typs Trident mit den Kennzeichen der Luftstreitkräfte und der Nummer 256 am Heck. Als erster stieg Lin Liguo aus dem Wagen und rief »Schnell, schnell!« Ihm folgten seine Eltern, Lin Piao und Ye Qun, und liefen zum Flugzeug. Die Maschine startete, noch ehe die Besatzung vollzählig war, ohne sich um das Bodenpersonal zu kümmern, das versuchte, den Start zu verhindern.

Als Premierminister Tschou den Vorsitzenden Mao von der Flucht Lins unterrichtete, unternahm Mao nichts.

Nach etwa einer Stunde verschwand das Flugzeug von den chinesischen Radarschirmen. Bald darauf, in den frühen Morgenstunden des 13. September, stürzte sie ostwärts von Ulan Bator in der Mongolei ab, angeblich weil der Kraftstoff verbraucht war.

Die Absturzstelle wurde später von Mitgliedern der chinesischen Botschaft in der Mongolischen Volksrepublik untersucht. Dabei fand man die Leichen von acht Männern und einer Frau. Sie wurden an Ort und Stelle begraben.

Das war der Bericht, der von den Parteimitgliedern in sogenannten *chuan da wen jian* (Dokumentenvorlesungen) an die Bevölkerung weitergegeben wurde. Zwar mag schon vorher gerüchteweise verlautet sein, daß es zwischen Lin und Mao zu Meinungsverschiedenheiten gekommen oder sogar, daß Lin Piao gestorben sei, aber erst nach der Veröffentlichung des Berichts am 26. Juni 1972 wußte man, welche offizielle Haltung die Regierung einnahm.

Verfahren wie dieses, bei denen »geheime« Dokumente eine Rolle spielen, werden häufig angewendet, wenn das Zentralkomitee den »Massen« in der Volksrepublik China etwas mitzuteilen hat. Die Wirksamkeit dieser Methode beruht darauf, daß die Menschen, die von den Vorgängen auf höchster politischer Ebene nur sehr unbestimmte Vorstellungen haben, alles zu glauben geneigt sind, was so klingt, als sei es eine Information aus erster Hand. Was in einem Dokument des Zentralkomitees als streng geheim behandelt wird, muß der Wahrheit entsprechen, und zwar einer sehr bedeutsamen Wahrheit. Darüber hinaus kann sich niemand ein eigenes unabhängiges Urteil bilden, denn die Öffentlichkeit erfährt über solche Angelegenheiten nur sehr wenig. Wenn daher ein so sensationelles Ereignis wie der Tod von Lin Piao eintritt, werden es nur wenige gewöhnliche Chinesen wagen, an dem zu zweifeln, was ihnen darüber mitgeteilt wird.

Ganz anders verhält es sich bei den hohen Parteikadern, die mit den in der chinesischen Innenpolitik üblichen Verfahren vertraut sind. Sie haben einige Erfahrung im Lesen der von der Regierung herausgegebenen Dokumente und können sich in vielen Fällen über persönliche Kontakte Informationen verschaffen. Die Funktionäre der obersten Führungsschicht begnügten sich deshalb auch nicht mit den in den offiziellen Dokumenten gegebenen Erklärungen. Und sie begannen auch an dem zu zweifeln, was sie lasen, und zwar einmal, weil manches unlogisch war, und zweitens, weil entscheidende Fragen nicht geklärt oder gar nicht erwähnt wurden.

Ein wichtiger Grund für ihr Mißtrauen war das offensichtliche Fehlen konkreter Beweise für die Verbrechen, die Lin Piao zur Last gelegt wurden. Die Dokumente enthielten zwar die Geständnisse einiger hoher militärischer Berater Lins, aber in den meisten dieser Aussagen fehlten die »harten Tatsachen«. Auch die Enthüllungen über das »Projekt 571« sagten nichts darüber aus, was die Verschwörer wirklich unternommen hatten. Hier wurde nur ganz allgemein über die gegenwärtige politische Lage und die Absicht der Verschwörer gesprochen, die Macht zu übernehmen.

Die vorgelegten Beweismittel beschäftigten sich überraschenderweise sehr eingehend mit den Aktivitäten des Sohnes von Lin Piao und seiner Anhänger, der sogenannten »Vereinigten Flotte«. Diese Dokumente vermittelten den Eindruck, daß Lin Piao seinem jungen und verhältnismäßig unerfahrenen Sohn einen sehr großen Teil der Verantwortung übertragen hatte. Das paßte durchaus nicht zu dem Bild, das man sich in China von dem »unbesiegbaren Marschall« gemacht hatte.

Die Funktionäre, die die Dokumente lasen, bezweifelten auch die Gründe, die Lin Piao veranlaßt haben sollten, so rasch und ohne jeden Widerstand seine Niederlage zu akzeptieren. Angeblich war dies durch die unerwartete Rückkehr Maos nach Peking bewirkt worden, doch war nichts wirklich konkret Bedrohliches geschehen, was Lin zum Aufgeben hätte zwingen müssen. Darüber hinaus hatte Lin Piao angeblich ganz detaillierte Pläne für eine Fortsetzung des Widerstands in Kanton. Diese Pläne hatte er jedoch nicht ausgeführt. Weshalb sollte er sich nun entschlossen haben, sein Vorhaben aufzugeben, bevor er den Versuch unternommen hatte, diese Pläne zu verwirklichen?

Ein weiterer unerklärlicher Widerspruch lag auch in der offiziellen Behauptung, die Maschine, mit der Lin Piao seinen Fluchtversuch unternommen habe, sei vom Flughafen Shanhaiguan bei Beidaihe gestartet. Doch nach anderen Primärquellen, die einigen hohen Parteifunktionären zur

Verfügung standen, war das Flugzeug, das in der Äußeren Mongolei abstürzte, von Peking abgeflogen. Die Dokumente erwähnten auch nicht, daß Lin Piao selbst vor dem 12. September von Beidaihe nach Peking zurückgekehrt war, eine Tatsache, die einige führende Funktionäre kannten.

Angeblich war die Ursache des Absturzes der Maschine Lins Kraftstoffmangel gewesen. Wer die Bestimmungen über den Umgang mit Flugzeugen kannte, wußte, daß nur Maschinen mit vollem Tank Starterlaubnis bekommen. Das fragliche Flugzeug hatte vor dem Start schon mehrere Stunden auf dem Rollfeld gewartet, und Lin wollte angeblich nach Kanton fliegen, das weiter vom Flughafen Shanhaiguan entfernt war als die Absturzstelle in der Mongolei. Jetzt nahm man an, daß die Trident entweder nicht für einen Flug nach Kanton (oder an einen anderen Bestimmungsort) vorbereitet oder daß sie nicht aus Kraftstoffmangel abgestürzt war.

Mao hatte offenbar verlangt, daß die Leichen an der Absturzstelle beigesetzt würden; jedenfalls wurde behauptet, daß dies geschehen sei. Nach internationalen Gepflogenheiten werden die sterblichen Überreste der Opfer von Flugzeugunfällen in ihr Heimatland überführt. Da es sich in diesem Fall bei den Toten um prominente chinesische Militärs handelte und das Flugzeug nur wenige Kilometer hinter der chinesischen Grenze abgestürzt war, schien es kaum gerechtfertigt, sie in aller Eile in der Mongolischen Volksrepublik beizusetzen.

Dies sind nur einige der inneren Widersprüche, auf die man stößt, wenn man den offiziellen Bericht über den Fall Lin Piao genauer analysiert. Ihre Bedeutung wächst, wenn man – was unvermeidlich ist – erkennt, daß sich dies alles vor dem Hintergrund heftiger politischer Kontroversen vollzogen hat. Die persönliche Bedeutung und Machtstellung von Lin Piao zur Zeit seines Todes veranlassen uns zu noch größerer Skepsis. Weshalb umgibt zum Beispiel Mao, ein anerkannter Fachmann auf dem Gebiet der Selbstverherrlichung, die Ereignisse mit einem so dichten Schleier des Geheimnisses, wenn er in ihnen als Held, Lin jedoch als ausgemachter Schurke aufgetreten ist? Und weshalb wurde die Bekanntgabe sogar an die höheren Parteifunktionäre so lange hinausgezögert? Der Verdacht, daß hier mit falschen Karten gespielt wurde, ist überwältigend, aber dieser Verdacht muß begründet werden.

Der Verfasser dieses Buches gehört zu dem Personenkreis, der Einblick in die den Tod Lin Piaos betreffenden Akten nehmen durfte. Die Fragen, die sich dabei ergaben, schienen lange Zeit nicht beantwortet werden zu können, bis er – ganz zufällig – ein Dokument über diese Angelegenheit in die Hand bekam, das sich ganz wesentlich von den anderen unterschied. Auch dieses neue Schriftstück war als *streng geheim* klassifiziert und beschäftigte sich ebenso wie die anderen mit den Zeugenaussagen eines Mitverschwörers, aber diese Aussagen waren entschieden inhaltsreicher und glaubwürdiger. Im Laufe der Zeit konnte der Verfasser Einblick in weitere »glaubwürdige« Dokumente nehmen und feststellen, wie sehr sie sich von denen unterschieden, die mit dem offiziellen Bericht vorgelegt worden waren. Schließlich kam er zu der unausweichlichen Schlußfolgerung, daß der engste Mitarbeiter Maos, Wang Dongxing, und die anderen für die Untersuchung des Falles Lin Piao Verantwortlichen ein ungeheures Verschleierungsmanöver veranstaltet hatten.

Der Verfasser verfolgte seine Theorie weiter, und es gelang ihm mit Hilfe guter persönlicher Beziehungen, eine große Zahl von Beweismitteln zu finden, die sie stützten. Der wirkliche Durchbruch kam jedoch, als er die privaten Erinnerungen des inzwischen verstorbenen Zhao Yanji lesen durfte, der sich intensiv an allen Aspekten der Untersuchung des Falles Lin Piao beteiligt hatte. Diese Memoiren waren in einzigartiger Weise ausführlich, klar und zuverlässig. Selbst bei den Nebensächlichkeiten schien Zhao Yanji sich strikt an die Wahrheit zu halten. Hier bot sich die Gelegenheit, anderes Material zu verifizieren und zu bestätigen, und ein großer Teil dessen, was in diesem Buch berichtet wird, basiert auf diesen Aufzeichnungen. Der Text wird in langen Passagen zitiert, obwohl er – mit Rücksicht auf das Schutzbedürfnis bestimmter Persönlichkeiten – nicht vollständig abgedruckt werden konnte.

Der große Wert dieser Memoiren liegt darin, daß der Verfasser durch sie einen genauen Einblick in das Verfahren gewonnen hat, mit dem die Nachricht vom Tode Lin Piaos veröffentlicht worden ist. Mao Tse-tung hatte in der Tat gute Gründe dafür, nicht bekannt werden zu lassen, was wirklich geschehen war. Eine wahrheitsgetreue Darstellung der Ereignisse hätte so viel über die politischen Querelen, militärischen Hintergründe, die Arbeit des Geheimdienstes, die Anwendung von Gewalt und den Lebensstil in den oberen Rängen der chinesischen Führung verraten, daß das Bekanntwerden der Wahrheit für diese Spitzenfunktionäre außerordentlich peinlich gewesen wäre.

Da der Tod Lins so plötzlich erfolgte, hatte Mao nur wenig Zeit, eine plausible Erklärung dafür zu finden. Er gewann jedoch Zeit, indem er alle Informationen über die letzten Tage Lin Piaos genau kontrollierte und jeden streng bestrafte, der gegen die von ihm verhängte Nachrichtensperre verstieß.

Schließlich fabrizierte er aus Tatsachen und Lügen eine möglichst glaubwürdige Geschichte über den Tod von Lin und machte sich an die noch schwierigere Aufgabe, sie zu dokumentieren. Dann ließ er die falschen Informationen durchsickern, um China und die Welt davon zu überzeugen, daß seine Darstellung der Wahrheit entsprach.

Mao übertrug dem Leiter des Hauptbüros des Zentralkomitees, Wang Dongxing, die Aufgabe, die Informationen aufeinander abzustimmen. Dazu erfand Wang zwei Methoden, auf die er sich stützen konnte.

Die eine betraf die Tatsachen der Affäre Lin Piao, die sich mit Tonbändern, Fotos und unveröffentlichten Vernehmungsprotokollen belegen ließen. Dieses streng geheime Material stand nur den ganz wenigen Personen zur Verfügung, die an dem Verschleierungsmanöver beteiligt waren.

Mit der zweiten Methode wurde ein vollständiges Bild der Affäre Lin Piao hergestellt, wie sie nach den Wünschen Maos gesehen werden sollte. Auch hier wurde Material hergestellt, das nach außen hin den Eindruck geheimer interner Unterlagen machte, die als »vertraulich«, »geheim« oder »streng geheim« klassifiziert wurden. Der Unterschied lag jedoch darin, daß diese Dokumente zwar in vielen Fällen den »echten« ähnlich, aber mit Zusätzen versehen, gekürzt, ergänzt und/oder korrigiert waren. Was dabei herauskam, waren die Akten, die von der chinesischen Regierung dazu verwendet wurden, die »Tatsachen« über die Affäre Lin Piao bekanntzugeben.

Um diese beiden Informationssysteme streng voneinander zu trennen, erhielt das erste die offizielle Bezeichnung »Akten des Zentralkomitees Klasse 1«, während die Unterlagen der zweiten Kategorie einfach als »Dokumente des Zentralkomitees« bezeichnet wurden. Der Verfasser weist an dieser Stelle darauf hin, daß es ein nicht ungebräuchliches Verfahren war, das für offizielle Geheimdokumente verwendete Material zu fälschen, und Lin Piao hat sich dieser Methode gelegentlich auch selbst bedient. Bei der Affäre Lin Piao war die Zahl der gefälschten Quellen jedoch ungewöhnlich groß.

Dieses Buch enthält Material, das fast ausschließlich aus den »Akten Klasse 1« und den Memoiren von Zhao Yanji stammt. Deshalb entspricht dieser Bericht zwar in vielen Fällen der offiziellen Darstellung, ist jedoch viel detaillierter und vollständiger und unterscheidet sich in manchen entscheidenen Fragen radikal von allem, was bisher darüber gemeldet worden ist – besonders was die Rolle Maos und die Umstände des Todes von Lin Piao und seiner Frau Ye Qun betrifft.

Um dem Leser das Verständnis zu erleichtern, wird in

den Anmerkungen am Schluß des Buches für jedes Kapitel erläutert, wann und wie sich die vom Verfasser benutzten Informationsquellen von der offiziellen Darstellung unterscheiden.

Dem Verfasser haben nicht nur schriftliche Unterlagen zur Verfügung gestanden, sondern er hat im Verlauf mehrerer Jahre auch mit vielen militärischen und politischen Führern sprechen können. Einige von ihnen sind noch am Leben, andere sind inzwischen verstorben. Einige haben Karriere gemacht, andere sind gestürzt worden. Außerdem hat der Verfasser Gespräche mit ihren Ehefrauen, Mätressen, Sekretärinnen, Verwandten, Freunden, Kollegen und Mitarbeitern geführt. Die meisten von ihnen wußten nicht, daß sie »interviewt« wurden. Einzelne waren froh, ihr Gewissen erleichtern zu können. Andere wußten, daß sie nichts zu verlieren hatten, wenn sie die Wahrheit sagten.

Warum wird die Geschichte erst jetzt, zehn Jahre nach dem seltsamen Verschwinden von Lin Piao erzählt? Während dieser Zeit hat der Verfasser seine Quellen und die Tatsachen sehr gründlich erforschen und überprüfen können. Und in dieser Zeit hat sich seine Auffassung bestätigt, daß die Öffentlichkeit auf Dauer getäuscht werden sollte. Eine ebenso perfekte wie höchst dramatische Gelegenheit für die Enthüllung der wirklichen Umstände ergab sich im Verlauf der historisch bedeutsamen Gerichtsverfahren gegen die »konterrevolutionären Cliquen« von Jiang Qing und Lin Piao in den Jahren 1980 und 1981. Aber sie wurde nicht genutzt. Trotz ihrer symbolischen Bedeutung als öffentlicher Nachweis dafür, daß die für die »zehn turbulenten Jahre« der Kulturrevolution verantwortlichen Kräfte ausgemerzt worden waren, sind die Gerichtsverfahren schließlich eine Enttäuschung, wenn nicht sogar eine Verhöhnung der Öffentlichkeit gewesen, denn es wurde nicht der konkrete Nachweis für die Verbrechen erbracht, die man den Angeklagten vorwarf.

Im Falle von Lin Piao waren die Hauptangeklagten Huang Yongsheng, Wu Faxian, Li Zuopeng und Qiu Huizuo die einzigen überlebenden Mitglieder der »Clique« Lin Piaos. Sie alle waren nach dem Tode von Lin Piao 1971 verhaftet worden. Vor Gericht haben sie auf die Anklage, an einer Verschwörung mit dem Ziel, Mao zu ermorden, beteiligt gewesen zu sein, alle ihre »konterrevolutionären« Verbrechen gestanden und wortreich um Vergebung gebeten. Doch ihre Aussagen ließen mehr Fragen offen als sie beantworteten. Die Zweifel daran, daß mit dem Anführer ihrer Verschwörung, Lin Piao, etwas ganz anderes geschehen war, als die offiziellen Quellen verlautbarten, waren jetzt noch größer als zuvor.

Sie und die politischen Führer, die heute an der Macht sind, hüllen sich weiter in Schweigen. Man kann ihnen vielleicht keinen Vorwurf daraus machen. Wie würde das chinesische Volk auf die Wahrheit reagieren? Die Gedanken Maos werden immer noch gelehrt, und seine Legende ist noch lebendig. Nachdem er einmal zum Gott erhoben wurde, vertrüge das Bild Maos durchaus eine gewisse Kritik, ohne dadurch etwas von seiner Überlebensgröße zu verlieren. Und doch steht für die Führung in China heute und noch für lange Zeit mit dem Begründer der Volksrepublik sehr viel auf dem Spiel. Mao hat das neue China, seine Partei, das System und den Staat, die Vorstellungen und den Geist seiner Bevölkerung in eine Form gegossen. Die heutigen Führer haben dies alles von ihm geerbt, und deshalb klammern sie sich an ihn als die einigende legitimierende Kraft, ohne die ihre eigene Identität ernsthaft gefährdet würde.

Aber inzwischen ist die Zeit gekommen, die Wahrheit über diese Episode zu berichten. Man kann und muß es wagen, das wahre Gesicht der Geschichte wiederherzustellen, und zwar um der Geschichte willen; um derentwillen, die ohne es zu wissen dazu beigetragen haben, es zu verzerren, und um derentwillen, die wissen wollen, welche Maskerade sie haben miterleben müssen, und die das Recht haben, es zu erfahren.

1

Der Verfasser der Memoiren, die auszugsweise in diesem Kapitel wiedergegeben werden, war ein hochrangiger Funktionär im Sicherheitsbüro des Zentralkomitees. Als er starb, trug er den Namen Zhao Yanji, aber er hatte auch viele andere. Aus Sicherheitsgründen und um sich die Arbeit zu erleichtern, hatte er wie alle, die in den höchsten Parteiorganen »geheime Arbeit« leisten, einen Decknamen angenommen. Seit Gründung der Volksrepublik im Jahre 1949 verwendete er sieben verschiedene Namen, den letzten seit 1971.

In jenem Jahr wurde er vom Leiter des Hauptbüros des Zentralkomitees der Partei, Wang Dongxing, in das »Geheimbüro für die Behandlung des Sonderfalles Lin Piao« des Zentralkomitees versetzt. Die Mitarbeiter an diesem »Spezialfall« kamen zum größten Teil aus dem Ministerium für öffentliche Sicherheit, das dem Zentralkomitee angeschlossen war, und der allgemeinen politischen Abteilung der Volksbefreiungsarmee.

Doch selbst sie wußten nichts von der Existenz Zhaos und seiner Arbeit. Seine weitreichenden Vollmachten und seine besonderen Pflichten ließen es nicht zu, daß etwas darüber bekannt wurde.

Die neue Stellung von Zhao erlaubte es und machte es manchmal sogar erforderlich, daß er enge persönliche Kontakte mit denjenigen aufnahm und sie verhörte, die in die Affäre Lin Piao verwickelt waren.

Er war damit einer von den ganz wenigen Menschen, die die wahren Hintergründe der Affäre in Erfahrung bringen konnten. Doch ironischerweise bestand seine Arbeit darin, die Wahrheit zu verschleiern.

Während Zhao die Untersuchungen leitete, war er außerdem der nominelle Chef einer Organisation mit der Bezeichnung »Generalbüro der Abteilung für besondere Untersuchungen«. Diese Organisation hatte sich auch mit der Affäre Lin Piao beschäftigt. Ihre Aufgabe war jedoch die Erfindung von Ereignissen und die Herstellung von Dokumenten, die diese Ereignisse belegen sollten – kurz gesagt, die Durchführung eines Verschleierungsmanövers.

Zhao war schon ein kranker Mann, als er anfing, seine Memoiren zu schreiben, und er starb, bevor er damit fertig war. Es läßt sich nicht mit Sicherheit sagen, ob er die Absicht hatte, mit diesem Dokument Licht in das Dunkel zu bringen und die falschen Darstellungen zu korrigieren. Offenbar wollte er seine Geheimnisse nicht mit ins Grab nehmen, denn er hinterließ seine Memoiren einem Verwandten. Später wurden sie vom Zentralkomitee entdeckt, das sie in seinem Archiv verschloß. Wir vermuten, daß ihn die Niederschrift der Memoiren in die Lage versetzt hat, die Ergebnisse seiner Nachforschungen besser zu analysieren und sich während seiner Arbeit ein klareres Bild darüber zu machen. Jedenfalls scheinen die Memoiren in jeder Hinsicht den Tatsachen zu entsprechen, und an dieser Stelle werden zum ersten Mal Abschnitte daraus veröffentlicht:

»Am 14. September 1971 badete ich am Strand Fu Jiazhuang bei Dalian (Dairen) in Nordostchina. Das ist einer der schönsten Strände von Dalian, und er gehört dem militärischen Kommando von Shenyang. Am Strande hielten sich auch einige andere etwa fünfzig bis sechzig Jahre alte Offiziere des Heeres und der Luftstreitkräfte auf. Ich litt damals an gewissen Beschwerden, von denen ich glaubte, sie seien durch Krebs verursacht. Doch die ärztliche Diagnose ergab, daß es sich nur um Verdauungsstörungen handelte. Medizinisch war mein Todesurteil nun aufgehoben, aber politisch war ich ein lebender Leichnam. Man hatte mich verbannt, unter Hausarrest gestellt und sich dann nicht mehr um mich gekümmert. Nun hatte man mir einen Erholungsurlaub gewährt.

Gegen 11 Uhr vormittags kam ein Posten zu mir und sagte, jemand wolle mich sprechen. Als ich zur Garderobe ging, kam der Mann mir schon entgegen. Er trug Uniform, schien zwischen vierzig und fünfzig Jahre alt zu sein, war mittelgroß, blaß und trug eine Brille. Er sprach den Dialekt von Setschuan und sagte mir, er hieße Zhi Yutang und sei ein Kader der Einheit 8341, der sogenannten Palastwache[1], die dem Militärausschuß des Zentralkomitees unterstellt war. Er habe den Auftrag, mich nach Peking zu begleiten. Den Zweck dieser Reise nannte er nicht.

Schon seit langer Zeit hatte man mir nicht mehr befohlen, so rasch einen Ortswechsel vorzunehmen. Ich durfte nicht einmal in das Baqi-Sanatorium zurückkehren.[2] Deshalb rief ich die Aufsicht dort an und hinterließ eine Botschaft. Dann folgte ich Zhi Yutang zum Wagen, der uns zum Flughafen von Zhoushizi brachte. Hier wartete eine Maschine vom Typ An-24 der 34. Division der Luftstreitkräfte auf uns.[3] Als ich meinen Platz in der Kabine eingenommen hatte, stellte ich fest, daß sich keine anderen Passagiere im Flugzeug befanden. Zuerst glaubte ich, wir würden warten, bis die anderen Fluggäste an Bord gekommen seien, aber Zhi Yutang gab irgend jemandem im Cockpit ein Zeichen, worauf der Motor angelassen wurde.

Während des Fluges von Dalian nach Peking wurde praktisch kein Wort gesprochen. Einmal kam ein weiblicher Soldat in die Kabine und fragte mich, ob ich Tee wünschte. Zhi Yutang sagte nichts. Ich hatte keine Ahnung, ob diese Reise Gutes oder Schlechtes für mich bedeutete. Ich wußte nur, daß es sich um ein sehr ungewöhnliches Unternehmen handelte.

Nun erinnerte ich mich auch daran, daß am gleichen Tage schon etwas Ungewöhnliches geschehen war. Der stellvertretende Chef des Stabes des Militärbezirks von

Shenyang und ich hatten uns zu einer Partie Schach verabredet. Aber er fuhr schon am frühen Morgen nach Shenyang, ohne mich zu benachrichtigen. Seine Frau kam zu mir und sagte, Xiao Quanfu, ein stellvertretender Befehlshaber des Militärbezirks Shenyang, habe ihn zu sich befohlen. Das Eigenartige war, daß er seine Frau aus dem strategischen Stabsquartier angerufen hatte, das in den Höhlen im Gebirge untergebracht war. Der stellvertretende Chef des Stabes und ich waren gute Freunde. Es war eine ungewöhnliche Beziehung, denn er war außerdem mein Untergebener. Der überraschende Befehl, den er erhalten hatte, kam mir seltsam vor.

Ich selbst bekleidete einen hohen militärischen Rang, war aber schon seit langer Zeit nicht mehr in wichtige militärische Angelegenheiten eingeweiht worden. Ich hatte niemals einen Kampfverband befehligt, aber Mao Tse-tung hatte mir 1955 bei meiner Beförderung gesagt, ich hätte ›*außerhalb* des Schlachtfeldes wertvolle Beiträge geleistet‹.[4] Unter Tschou En-lai, Li Kenong, Kang Sheng, Wu Defeng, Ye Jiangying und anderen hatte ich während des Krieges gegen die Japaner, im Befreiungskrieg und im Koreakrieg mehrere erfolgreiche Pläne für die Gewährung besonderer militärischer Unterstützung, für den Einsatz der Nachrichtendienste im Krieg und für die politische Kriegführung in einem Bündnis entworfen. Hatte sich nun irgend jemand an meine besonderen Erfahrungen erinnert und glaubte, sie könnten irgendwie von Nutzen sein? Das war eine von vielen Fragen, die mich bedrängten, als ich in Peking aus der Maschine stieg.

Es war um die Mittagszeit und sehr warm. Der Himmel war wolkenlos, und man sah kein Flugzeug in der Luft. Mehrere große Maschinen waren auf dem Rollfeld abgestellt. Wie ich später erfuhr, war eine davon eine Trident. Eine schwarze, rot beflaggte Limousine fuhr uns über die Rollbahn entgegen, um uns abzuholen. Ich erkannte sofort das Kennzeichenschild am Wagen. Er gehörte zum Fuhrpark des Jingxi-Hotels, in dem die Verwaltungsbüros des

Generalstabs untergebracht sind. Ich war schon seit einigen Jahren nicht mehr dort gewesen. Beim Abfahren sah ich vor der Lobby des Flughafens zwei ›56‹-Panzer und mehrere Jeeps stehen. Uniformierte, mit Gewehren ausgerüstete Soldaten bewachten das Gebäude.

Ich kannte den Westflughafen. Hier lag auch das Hauptquartier der 34. Division des militärischen Lufttransportdienstes und des 100. Regiments der 34. Division. Einige der am besten ausgebildeten Truppen in den Luftstreitkräften gehörten zu dieser Division, und normalerweise durfte sich kein anderer Truppenteil an der Verteidigung dieses Flughafens beteiligen. Zunächst glaubte ich, die Soldaten gehörten zu den Sicherheitsverbänden des Zentralkomitees und warteten auf das Eintreffen einer hochgestellten Persönlichkeit in einem normalen Verkehrsflugzeug. Doch was hatten die Panzer am Flughafen zu bedeuten? Ich konnte mich nicht erinnern, so etwas schon einmal gesehen zu haben.

Wie sollte ich ahnen, daß meine Maschine als erste nach Verkündigung des Ausnahmezustands für die Luftstreitkräfte um 1 oder 2 Uhr früh wieder auf diesem Flugplatz landete? Woher sollte ich wissen, daß jetzt alle Einsätze der gesamten Luftstreitkräfte und ihres Materials der Aufsicht des Heeres unterstellt worden waren?

Man wies mir ein Zimmer im 5. Stock des Jingxi-Hotels zu. Zhi Yutang, der mir wie ein Schatten gefolgt war und mich nicht aus den Augen gelassen hatte, schloß sich jetzt ein Leibwächter, Su Quande, an. Dieser 37jährige kleine, schlanke Mann war ein Funktionär aus dem Geheimbüro des Militärausschusses. Er war Kettenraucher und verbeugte sich ständig unterwürfig vor mir.

Zwei Tage wartete ich vergeblich im Hotel und zweifelte schon an der Dringlichkeit der Umstände, die mich hierher gebracht hatten. Ich wollte das Baqi-Sanatorium in Dalian anrufen und darum bitten, daß mir meine persönlichen Sachen nachgeschickt würden. Aber Zhi Yutang erklärte, auf Anordnung des Zentralkomitees dürfte ich nicht telefonieren, keine Briefe schreiben, keine Besucher empfangen, nicht ausgehen und mit niemandem sprechen. Das waren die klassischen ›fünf Verbote‹. Su Quande erlaubte mir wenigstens, mit einer kurzen Notiz um die Abholung meiner Sachen in Dalian zu bitten. Sie wurden mir nach drei Tagen so ausgehändigt, wie ich sie dort zurückgelassen hatte.

Um nicht unverhofft mit irgendwelchen Bekannten zusammenzutreffen, wurden mir die drei täglichen Mahlzeiten auf meinem Zimmer serviert. Doch zweimal kam es dennoch zu unerwarteten Begegnungen. Eines Tages kam der stellvertretende Befehlshaber der Flotte, Zhou Xihan, in mein Zimmer, erkannte mich und setzte sich zu einem längeren Gespräch. Zhi Yutang und Su Quande befreiten mich aus dieser unangenehmen Lage, indem sie sagten, es sei jetzt Zeit aufzubrechen. Wir taten so, als wollten wir das Hotel verlassen, verabschiedeten uns von Zhou Xihan und warteten, bis er außer Sichtweite war. Zu einem zweiten ähnlichen Zwischenfall kam es in einem Friseurladen, wo ich mit dem späteren Direktor der militärpolitischen Akademie, Xiao Ke, zusammentraf. Wir wollten uns beide die Haare schneiden lassen, und es war recht schwierig, aus dieser Situation herauszukommen.

Im übrigen hielt ich mich den ganzen Tag in meinem Zimmer und auf der Terrasse auf und ging ungeduldig hin und her. Am 18. September um 18 Uhr läutete das Telefon. Zhi Yutang nahm den Hörer ab und sagte mir dann, man habe mich aufgefordert, mit ›jemandem‹ zusammenzutreffen. Die Verhältnisse hatten sich wirklich geändert: Früher hätte jeder und sogar Mao Tse-tung seinen Namen genannt. Ich wußte nicht recht, was ich von der Sache halten sollte. Vor dem Hotel bestieg ich eine Limousine mit roter Flagge.

Der Wagen fuhr in die unterirdische Garage der großen Halle des Volkes am Platz des Himmlischen Friedens. Ein Fahrstuhl brachte uns nach oben, und ich wurde in ein kleines Speisezimmer geführt, in dem der Tisch schon gedeckt war. Zhi Yutang und Su Quande standen hinter mir, als ich mich umwendete, weil jemand ins Zimmer gekommen war. Der Angekommene begrüßte mich mit ausgestreckter Hand und erkundigte sich nach meinem Befinden. Es war Wang Dongxing. Ich hatte ihn vor zwei oder drei Jahren zum letzten Mal gesehen. Er hatte zugenommen, und ich bemerkte einen Hautausschlag in seinem Gesicht. Während des Essens ließ man uns allein, und es entwickelte sich ein erstaunliches Gespräch. Ich erinnere mich noch so deutlich daran, als sei es gestern abend gewesen.

›Ich habe Sie heute abend zum Essen eingeladen‹, begann er, ›aber nicht zum Trinken. Sie können etwas sehr Wichtiges für uns tun. Ich habe darum gebeten, Sie kommen zu lassen.‹ Ich sagte nichts, sondern nickte nur. Er blickte mich an, senkte den Kopf und starrte auf die Teller. Dann rührte er mit den Eßstäbchen in seiner Mahlzeit und schob die Speisen hin und her. Dabei gähnte er die ganze Zeit. Er hatte noch die gleichen schlechten Manieren wie damals.

Aber unsere Begegnung verlief ganz anders, als ich es erwartet hatte. Er sah mich mit geröteten Augen an und sagte: ›Ich habe vier oder fünf Tage nicht mehr richtig geschlafen. Was sagen Sie dazu?‹

War er so stark beschäftigt?

›Beschäftigt! Diesmal hat man mir ein Messer durchs Herz gestoßen.‹ Er warf die Eßstäbchen auf den Tisch, richtete sich auf, starrte mich mit weit aufgerissenen Augen an und nickte.

Die zunehmenden Besorgnisse ließen in mir ein Gefühl der Schwäche aufkommen. Vielleicht war es mein schlechter Gesundheitszustand, ich begann zu schwitzen. Irgend etwas war geschehen – ich konnte nur nicht sagen, was es war. Ich wartete einen Augenblick und versuchte dann, dem Problem mit meinen Fragen näher zu kommen.

›Was ist geschehen? Befindet sich Peking im Krieg?‹

Mein Gegenüber schüttelte schweigend den Kopf. Dann stand er auf, ging zweimal im Zimmer auf und ab, blieb hinter mir stehen und sagte: ›Lin Piao hat versucht zu fliehen, aber sein Flugzeug ist abgestürzt.‹

Ich kann gar nicht sagen, wie sehr mich diese Worte erschüttert haben. Sie blieben die erste und einzige Erklärung, die man mir für den Tod Lin Piaos gegeben hat.

Wang Dongxing hatte mich zum Essen eingeladen, um diese Angelegenheit mit mir zu besprechen. Er sagte mir, für die Untersuchung des Falles Lin Piao seien zwei Sektionen verantwortlich. Er leite die eine, Tschou En-lai die andere.

Wang Dongxing beauftragte mich nun mit Prüfungen, Untersuchungen und Berichten über gewisse Unterlagen, die den offiziellen Erklärungen des Zentralkomitees über Lin Piao widersprechen würden. Ich durfte dieses Material nur einem möglichst kleinen Kreis zugänglich machen und sollte darüber hinaus die Quellen feststellen und verifizieren. Außerdem übertrug er mir die Verantwortung, angemessen gegen diejenigen vorzugehen, die nach meinen Untersuchungen in die Angelegenheit verwickelt waren.

Er werde mir bei meiner Arbeit ganz ungewöhnliche Vollmachten geben. So sollte ich das Recht haben, das Geheimbüro des Zentralkomitees, dessen Chef Lin Piao gewesen war, bei meinen Nachforschungen zu umgehen, einzelne Personen festnehmen zu lassen, zu verhören und zu bestrafen. Außerdem werde er mir Mitarbeiter und Informationen aus dem Ministerium für öffentliche Sicherheit, aus der Hauptabteilung für politische Sicherheit (der Streitkräfte) und aus dem Wachregiment 8341 zur Verfügung stellen. Meine Ausgaben sollten vom nationalen Schatzamt bestritten werden, und wenn ich es verlangte, könnte sogar die Finanzbehörde umgangen werden. Der Umfang dieser Privilegien erfüllte mich mit Unsicherheit und Sorge.

Am 4. Januar 1972 lud mich Wang Dongxing in sein Haus in Zhongnanhai zum Abendessen ein. Nachdem wir kurz über meine Arbeit gesprochen hatten, zeigte er mir mehrere Berichte, die dem Ministerium für öffentliche Sicherheit und dem Zentralkomitee über die Reaktionen der ausländischen Presse und der Zeitungen in Taiwan und Hongkong zur Affäre Lin Piao und dem Inhalt der ihnen offiziell zugänglichen Informationen vorlagen.

›Wie sind sie so rasch an offizielle chinesische Dokumente herangekommen?‹ fragte ich. Verständlicherweise sorgte ich mich darum, daß es bei uns undichte Stellen geben könnte.

Wang Dongxing machte eine wegwerfende Handbewegung. Man hatte diese Informationen, so erklärte er, absichtlich zu Propagandazwecken durchsickern lassen. Der Vorsitzende hatte gemeint, es wäre besser, andere glauben zu machen, sie hätten die Geschichte aufgedeckt und sie ausreichend geklärt. Wang Dongxing sagte mir noch einmal, wenn ich auf Informationen stieße, die den Darstellungen des Zentralkomitees widersprächen, sollte ich es ihm melden, dafür sorgen, daß sie nicht bekannt würden, und feststellen, aus welchen Quellen sie kämen und wie sie entstanden seien.

Gegen Ende der Mahlzeit sah er mich sehr streng an und erklärte, ich müsse darauf vorbereitet sein, daß die Affäre Lin Piao viel komplexer sei als erwartet. Er sagte aber nicht, worauf oder wie ich mich vorbereiten sollte. Er betonte lediglich, ich sollte auf jeden Fall meinen Gleichmut wahren.

Bei einer späteren Gelegenheit kamen der Assistent von Wang Dongxing, Wang Liangen, der stellvertretende Direktor des Hauptbüros des Zentralkomitees, und einer der drei Direktoren für die Behandlung des Sonderfalles Lin Piao zu mir, um über die technischen Einzelheiten meiner Arbeit zu sprechen. Sie fragten mich, ob ich noch weitere Hilfe brauchte oder wünschte, daß bestimmte Mitarbeiter versetzt würden. Sehr bald darauf starb Wang Liangen an einer schweren ansteckenden Krankheit. Ich hatte den Eindruck, daß dieser Mann mit dem schmalen, hageren Gesicht bei seiner Arbeit unter Wang Dongxing einem ungeheuren Druck ausgesetzt war.[5]

Ich selbst spürte einen ähnlichen Druck. Die Art meiner Arbeit schränkte nicht nur meine Bewegungsfreiheit ein, sondern ich mußte auch meinen ganzen Lebensstil ändern. Wang Dongxing besorgte eine neue Wohnung für meine Familie und ein Büro für mich in der unmittelbaren Nachbarschaft des Kaiserlichen Palasts, und wir wurden streng von häufig wechselnden militärischen Posten bewacht. Ich hielt mich während dieser Zeit fast nur noch an meinem Arbeitsplatz auf und konnte meine eigentliche Wohnung nur gelegentlich besuchen.

Meine Arbeit hatte allerdings auch ihre Vorteile. Ich arbeitete eng mit Wang Dongxing zusammen und traf mich von Zeit zu Zeit mit Premierminister Tschou, der von der Echtheit des ihm von mir vorgelegten Materials überzeugt zu sein schien. Ganz selten wurde ich auch vom Vorsitzenden Mao selbst empfangen.

Kurz gesagt, nach dem ersten Zusammentreffen mit Wang Dongxing hat sich mein Leben vollständig verändert. Lange Zeit habe ich meine Arbeit in aller Ruhe und pflichtgetreu getan. Erst viel später und nachdem ich manches Rätsel gelöst hatte, bekam ich eine einigermaßen zutreffende Vorstellung davon, was ich mit meiner Arbeit bewirken sollte. Wäre ich früher dahintergekommen, hätte man es mir vielleicht nicht erlaubt, damit fortzufahren.

Zunächst bin ich auf nichts besonders Ungewöhnliches gestoßen. Doch manchmal spürte ich das überwältigende Verlangen, das Qincheng-Gefängnis aufzusuchen und mit den Menschen zu sprechen, die im Zusammenhang mit der Affäre Lin Piao verhaftet worden waren. Zu ihnen gehörten unter anderen Huang Yongsheng, Wu Faxian, Li Zuopeng, Qiu Huizuo und Jiang Tengjiao.

In den Büros des ›Drei-Tore-Militärausschusses‹[6] hatte ich eine unvergeßliche Begegnung. Hier lernte ich eine blasse, zarte, schlicht aussehende Frau kennen. Sie machte einen völlig erschöpften Eindruck, und aus ihrem Blick sprach die Erkenntnis, daß ihr Schicksal besiegelt sei. Lin

Liheng – ihr Kosename war Lin Doudou – war die Tochter von Lin Piao. Später sollte sie bei meinen Untersuchungen eine entscheidende Rolle spielen.

Meine Nachforschungen über die Aktivitäten von Lin Piao während der entscheidenden Monate vor seinem Tode wurden erheblich durch den Umstand erschwert, daß die offiziellen Aufzeichnungen über praktisch alle von ihm geführten Telefongespräche vernichtet worden waren. (Ma Yuying vom Militärausschuß und Feng Yinjie von den Luftstreitkräften waren die in den Telefonvermittlungen arbeitenden Kader, die dafür verantwortlich waren, daß diese Unterlagen verbrannt wurden.) Zum Glück konnte ich die über einen längeren Zeitraum von den Sekretärinnen Lin Piaos und anderer gemachten Aufzeichnungen sicherstellen und in mein Büro bringen. Diese schriftlichen Unterlagen über Schlüsselereignisse füllten sehr bald meinen Panzerschrank und waren schließlich wertvoller als die Aussagen einzelner Personen.

Allmählich stellte sich heraus, daß die Beziehungen zwischen Lin Piao und anderen Personen des gleichen Rangs ganz normal gewesen waren. Sein Sohn, Lin Liguo, der der Luftwaffe angehörte und in Shanghai eine kleine subversive Gruppe, die sogenannte ›Vereinigte Flotte‹, organisiert hatte, war angeblich für die Verbrechen verantwortlich, die Lin Piao offiziell zur Last gelegt wurden. Man behauptete ganz allgemein, die ›Vereinigte Flotte‹ habe ein Attentat gegen Mao Tse-tung geplant. Als dieses Vorhaben scheiterte, sollte Lin Piao versucht haben, in der Trident-Maschine mit der Nummer 256 zu fliehen. Diese Maschine sei in der Äußeren Mongolei abgestürzt, wobei alle Insassen ums Leben kamen.

Das Dokument des Zentralkomitees der chinesischen Kommunistischen Partei, ›Lin Piaos parteifeindliche kriminelle Clique‹, enthielt viele kritische Aussagen über die politische Haltung von Lin Piao, aber praktisch nichts über sein konkretes Verhalten. Auch Huang Yongsheng und andere wurden in ähnlicher Weise krimineller Vergehen beschuldigt, ohne daß man Einzelheiten erwähnte. Die große Mehrzahl der Informationen bezog sich auf Lin Liguo und die Aktivitäten der ›Vereinigten Flotte‹. Dazu gehörten auch die Dokumentation des ›Projekts 571‹ und Fotos von Waffen und Ausrüstungsstücken.

Bei der Überprüfung des mir vorliegenden Materials ergaben sich für mich unter anderem die folgenden Fragen, die Zweifel weckten und denen nachzugehen sich lohnte:

1. Lin Liguo und seine ›Vereinigte Flotte‹ hatten wirklich die Absicht gehabt, Mao zu töten, aber ihre Pläne waren in letzter Minute nicht verwirklicht worden. Warum nicht?
2. Maos überraschende Rückkehr nach Peking von seiner Reise in den Süden traf zeitlich mit der Affäre Lin Piao zusammen. Welches waren die Absichten Maos gewesen?
3. Wie konnte die plötzliche Flucht von Lin Piao gelingen, wenn seine Tochter, Lin Liheng, seine Pläne vorher Tschou En-lai und der Leibwache 8341 verraten hatte?
4. Weshalb haben sich Huang Yongsheng, Wu Faxian, Li Zuopeng, Qiu Huizuo und andere enge Mitarbeiter nicht an dem Fluchtunternehmen von Lin Piao beteiligt?
5. Warum hat keine Dienststelle den Befehl gegeben, die Trident Nummer 256 abzufangen?
6. Wie konnte es Lin Piao seiner Frau und seinem Sohn überlassen, in dem Krieg der Familie Lin gegen Mao die entscheidenden Schlachten zu schlagen, während er sich selbst in seine Villa am Strand von Beidaihe zurückzog? Was hat ihn veranlaßt, den Kampf so rasch aufzugeben und sich zur Flucht in die Sowjetunion zu entschließen? Diese Frage ist wichtig, weil ein solches Verhalten dem Charakter Lin Piaos, wie ich ihn kannte, widersprach und angesichts seines persönlichen Lebenslaufs unverständlich war. Dieser Punkt hat mich besonders beunruhigt.

Ich habe Lin Piao ein oder zwei Jahre nach seinem ersten großen Sieg bei Pingxingguan im Krieg gegen die Japaner kennengelernt. Das war 1940. Wir befanden uns in Moskau, und ich begleitete einige sowjetische Freunde zu einem Besuch bei meinem chinesischen Landsmann. Der Name des jungen Generals hatte während des Langen Marsches und der gegen Japan geführten Kriege einen guten Klang. Vor diesem ersten Zusammentreffen mit ihm konnte ich kaum meine innere Erregung zügeln.

Er war blaß und zart, und seine schmächtige Gestalt war die eines Gelehrten. Er trug eine einfache Uniform aus grauem Flanell und begrüßte uns mit bescheidenem Lächeln. Ohne die dicken, tiefschwarzen Augenbrauen und die heitere Gelassenheit in seinen Augen hätte man sich nur schwer vorstellen können, daß der junge Mann, der uns jetzt vor diesem sowjetischen Kamin die Hand entgegenstreckte, der berühmte kommunistische chinesische General Lin Piao war.

Nach diesem Treffen gelang es mir noch in Moskau, eine Beziehung zu Lin Piao herzustellen. Er war der wichtigste Verbindungsmann zwischen der chinesischen und der sowjetischen Kommunistischen Partei und daher auch mein Vorgesetzter.

Es war deutlich zu spüren, welche ungewöhnliche Hochachtung Stalin Lin Piao entgegenbrachte. Man gestand ihm alle nur denkbaren Privilegien zu, und während er mit größtem Eifer mit den Forschungsarbeiten für sein Buch *Das Wesen des Sieges* beschäftigt war, konnte er regelmäßig mit den angesehensten Theoretikern zusammentreffen.

1942 kehrte Lin Piao nach China zurück, marschierte 1945 in die Mandschurei ein und stellte dort die 4. Feldarmee auf, den stärksten militärischen Verband unserer Partei. Er stieß von Norden nach Süden durch das ganze Land und gewann die Schlachten von Liaoning-Shenyang und Peking-Tianjin. Unter seiner Führung überschritten unsere Truppen den Yangtse, eroberten Zentral- und Südchina und stießen bis zur Halbinsel Leizhou und der Insel Hainan vor, bis die 2 700 000 Mann Tschiang Kaischeks vernichtet, gefangen oder zum Überlaufen auf unsere Seite gezwungen worden waren. Mit seinen Siegen hatte Lin Piao den größten Teil von China erobert.

Lin Piao war sowohl ein großer Stratege als auch ein entschlossener Truppenbefehlshaber. Sein stärkster Charakterzug war sein Selbstvertrauen. Er war im höchsten Maße unabhängig und selbstsicher. Lin Piao hat für den Chef des Stabes der 4. Feldarmee, Liu Yalou, einmal eine Schriftrolle verfaßt, die Liu heute als ein Glaubensbekenntnis betrachtet. Auf dieser Schriftrolle ist zu lesen: ›Wenn es um Leben oder Tod geht, treten andere zurück; Du allein stehst im Vordergrund. Das ist das Wesen des Siegers.‹

Während des Korea-Krieges riskierte Lin Piao eine Kontroverse mit Mao Tse-tung, als er sich weigerte, den Posten des Oberbefehlshabers zu übernehmen. Damals nahm er seinen schlechten Gesundheitszustand zum Vorwand, doch während unserer häufigen Begegnungen deutete er an, daß er dieses Kommando abgelehnt habe, weil er die Amerikaner nicht gut genug kannte und ihm die Gefechtsbedingungen in Korea nicht gefielen. Er hatte das Gefühl, den Sieg nicht *garantieren* zu können.

Während Marschall Peng Dehuai offiziell den Befehl in Korea übernommen hatte, verbreitete sich das Gerücht, daß die Führung in Wirklichkeit in den Händen von Lin Piao lag. Ich wußte, daß es anders war, denn ich habe kurze Zeit in China mit ihm zusammengearbeitet. Während eines Gesprächs erwähnte ich sein Buch *Das Wesen des Sieges*. Plötzlich wurde er kühl und ernst. Er sagte langsam: ›Wenn man zuversichtlich ist, kann man mit dem Sieg rechnen. Man darf sich so wenig wie möglich auf die Fähigkeiten anderer verlassen, gleichgültig, wieviel Erfahrung sie haben oder wie stark sie auch sein mögen. Das ist der Schlüssel. Erstens, man darf den Menschen nicht trauen. Zweitens, man darf nicht mit leeren Händen dastehen. Der militärische Führer ist das Nervenzentrum aller kriegerischen Aktivitäten. Drittens, man rettet seine eigene Haut nur, wenn man dem Feind an Herz und Nieren geht und ihn ausbluten läßt. Um den Sieg zu erringen, muß man den Feind im

Tal des Todes zurücklassen, und am besten ist es, ihn schon zu Beginn dorthin zu führen. Es gibt ein Sprichwort: Wer zuerst zuschlägt, ist im Vorteil.‹

Mao Tse-tung hat Lin Piao den ›unvergleichlichen Marschall‹ und den ›unbesiegbaren Marschall‹ genannt. Stalin pries ihn als ›den bedeutendsten chinesischen Befehlshaber, der an Intelligenz und Mut alle anderen übertrifft. Er ist eine Hand aus rotglühendem Eisen.‹ Tschiang Kaischek hat ihn als ›einen Dämon im Kriege‹ verflucht, mußte aber zugleich anerkennen, daß er ›den Schlüssel zum Geheimnis des militärischen Erfolges in der Hand hatte‹.

Es schien undenkbar und unmöglich zu sein, daß Lin Piao mit diesem Charakter und nach einer solchen Erfolgslaufbahn in Beidaihe plötzlich den Kopf einzog wie eine Schildkröte, um den Kampf um Leben und Tod gegen Mao seinem Sohn und seiner Frau zu überlassen, ohne selbst eine Strategie zu entwickeln.

Hätte Lin Piao wirklich seine Karriere, ja sogar sein Leben unerfahrenen Männern anvertraut, wenn es ausgerechnet gegen Mao ging, der schon eine ganze Reihe politischer Feinde zertreten hatte? Ein solcher Lin Piao hatte mit dem historischen Lin Piao nichts zu tun. Das war ein ganz anderer Mensch, leichtsinnig, unfähig und militärisch wie politisch ahnungslos. Zuerst war ich nur erschrocken, doch jetzt wurde ich mißtrauisch.

Wenn es nicht einen zweiten Lin Piao gab, dann mußte ich mir Gedanken machen. Oder, vielleicht lag der Fall Lin Piao ganz anders, als ihn das Zentralkomitee darstellte. Plötzlich befand ich mich in einer sehr peinlichen Lage. Denn mein Mißtrauen, mochte es nun gerechtfertigt sein oder nicht, brachte mich in eine unmögliche Position. Wang Dongxing und Wang Liangen hatten mir befohlen, Informationen zu sammeln und meine Feststellungen mit den in den Dokumenten des Zentralkomitees getroffenen zu koordinieren.

Wenn mein Verdacht sich bestätigte, ließ sich beides nicht auf einen Nenner bringen. Und doch boten mir meine

Arbeitsbedingungen die besten Möglichkeiten, diesen Verdacht zu verifizieren oder zu zerstreuen. Wahrscheinlich sollten meine Bemühungen, wie schon in der Vergangenheit, in der Hauptsache dazu führen, die historische Wahrheit zu verschleiern, andere zu täuschen und Heuchler zu schützen. Doch diesmal wollte ich dafür sorgen, daß ich selbst nicht getäuscht wurde.«

2

Im kommunistischen China müssen die Kinder hochrangiger militärischer und politischer Führer die militärische Laufbahn ergreifen. Beim Militär wird man rasch befördert, genießt viele Privilegien, und wenn man aus der richtigen Familie kommt, gewinnt man großen Einfluß. Besonders die Luftwaffe ist die Kinderstube der Elite. Das begann schon mit der Aufstellung der kommunistischen Luftwaffe. Lins Stabschef in der 4. Feldarmee, Liu Yalou, wurde zum ersten Befehlshaber der Luftstreitkräfte ernannt. Er kombinierte die althergebrachte Disziplin mit der modernen Taktik, und unter seinem Einfluß wurden die Luftstreitkräfte sehr bald zu einer Elitetruppe, zu den am besten ausgebildeten und zuverlässigsten Teilstreitkräften. Außerdem genossen sie eine bevorzugte Behandlung, die von der Auswahl des Personals über die Bewaffnung und Ausrüstung bis zu den Sondervergünstigungen reichte.

Es überraschte daher nicht, daß die beiden Kinder von Lin Piao in die Luftwaffe eintraten.

Die ältere von beiden Geschwistern war seine Tochter Lin Liheng mit dem Spitznahmen Lin »Doudou« (»kleine Bohnen«, ein Leibgericht von Lin Piao). Sie trat 1966 in die Presseabteilung der Luftstreitkräfte ein, war eine privilegierte, ruhelose und stolze junge Frau, der es gefiel, als vornehme Intellektuelle aufzutreten. Als Tochter des Verteidigungsministers war sie von Schmeichlern umgeben und hatte innerhalb eines Jahres eine eigene Anhängerschaft. Während der Kulturrevolution entstanden ungezählte

Splittergruppen. Eine von ihnen unter der Führung von Lin Doudou nannte sich »Der alte Narr, der Berge versetzte«. Das war der Titel einer Parabel, die Mao Tse-tung besonders gern zitierte. 1969 wurde sie zur Hilfsredakteurin in der Presseabteilung der Luftwaffe ernannt und erreichte damit wahrscheinlich den Höhepunkt ihrer politischen Karriere.

Ein Jahr jünger als seine Schwester war Lin Liguo, der Aggressivere von beiden. Er war hochgewachsen – einen guten Kopf größer als sein Vater – und er sah gut aus. Lin Liguo war zwar seiner Mutter ähnlicher als seinem Vater, aber zwei Dinge hatte er zweifellos von ihm geerbt, die dikken Augenbrauen und den Ehrgeiz. Als er mit zweiundzwanzig Jahren 1967 zur Luftwaffe ging, glich er, wie man sagte, »einem neugeborenen Kalb, das sich vor keinem Tiger fürchtet«.

Sehr zum Ärger seiner Kameraden erwies er sich als unreif, politisch naiv und nicht interessiert an militärischen Angelegenheiten. Trotz der Bemühungen seiner Eltern und ihrer Freunde, ihm den richtigen Weg zu weisen, schien er zunächst nicht zu begreifen, welche Möglichkeiten er hatte.

In den ersten Jahren waren seine Beziehungen zu den Luftstreitkräften vor allem privater Natur. Sie begannen mit der sogenannten »Entdeckergruppe«, die sich auf Anregung seiner Mutter bildete, deren größte Sorge es war, die richtige Frau für ihren Sohn zu finden. Nach langem Drängen brachte sie ihren Kollegen Wu Faxian dazu, einige seiner Männer mit dieser Aufgabe zu betrauen, und Wus Frau, Chen Suiqi, nahm die Sache in die Hand.

Lin Liguo wußte nicht recht, ob er jetzt schon heiraten sollte. Er hatte zwei unglückliche Affären hinter sich. Seine erste Liebe war eine Mitschülerin an der elitären Pekinger Achten Mittelschule. Sie starb an einer Krankheit, und er hat sehr unter dem Verlust gelitten.

Eine zweite Romanze mit einer Kommilitonin an der Qinghua-Universität führte zu nichts, denn er brachte nicht den Mut auf, sich ihr wirklich zu nähern. Er war tief gekränkt, als sie sich für einen anderen Mann entschied, und gab seinen Eltern die Schuld für seinen Stolz und seine Passivität.

Doch in der Luftwaffe begann er allmählich, seine Privilegien und die Aufmerksamkeit zu genießen, die man ihm entgegenbrachte. Es dauerte nicht lange, bis er, auch im Hinblick auf junge Mädchen, arrogant und egoistisch wurde.

Die Bemühungen seiner Mutter, die richtige Frau für ihn zu finden, waren ihm gleichgültig. Er mißbilligte weniger diese Versuche als die jungen Frauen, die sie für ihn auswählte. Oft sahen sie zwar gut aus, erschienen ihm aber nicht wirklich schön, waren wohlerzogen, aber nicht gebildet genug, waren nett, konnten ihn aber nicht bezaubern. Sie entsprachen den politischen Kriterien von Ye Qun, gehörten aber nicht zu dem Typ, der das Herz ihres Sohnes hätte höher schlagen lassen.

Die richtige Frau für Lin Liguo zu finden, war keine leichte Aufgabe und ging allen, die damit beschäftigt waren, auf die Nerven. Der beste Rat, wie man vorgehen sollte, kam schließlich von Jiang Tengjiao, dem stellvertretenden politischen Kommissar der Luftstreitkräfte, der, wie man wußte, ein Frauenkenner war. Er machte Ye Qun und Chen Suiqi den Vorschlag, Lin Liguo sollte sich selbst auf Entdeckungsreisen begeben, und zwar zunächst in Shanghai, Hangzhou und Suzhou. (Das waren nach seinem Dafürhalten die bei weitem besten »Jagdgründe«.) Schließlich war es Lin Liguo selbst, der sich seine »Kaiserliche Konkubine« aussuchen mußte.[1]

Die Geduld von Chen Suiqi war erschöpft, und sie erklärte sich bereit, diesem Vorschlag zuzustimmen. Lin Liguo meinte, er habe nichts dabei zu verlieren; die Aussicht auf ein ungehemmtes romantisches Leben gefiel ihm sogar.

Auf seiner ersten Reise nach Shanghai gliederte er seine »Entdeckergruppe« sofort um. Er schickte die nach seiner Auffassung orthodoxen alten Philister zu Wu Faxian zurück und nahm an ihrer Stelle junge Leute seiner Altersklasse in die Gruppe auf. Die neue Organisation nannte sich »Shanghai-Gruppe«.

Eines der tüchtigsten Mitglieder dieser Gruppe war der Übersetzer Chen Lunhe vom Nachrichtendienst der Luftstreitkräfte. Er war klein und untersetzt, und bei seinem ersten Privatgespräch mit Lin Liguo, bei dem es um irgendwelche Übersetzungen englischer Texte ging, schilderte er ihm sehr lebendig und ausführlich den Inhalt eines westlichen pornographischen Magazins.

Diese erste Begegnung befestigte die Beziehungen Lins zu Chen Lunhe und begründete seine Vorliebe für pornographische Zeitschriften. Bald waren *Playboy* und *Penthouse* Lins regelmäßige Bettlektüre. Er besorgte sich diese Zeitschriften durch einen Kurier, den er in kurzen Zeitabständen immer wieder nach Shunchun schickte, eine Stadt unmittelbar an der Grenze zu Hongkong. Das Tagebuch eines aktiven Mitglieds der »Shanghai-Gruppe«, Xi Zhuxian, beschreibt recht detailliert ihre Aktivitäten:

»Normalerweise arbeitete jeder von uns allein mit seinen Gehilfen und unternahm immer wieder Reisen nach Shanghai, Hangzhou und Nanjing. Manchmal unterbrachen wir diese Reisen auch in Suzhou, Ningbo und Wuxi. Dabei waren wir immer bewaffnet und hatten Sonderausweise der Luftstreitkräfte bei uns. In Shanghai hatten wir besondere Kennkarten, die von Wang Weiguo und der militärischen Kontrollkommission ausgegeben wurden. Sie berechtigten uns, überall in Shanghai herumzufahren, Kraftfahrzeuge anzufordern und andere Leute ›zu schneiden‹. Gelegentlich wurden die Sicherheitskräfte in Shanghai auf uns aufmerksam. Wenn das geschah, waren die Sonderkennkarten sehr nützlich.

Meist sahen wir uns in Theatern, Parks und Einkaufszentren nach Mädchen um, manchmal aber auch in Künstler- und Schauspielerkreisen. Wenn uns ein Mädchen gefiel, erkundigten wir uns nach seinem Namen und stellten fest, aus welchen familiären Verhältnissen es kam. Wenn Lin Liguo unserer Wahl zustimmte, nachdem er die Fotos und die

Personalangaben gesehen hatte, arrangierten wir ein Treffen. Es war nicht schwer, ein Mädchen dazu zu bewegen, wenn wir ihm sagten, es hätte unter Umständen die Möglichkeit, in einer besonders hohen militärischen Stelle Sekretärin zu werden. In den meisten Fällen genügte schon dieses Versprechen.

Der nächste Schritt bestand darin, sie nackt zu betrachten. So pflegte Lin Liguo sie zu beurteilen. Wenn wir in Shanghai waren, ließ er sich täglich die Frauen vorführen. Zu anderen Orten unternahm er besondere Flugreisen und besichtigte mehrere Anwärterinnen während einer solchen Sitzung. Er meinte, das sei das erholsamste Vergnügen und noch interessanter als ausländische Filme.

Das Schöne an unserer Methode war, daß die Frauen nicht wußten, daß wir sie nackt beobachteten. Wir erzählten ihnen, sie müßten ärztlich untersucht werden. Dazu hatten wir im Namen der militärischen Kontrollkommission das Haus eines ehemaligen Kapitalisten beschlagnahmt.

Ein Zimmer wurde als Untersuchungszimmer eingerichtet, in das wir eine Trennwand aus einseitig durchsichtigem Spiegelglas einbauen ließen. Wir beobachteten die Mädchen hinter diesen Spiegeln. Die Einrichtung wurde ständig verbessert – Geräuschisolierung, Verstärker, verstellbare Scheinwerfer, Video-Geräte und eine von der Decke hängende Kugel aus verspiegelten Objektiven kamen hinzu.

Ähnliche Zimmer wurden in Hangzhou und Nanjing eingerichtet, allerdings nicht so reich ausgestattet wie in Shanghai. Lin Liguo fuhr auch nur selten dorthin; er ließ die Mädchen lieber nach Shanghai bringen.

Die Untersuchungen wurden von Ärztinnen vorgenommen, die wir sorgfältig auswählten und häufig wechselten. Sie wußten nicht, was hinter den Spiegeln vorging und wo sie sich befanden, denn sie wurden nachts in einem Wagen mit verhängten Fenstern zu den Untersuchungen gebracht.

Lin Liguo saß im Beobachtungszimmer auf einem bequemen Plüschsofa, trank guten Likör und betrachtete jedes einzelne Mädchen, ihren Körperbau, ihre Haltung und ihre Schönheit. Wenn ihm gefiel, was er sah, verlangte er eine zweite, intimere Untersuchung.

Oft ließ Liguo das Ganze auf Video-Band aufnehmen und lud dann seine Freunde zu privaten Filmvorführungen ein.«

Aus den »Patientinnen«, die ihre Prüfungen mit Auszeichnung bestanden hatten, bildete Lin Liguo schließlich einen aus etwa zwanzig Konkubinen bestehenden Harem. Wenn die Mädchen aus dem Untersuchungszimmer ins Schlafzimmer gebracht werden sollten, leisteten sie manchmal Widerstand. Es war für sie in gewisser Weise beschämend, feststellen zu müssen, daß sie zu den Auserwählten gehörten. In der Aussage einer Lieblingskonkubine von Lin, eines hochgewachsenen, schlanken 19jährigen Mädchens mit Namen Qi Shijing, heißt es:

»Wenn Lin Liguo richtig verrückt wurde, schlug er mich und biß mich in die Brüste und Beine, bis ich überall blaue Flecken hatte. Ich habe immer noch Narben an meinen Genitalien. Nach dem Geschlechtsakt zog er seine Uniform an und kanzelte mich ab wie ein General, weil ich zu altmodisch sei. Er sagte, ich hätte das Wesen der Männlichkeit nicht begriffen. Ich müsse noch aus der Unwissenheit erwachen, von der er mich zu befreien suchte.«[2]

Doch in den meisten Fällen sahen die Mädchen in ihrer Unterwürfigkeit den ehrenhaften Beweis für die Loyalität gegenüber Vater Lin. Sie betrachteten sich nicht nur als Sexobjekte für Lin Liguos Privatbordell, sondern waren intelligente und wohlerzogene junge Frauen, die es als Privileg ansahen, dem Sohn eines großen Führers zu dienen. Plötzlich hatten sich ihre Lebensumstände gebessert. Die Verhältnisse waren nicht mehr so bescheiden wie vorher, und sie nahmen eine angesehene Stellung ein. Sie wurden alle in den Lin unterstellten militärischen Verwaltungsbehörden beschäftigt und erhielten einen nominellen militärischen Rang. Sie lebten im Luxus der privilegierten Klasse und genossen den für sie erregenden Umstand, daß sie Umgang mit den Mächtigsten hatten. Mit Ausnahme der Lieblingsmätressen von Lin Liguo, der sogenannten »Engel des Tigers«, wußte keine von ihnen genau, was er tat, außer daß er ein Weiberheld war.

Hätte sich seine Mutter nicht ständig um ihn bemüht und versucht, seinen Ehrgeiz anzustacheln, dann hätte sich Lin Liguo wahrscheinlich mit diesem dekadenten, zügellosen Leben begnügt, mit einem Lebensstil, der für die Kinder hoher Militärs nicht untypisch war. Aber Ye Qun hatte ehrgeizigere Pläne mit ihm, und ihre Kollegen waren bereit, ihr bei der Verwirklichung dieser Pläne zu helfen. Auf der Suche nach einer geeigneten »Lehrstelle« für ihren Sohn setzte sie sich immer wieder mit Wu Faxian, Huang Yongsheng und anderen Untergebenen in Verbindung. Sie hoffte, in einer verantwortlichen Stellung werde er ein Interesse an politischen und militärischen Themen entwikkeln. Das etwas gespannte Verhältnis zwischen Mutter und Sohn hinderte sie allerdings daran, mit Lin Liguo selbst zu sprechen – bis es eines Tages zu einer dramatischen Konfrontation zwischen beiden kam.

Lin Liguo hatte in einer Art Protestreaktion heimlich Abhörvorrichtungen in der Wohnung seiner Eltern einbauen lassen. Außerdem bereitete es ihm Vergnügen, mit Tricks zu spielen, die sein Vater als Militärbefehlshaber bei der Gegenspionage anwenden mußte. Dabei stieß er ganz zufällig auf Beweise dafür, daß seine Mutter ein Verhältnis mit Huang Yongsheng hatte, und beschloß, sie damit zu erpressen.

Er spielte seiner Mutter die Tonbandaufnahme eines Gesprächs zwischen ihr und Huang Yongsheng vor, in dem sich beide ihre Liebe beteuerten, und erwartete, daß sie in Tränen ausbrechen und versuchen werde, sich irgendwie zu rechtfertigen. Zu seiner Überraschung schienen diese Enthüllungen Ye Qun jedoch überhaupt nicht zu beeindrucken, sondern sie ging sofort zum Angriff über, warf ihm seine Naivität vor und belehrte ihn darüber, wie notwendig es sei, »derartige« Beziehungen mit den loyalen Gefolgsleuten von Lin Piao zu pflegen. Sie sagte, nach der Ernennung von Lin Piao zum Nachfolger Maos vor einigen Monaten seien die Beziehungen zu den Leuten Maos zunehmend gespannter und schwieriger geworden. In dieser neuen Lage sei zwischen ihr und ihren alten Freunden politisch und auch auf anderen Gebieten eine neue intime Beziehung entstanden.

Dann kam sie auf eine Sache zu sprechen, die sie ihrem Sohn eigentlich nicht hatte sagen wollen – den schlechten Gesundheitszustand von Lin Piao. Der Marschall litt schon seit längerer Zeit an einer nicht genau diagnostizierten Krankheit, die ihr jedoch so besorgniserregend schien, daß sie glaubte, über eine neue Rolle für ihre Familie nachdenken zu müssen. Der Zustand ihres Mannes war zwar ein Staatsgeheimnis, aber sie war entschlossen, die Machtstellung der Familie Lin auf jeden Fall zu bewahren. Ganz ähnlich wie Tschiang Tsching-kuo die Machtstellung seines Vaters, Tschiang Kai-shek, übernehmen wollte, sollte auch Lin Liguo auf die Rolle des Kronprinzen vorbereitet werden. Das jedenfalls hoffte Ye Qun.

Am Ende des Gesprächs fühlte sich Lin Liguo in eine peinliche Lage versetzt. Plötzlich mußte er erkennen, daß wichtige Aufgaben auf ihn warteten. Bisher war er im Kielwasser seines Vaters geschwommen, ohne an die Zukunft und seine eigene künftige Rolle zu denken. Nun zwang ihn die Krankheit seines Vaters, Entschlüsse zu fassen und rasch zu handeln.

Ye Qun brauchte nun nicht mehr hinter dem Rücken ihres Sohnes zu manövrieren, bemühte sich jedoch auch weiterhin um die Unterstützung einflußreicher Freunde. Den größten Erfolg hatte sie dabei, als sie den Chef der Operationsabteilung der Luftstreitkräfte bewog, Lin Liguo zu seinem Stellvertreter zu ernennen. Sie gewann die Zustimmung von Lu Min dadurch, daß sie ihm sagte, es bestünde die Möglichkeit, daß er eines Tages zum Chefberater Lin Piaos im Generalstab ernannt werden könnte.

Es zeigte sich, daß Lu Min genau der richtige Mann war. Gleich zu Beginn verstand er es, Lin Liguo das Gefühl der Überlegenheit zu geben. Um in dem jungen Mann die Selbstsicherheit und das notwendige Verantwortungsbewußtsein zu wecken, mußte Lu Min ihm einen Teil der Aufgaben übergeben, die er bisher selbst wahrgenommen hatte. Es gelang ihm sogar, Lin für militärische Dinge zu begeistern, und er zeigte ihm, daß MiG-Jäger ebenso sexy sein konnten wie junge Mädchen.

Was Lu Min sagte, war von nun an für Lin Liguo ein Evangelium. Als berühmter Kriegsheld kannte Lu sehr genau alle von den chinesischen Streitkräften gewonnenen Schlachten, wenn er auch über die Militärtechnik fremder Heere weit weniger gut unterrichtet war. Seine farbigen und lebendigen Schilderungen begeisterten Lin, der es besonders faszinierend fand, wenn Lu einen großen Hörerkreis zu fesseln wußte. Lin Liguo stellte sich dann vor, daß er selbst der Truppenbefehlshaber war, während alle anderen als seine Berater und ausführenden Organe seine Anordnungen befolgten. Ihm gefiel inzwischen die Vorstellung, an den Schalthebeln der Macht zu sitzen.

Wenn sich Lu Min den gegenwärtigen strategischen Problemen zuwendete und davon sprach, daß die Luftstreitkräfte über Kernwaffen verfügten, schienen die Träume Lins von der Macht der Realität sehr nahe zu kommen. Einmal sprach Lu Min von einem von Lin Piao entworfenen und genehmigten Einsatzplan, der für den Fall, daß China und Amerika in einen ernsthaften Konflikt gerieten, vorsah, daß China den ersten Schlag führte. Die Chinesen würden in diesem Fall von Transportflugzeugen abzuschießende Fernlenkwaffen gegen drei Ziele in Japan und eines in Korea einsetzen, wo die Amerikaner starke Kräfte zusammengezogen hatten.

Die Schwäche dieses Plans lag in der Annahme, ein schwächeres China könnte ein stärkeres Amerika besiegen, weil es den Amerikanern an Mut und Entschlossenheit fehlte. Lin Piao war überzeugt, jeder amerikanische Präsident werde in einer solchen Lage den Rückzug antreten. Natürlich wären Westeuropa, Osteuropa und sogar die Sowjetunion interessiert daran, die Ausweitung eines mit Kernwaffen geführten Krieges zu verhindern, der die Vereinigten Staaten veranlassen könnte, nachzugeben anstatt zu kämpfen.

Lin Liguo hatte inzwischen seinen »Schönheitswettbewerb« aufgegeben. Jetzt kam es ihm nicht mehr so sehr auf die sexuellen Vorzüge seiner Mädchen an, sondern er begann, sie im Gebrauch von Handfeuerwaffen und von Geheimschlüsseln zu unterweisen. Die Mitglieder seiner »Shanghai-Gruppe« mußten ein hartes Ausbildungsprogramm absolvieren, das in ihnen Loyalität und Machtgefühl stärkte, und natürlich fühlten sie sich geschmeichelt, wenn Lin Liguo sie als die neue »herrschende Klasse« bezeichnete.

Doch während Lin seine Machtposition in Shanghai weiter ausbauen konnte, stieß er in Peking auf manche Hindernisse. Als stellvertretender Chef der Operationsabteilung genoß er keine so große Handlungsfreiheit und verfügte nicht über so weitreichende Vollmachten, wie er es sich gewünscht hätte. Deshalb bat er den Befehlshaber der Luftstreitkräfte, Wu Faxian, er möge ihm erlauben, einen eigenen unabhängigen Verband innerhalb der Luftstreitkräfte aufzustellen. Dieser Verband sollte die Bezeichnung »Forschungs- und Entwicklungsgruppe« haben und bevollmächtigt sein, Personal einzustellen, direkte Vorgesetzte zu übergehen und selbstständig Befehle zu erteilen. Außerdem sollte diese Gruppe Zugang zu nachrichtendienstlichem Material, zu allen gewünschten Waffen und Ausrüstungsgegenständen sowie zu privaten Transportmitteln haben und andere Privilegien genießen, die nur hohen Offizieren zustanden. Wu Faxian erklärte sich sofort einverstanden, und Lin Liguo stellte seine »kleine Gruppe« auf.

Lin Liguo war stolz auf die Fortschritte, die seine »kleine Gruppe« in kurzer Zeit machte. Sehr bald hatte er eine ansehnliche Zahl von tüchtigen, energischen und ihm ergebenen Anhängern um sich versammelt. Es waren erfahrene Soldaten hohen und niederen Ranges.

Sie waren im Umgang mit leichten Waffen und Fahrzeugen aller Art ausgebildet und verstanden sich auf Menschenraub, Mord, Tarnung, Beschaffung von Nachrichten und die Überwachung verdächtiger Personen. Lin Liguo war entschlossen, ihre Fähigkeiten nicht ungenutzt zu lassen. Die Gruppe konnte ein bedeutendes Machtinstrument werden, vor allem war sie jedoch *sein* Machtinstrument und stand ihm *allein* zur Verfügung.

3

Im Sicherheitsbüro des Hauptquartiers der chinesischen Luftstreitkräfte lag in einem feuersicheren Panzerschrank das »streng geheime Operationsdokument Nummer 7051909«. Die einzige Persönlichkeit, die Einblick in dieses Dokument nehmen durfte, war der Oberbefehlshaber der Luftstreitkräfte, Wu Faxian. Sogar der Chef des Sicherheitsbüros, der für die Aufbewahrung des Aktenstücks verantwortlich war, wußte nichts über seinen Inhalt. Er glaubte, es handele sich um wichtige militärische oder nachrichtendienstliche Angelegenheiten.

In Wirklichkeit hatte die Akte nichts mit militärischen oder nachrichtendienstlichen Dingen zu tun und betraf auch nicht das Oberkommando der Luftstreitkräfte. Es war vielmehr ein detaillierter Bericht über die geheimen Aktivitäten von Lin Liguo, des Sohnes des Verteidigungsministers.

Weshalb hatte Wu Faxian eine Personalakte über Lin Liguo angelegt und was beabsichtigte er damit? War es nur seine übermäßige Vorsicht – eine Eigenschaft, die man ihm gelegentlich zum Vorwurf machte?

Der kleine, beleibte Generalleutnant mit dem schwammigen Gesicht hatte erstaunlich rasch Karriere gemacht. Als er Ende der 40er Jahre die Aufmerksamkeit Lin Piaos erregte, hatte er als junger, tüchtiger Offizier fünfzig- oder sechzigtausend Mann der millionenstarken 4. Feldarmee befehligt und an den Entscheidungsschlachten gegen die Kuomintang teilgenommen.

Nach Gründung der Volksrepublik China wurde Wu

zum Generalleutnant befördert und erhielt den Auftrag, den Chef des Stabes von Lin Piao in der 4. Feldarmee, Liu Yalou, bei der Aufstellung der Luftstreitkräfte zu unterstützen. Hier arbeitete er als politischer Kommissar in den neuen Teilstreitkräften. Am Vorabend der Kulturrevolution im Jahr 1966 erkrankte der Befehlshaber der Luftstreitkräfte, Liu Yalou, schwer. Wu Faxian und der Führer einer Gruppe jüngerer Offiziere in der Luftwaffe, Zhang Tingfa, rechneten beide damit, den freiwerdenden Posten übernehmen zu können. Lin (als Verteidigungsminister) und Liu Yalou entschieden sich schließlich gemeinsam für Wu.

Während der Kulturrevolution erlebte Wu einen beispiellosen politischen Aufstieg. Er wurde zu einem der mächtigsten Mitglieder des Ständigen Ausschusses des Politbüros und zum dritten Mann in der Volksbefreiungsarmee. Hier war er der erste stellvertretende Chef des Stabes (unter dem Chef des Stabes Huang Yongsheng) und zweiter Vorsitzender der Verwaltungsgruppe des Militärausschusses. Das alles und noch viel mehr hatte Wu einem einzigen Mann zu verdanken – Lin Piao.

Wu hatte es nie vergessen, daß seine Macht nur so weit reichte, wie Lin Piao es zuließ. Um seine eigene Machtstellung zu erhalten, mußte er dafür sorgen, daß auch Lin an der Macht blieb. Dieses Abhängigkeitsverhältnis und Wus triebhafter, gelegentlich paranoischer Charakter hatten den General veranlaßt, die Aktivitäten des Sohnes von Lin aufmerksam zu beobachten.

Als Wu Faxian 1967 erfuhr, daß Lin Liguo in die Luftwaffe eintreten sollte, betrachtete er das als einen Segen. Ye Qun hatte Wus Frau bei mehreren Gelegenheiten versichert, es werde die Bande zwischen beiden Familien stärken, wenn Lin Liguo im Befehlsbereich von Wu untergebracht werden könnte. Ihr Sohn werde hier die Rolle eines Verbindungsmannes übernehmen und Wu schützen können. Nun hatte Wu keine andere Wahl, als ihn unter seine Fittiche zu nehmen. Es gab jedoch im Verhalten von Lin Liguo einiges, was Wu nervös machte. Der junge Mann schien sich wohl zu fühlen wie ein Fisch im Wasser, während er sich ungehindert zwischen den höchsten Kommandostellen in Peking und den Elitetruppen in den großen Militärregionen in Shanghai und Guangzhou hin- und herbewegte. Es überraschte Wu auch, daß Lin so bald zum stellvertretenden Chef der Operationsabteilung ernannt wurde. Mit diesem Posten mußte er sehr verantwortungsvolle Aufgaben übernehmen, und Wu zweifelte daran, daß Lin dazu befähigt sei. Indessen versammelte Lin eine immer größer werdende Zahl von Mitarbeitern um sich, zu denen auch einige der angesehensten Persönlichkeiten aus dem militärischen Establishment gehörten.

Es bestand die Gefahr, daß Lin Liguo mit seinen vornehmen Allüren eine falsche Entscheidung traf, irgend jemanden kränkte und damit die ihm gesetzten Grenzen überschritt. Das konnte die schlimmsten Folgen haben. Es konnte sich ungünstig auf Lin Piao selbst auswirken, und als Oberbefehlshaber der Luftstreitkräfte würde Wu die Schuld auf sich nehmen müssen.

So sah sich Wu in der peinlichen Lage, Lin einerseits zu seinen Aktivitäten ermutigen und ihn andererseits davon abhalten zu müssen. Er hoffte, es werde ihm gelingen, den jungen Burschen zu zähmen und gleichzeitig seine guten Beziehungen nutzen zu können.

Um das übernommene Risiko zu verringern, versuchte Wu es auf andere zu verteilen. Er beauftragte zwei vertrauenswürdige Untergebene – Zhou Yuchi und Yu Xinye – damit, den jungen Lin zu überwachen. Worin ihr Auftrag wirklich bestand, läßt sich schwer sagen. Sie waren einerseits die Berater des ranghohen militärischen Führers Lin, der jedoch in militärischen Dingen noch völlig unerfahren war, sodann waren sie die Leibwächter des Sohnes von Lin Piao, und für diejenigen, die sich für die Aktivitäten Lins interessierten, waren sie Spione.

Zhou Yuchi hatte sich durch solide, zuverlässige Arbeit ausgezeichnet und war rasch zum stellvertretenden Direktor des Generalbüros des Parteiausschusses der Luftstreitkräfte befördert worden. Er war Wu zu Dank verpflichtet, weil dieser ihm bei heftigen innerparteilichen Auseinandersetzungen geholfen hatte, und gerne bereit, ihm laufend darüber zu berichten, wie Lin sich in seiner Rolle als aufsteigender Stern bewährte. Es gelang Zhou, seine verschiedenen Pflichten erwartungsgemäß zu erfüllen, und in kurzer Zeit hatte er mit Geduld, Charme und als hervorragender militärischer Fachmann das Vertrauen Lins gewonnen. Lin wäre wahrscheinlich nie auf den Gedanken gekommen, daß Zhou detaillierte Berichte über sein Verhalten für Wu Faxian verfaßte.

Was Wu am meisten beunruhigte, war die Tatsache, daß er nicht wußte, was Lin Piao selbst mit seinem Sohn vorhatte. Wie weit sollte es der Sohn nach dem Willen seines Vaters bringen, und wie rasch? Wußte Lin Piao wirklich über die Aktivitäten seines Sohnes Bescheid? Wu versuchte, von der Frau des Marschalls, Ye Qun, etwas über die Haltung ihres Mannes in Erfahrung zu bringen. Sie war seine Kollegin bei der Verwaltung des Militärausschusses und arbeitete auch im Büro von Lin Piao. Die persönlichen Beziehungen zu ihr waren sehr freundschaftlich, und er führte lange Gespräche mit ihr. Doch bei diesem Thema kam er nicht weiter, denn sie vermischte immer wieder ihre eigene Meinung mit der ihres Gatten. Doch Wu interessierte sich nur für die Gedanken von Lin Piao.

Wenn Wu Faxian, was nur selten vorkam, mit Lin Piao selbst sprechen konnte, stieß er jedesmal auf kurze, vieldeutige Antworten und kühle Zurückhaltung. Doch endlich kam der Tag, an dem er sich Klarheit verschaffen konnte.

An jenem Nachmittag kam Wu Faxian in seiner rot beflaggten Limousine zum Hause Lin Piaos nach Maojiawan und brachte ein dickes Aktenbündel aus dem Hauptquartier des Oberkommandos der Luftstreitkräfte mit. Es war eine der regelmäßigen Besprechungen, die der Verteidigungsminister mit dem Oberbefehlshaber der Luftstreitkräfte über den möglichen Einsatz von Kernwaffen abhielt.

Auf das Ersuchen von Lin Piao, über die Möglichkeiten des Einsatzes von Kernwaffen auf sowjetischem und japanischem Gebiet unterrichtet zu werden, hatte Wu einen ausführlichen mündlichen Bericht vorbereitet. Er wollte die Verwendung von Flugzeugen wie der MiG-21, der Jian-8 (eines neuen Jägers, der eben erst erfolgreich getestet worden war und ähnliches leistete wie die MiG-23 und die F-4) und der DU-16 vorschlagen (eines Jagdbombers sowjetischer Bauart, der mit chinesischen Fernlenkwaffen und Bomben ausgerüstet werden konnte).

Gewöhnlich blieb Lin Piao nie sehr lange in seinem Büro, aber an diesem Tag war es anders. Stundenlang wurde die militärische Lage der Sowjetunion, der Vereinigten Staaten, Japans und der koreanischen Halbinsel analysiert.

Als die Zeit zum Abendessen gekommen war und noch nichts auf ein Ende des Gesprächs hindeutete, betrat ein Offizier der Luftstreitkräfte das Zimmer – der stellvertretende Chef der Operationsabteilung, Lin Liguo.

Zunächst nahm Lin Piao von der Anwesenheit seines Sohnes keine Notiz. Er setzte seine Ausführungen fort und sagte: »Ich schließe mich der Auffassung des Oberbefehlshabers in allen Punkten an. Die Volksbefreiungsarmee muß den Reaktionären in der Welt beweisen, daß das nukleare Arsenal der Tiger ist, den wir in der Hand haben. Und das ist auch kein Papiertiger, kein toter Tiger, sondern ein sehr lebendiger. Wenn die Kernwaffen unserer Luftstreitkräfte zum Einsatz kommen, dann werden die Kapitalisten keine Chance haben, zu entkommen.«

Noch im gleichen Atemzug wendete er sich an seinen Sohn und sagte gutmütig scherzend: »Bist du ein echter Tiger?«

Wu Faxian beantwortete die Frage für ihn: »Genosse Liguo ist in der Tat ein echter Tiger. Nun, da wir ihn in der Luftwaffe haben, sind auch unsere Luftstreitkräfte ein echter wilder Tiger.«

Lin Piao wendete den Blick nicht von dem verlegen dastehenden Lin Liguo ab. »Tiger (das Lieblingswort von Lin Liguo)! Siehst du, Tiger? Dein Oberbefehlshaber glaubt, du könntest ein echter Tiger sein. Was meinst du dazu? Onkel Wu und ich möchten erleben, was du in drei, fünf, zwölf Jahren leisten kannst. Eine Division zu führen ist leicht. Ein Armeekorps zu kommandieren ist auch kein Problem. Aber eine ganze Armee zu befehligen, das ist etwas anderes, aber du kannst es schaffen. Als ich die Vorausabteilungen auf dem Langen Marsch führte, war ich noch keine dreißig Jahre alt. Eine Armee an der Front zu befehligen ist wie eine Bergbesteigung, für die man zehn oder zwanzig Jahre Training braucht, aber man kann es schaffen.«

Diese Worte Lin Piaos waren die Lösung des Rätsels, nach der Wu Faxian so verzweifelt gesucht hatte. Plötzlich war es ihm klar – der leidenschaftliche Ehrgeiz Lin Piaos, das Land zu beherrschen, erstreckte sich auch auf die uneingeschränkte Teilnahme seines Sohnes. Die Luftstreitkräfte sollten die politische Schule für den jungen Lin sein, die Basis seiner Macht. Wu glaubte, Lin Liguo würde schließlich zum mächtigsten Mann in den Luftstreitkräften werden und auch ihn selbst in den Schatten stellen. Wahrscheinlich würde er eines Tages seinen Posten übernehmen.

Und wenn Lin Piao dafür sorgte, daß der Oberbefehlshaber der Luftstreitkräfte zum mächtigsten Mann im Lande wurde, dann konnte sein Sohn die Nachfolge des Vaters antreten.

Nachdem Wu Faxian das begriffen hatte, konnte er entsprechend handeln. Als Lin Liguo ihn um die Erlaubnis bat, die »Forschungs- und Entwicklungsgruppe« aufzustellen, zögerte er keinen Augenblick, seine Zustimmung zu geben. Bald darauf befahl er dem Chef des Stabes der Luftstreitkräfte, Liang Pu, und anderen hohen Offizieren, Lin Liguo bei allen seinen Vorhaben zu unterstützen. Er sollte alle nur denkbaren Privilegien genießen, in jeder Weise freie Hand haben und dazu ermutigt werden, zu tun, was er für richtig hielt.

Gegen die Befehle von Wu Faxian gab es keinen Widerspruch. Aber Wu selbst war beunruhigt.

Wu Faxian und seine Frau trafen sich jetzt immer häufiger mit Zhou Yuchi.[1] Ihr Agent versorgte sie mit detaillierten Berichten über die Tätigkeit von Lin Liguo und seiner Gruppe, ihrem Zugang zu Informationen und ihren privaten Treffen. So gefährlich diese Aktivitäten zum Teil auch zu sein schienen, zunächst wurde nichts Konkretes gegen sie unternommen.

Eines Tages im Frühjahr 1971 bat Zhou dringend um eine Unterredung mit Wu. Daß es sich um eine sehr wichtige Angelegenheit handelte, erkannte Wu daraus, daß Zhou sich weigerte, in einem Büro oder in einer Privatwohnung mit ihm zusammenzukommen. Er bestand vielmehr darauf, sich mit Wu im waldigen Jagdrevier in den Duftenden Bergen der verbotenen Militärzone außerhalb von Peking zu treffen. Dieses Gebiet wurde von fünfhundert Soldaten bewacht, und in einer so abgelegenen Gegend konnte man sicher sein, nicht abgehört zu werden.

Es war das erste und letzte Mal, daß Wu auf die Jagd ging, und er kehrte ohne Beute nach Hause zurück. Stattdessen brachte er die schockierende Nachricht mit, daß Lin Liguo den Sturz und ein Attentat auf Mao Tse-tung vorbereitete. Lin hatte Zhou nicht nur zur Teilnahme an diesem Putsch aufgefordert, sondern ihn auch gebeten, die Pläne dafür zu entwerfen. Der Deckname für dieses Vorhaben, »Projekt 571«, leitete sich von der chinesischen Bezeichnung für »bewaffneter Aufstand«, *wu zhuang qi yi,* ab, denn die drei Schriftzeichen *(wu qi yi)* werden ebenso ausgesprochen wie die Zahlen 5, 7 und 1.

Zhou berichtete außerdem: »Lin behauptet, dies sei die Idee seines Vaters.«[2]

Wu wußte zunächst nicht, was er dazu sagen sollte. Er nahm sein Taschentuch heraus und wischte sich den Schweiß vom Gesicht.

Natürlich wußte Wu, was Lin Piao plötzlich veranlaßt hatte, Mao Tse-tung stürzen zu wollen. Die auf der 2. Plenarsitzung des Zentralkomitees im September 1970 in Lushan[3] zwischen den beiden Männern deutlich gewordenen Spannungen waren niemandem entgangen. Das Plenum in Lushan, das einberufen worden war, um den bevorstehenden 4. Nationalen Volkskongreß vorzubereiten, hatte Mao die Gelegenheit gegeben, die Macht unter den Angehörigen der herrschenden Kreise in China umzuverteilen. Wie üblich hatte Lin Piao sich mit einem begeisterten Loblied auf Mao an die Spitze seiner Anhänger gestellt. Dabei brachte er auch die Neubesetzung des Postens des Staatsoberhaupts zur Sprache, der mit dem Sturz von Liu Shaoqi frei geworden war.

Mao hatte Lin zu verstehen gegeben, er selbst wünsche diesen Titel zu übernehmen, und niemand zweifelte mehr daran, daß das schon beschlossene Sache sei. Doch als Lin aufstand, um seine vom Protokoll vorgeschriebene Rede zu halten und Mao als das größte Genie in der Geschichte der Menschheit, die Personifizierung der vereinigten Kräfte der Partei und der Regierung und deshalb als einzig möglichen Kandidaten für das Amt des »Vorsitzenden des Staates« bezeichnete, wandte sich Mao plötzlich gegen ihn.

Zur Überraschung aller Anwesenden erklärte Mao, jeder, der ihn als Genie bezeichne, sei ein Hohlkopf und ein Verräter. Anschließend entließ er mit Chen Boda einen seiner besten Theoretiker, der zugleich ein treuer Anhänger von Lin Piao war, und ließ ihn verhaften, ebenso den hohen Funktionär im Pekinger Militärbezirk, Li Xuefeng. Darüber hinaus befahl er Huang Yongsheng, Wu Faxian, Li Zuopeng, Qiu Huizuo und anderen, Selbstkritik zu üben. Zwar bezeichnete Mao seinen Stellvertreter Lin nicht direkt als Schuldigen, erwähnte jedoch ganz bewußt alle anderen Gruppierungen nicht, die sich ebenso des Personenkults um seine Person schuldig gemacht hatten. Er sprach es nicht wörtlich aus, seine Absicht war jedoch klar: Er wollte dem Parteiführer Lin »Die Flügel stutzen«.

Dieses völlig überraschende Verhalten Maos fuhr Wu Faxian und allen, die geglaubt hatten, sich dadurch Vorteile verschaffen zu können, daß sie dem großen Vorsitzenden schmeichelten, als übler Schreck in die Glieder. Selbst Lin Piao, der immer stolz darauf gewesen war, Mao »durchschauen« zu können, wußte zunächst nicht, was er davon halten sollte. Die vertrautesten Mitarbeiter Maos wußten, daß der Personenkult seine magische Waffe war. Nun, da er diesen Kult so plötzlich leidenschaftlich ablehnte, wie wollte er seine eigene Stellung behaupten und den Zusammenhalt der Partei bewahren?

Die politischen Erschütterungen im militärischen Bereich, die anzeigten, daß sich die Beziehungen zwischen Lin und Mao in dramatischer Weise verändert hatten, waren für alle Mitarbeiter Lin Piaos besorgniserregend, am meisten aber wahrscheinlich für Wu Faxian. Und nun erfuhr er auch noch, daß Lin Liguo einen Staatsstreich plante.

Wu stellte sich viele Fragen. Worum ging es in dem Konflikt zwischen Lin und Mao wirklich und welches waren seine Ursachen? Weshalb erlaubte es Lin Piao seinem Sohn, zu so extremen Mitteln wie einem Sturz der Regierung zu greifen? Und warum hatte er selbst, der dritte Mann in der Clique von Lin Piao, bisher kein Wort über eine Entscheidung von solcher Tragweite gehört?

Bevor er sich über die schrecklichen Folgen klarwerden konnte, sah er sich gezwungen, ein praktisches Problem zu lösen. Er mußte die Verschwörung Lins tarnen, ohne irgend jemandem zu sagen, daß er etwas davon wußte. Er sah sich deshalb gezwungen, in Fällen wie dem des Offiziers Ding Siqi sofort etwas zu unternehmen. Der Subalternoffizier der Luftstreitkräfte, Ding Siqi, war am 20. März 1971 aus Shanghai gekommen, um sich privat bei seinem Oberbefehlshaber Wu zu melden. Es handelte sich dabei um eine sehr wichtige Angelegenheit, und zwar um Aktivitäten von Dissidenten, die weitreichende Folgen haben konnten. Um sich auf das für den folgenden Tag vorgesehene Gespräch vorzubereiten, zog sich Ding schon frühzeitig in sein Zimmer im Da Muchang-Hotel zurück, das für

Angehörige der Luftstreitkräfte reserviert war und an einer engen, gewundenen Straße am nördlichen Ende des Qian Men Boulevard liegt. Gegen Mitternacht riegelten auf zwei Lastwagen herangeführte, mit geladenen Gewehren bewaffnete Soldaten das Hotel ab und nahmen ihn fest.

Ding war nach Peking gekommen, um dem Oberbefehlshaber der Luftstreitkräfte von einer Verschwörung zu berichten, von der er durch einen treu ergebenen Anhänger Lin Liguos erfahren hatte. Der stellvertretende Direktor des Sekretariats des Kommandos der 4. Luftflotte in Shanghai, Li Weixin, war an Ding herangetreten und hatte ihn zur Teilnahme an einem Unternehmen mit der Bezeichnung »Vereinigte Flotte« gewinnen wollen. Eine Liste der Beteiligten, die Ding von Li erhalten und jetzt nach Peking mitgebracht hatte, enthielt nur Namen von Angehörigen der 4. Luftflotte.

Li Weixin hatte sich mit Ding in Verbindung gesetzt, weil er in Dings jüngere Schwester verliebt war. Li war zwar verheiratet, hoffte aber, bei dem jungen Mädchen zum Erfolg zu kommen, wenn er engere Beziehungen zu ihrem Bruder entwickelte.

Ding seinerseits war überzeugt, Wu damit beeindrucken zu können, daß er seine Loyalität gegenüber Mao Tse-tung bewies, und rechnete im stillen sogar mit einer Beförderung.

Ohne die Zusammenhänge zu kennen, wurde der junge Offizier in Handschellen aus dem Hotel geführt, brutal verhört – wobei er sich weigerte, seine ursprüngliche Aussage zurückzunehmen –, anschließend zu einer geheimen Hinrichtungsstätte gebracht und erschossen.

Nach der Hinrichtung legte Wu Faxian über den Fall Ding eine Akte an, die den folgenden Bericht über seine Verbrechen enthielt: »Ding Siqi war ein leidenschaftlicher Gegner von Mao Tse-tung und hat gemeine und hinterhältige Angriffe gegen das Zentralkomitee geführt. Für ihn ist selbst die Todesstrafe noch zu gering. Er war ein aktiver Konterrevolutionär.«[4]

Durch die Ausschaltung von Ding Siqi war es Wu zunächst gelungen, Lin zu schützen. Es war ihm jedoch bewußt, daß er auf die Dauer die Verschwörung nicht würde geheimhalten und gleichzeitig Ahnungslosigkeit vortäuschen können. Sollte Mao die Verschwörung aufdecken, dann würde niemand glauben, Wu habe nichts davon gewußt. Wenn der Plan jedoch wirklich von Lin Piao stammte, was sollte er dagegen unternehmen?

Während Wu versuchte, Zeit zu gewinnen, legte er auf der Grundlage der Berichte von Zhou Yuchi eine Akte über die Aktivitäten von Lin Liguo an. Er wußte zunächst noch nicht, wie er diese Unterlagen verwenden sollte, aber er hatte wenigstens etwas in der Hand für den Fall, daß es sich als notwendig erweisen sollte, Beweise vorzulegen.[5]

4

Wu Faxian, der in der Verwaltungsgruppe der Militärkommission eine Schlüsselstellung einnahm,[1] war immer besonders stolz darauf gewesen, eine ausnehmend harmonische Beziehung zwischen dem Generalstab und dem Kommando der Militärregion von Peking aufrechterhalten zu haben. Doch jetzt wurden er und Huang als Chefs des Generalstabes übergangen, während Mao die Pekinger Militärregion von Grund auf umorganisierte. Niemand konnte sagen, was noch geschehen würde.

Mao hatte sich offenbar entschlossen, dort einzugreifen, wo es für die Betroffenen am schmerzlichsten war. Die Pekinger Militärregion war eine vorbildlich straff organisierte militärische Einrichtung unter der energischen Führung von Lin Piao. Mao war mit diesem Zustand lange Zeit durchaus zufrieden gewesen, doch jetzt bediente er sich plötzlich seiner bekannten Taktik des »Mischens verschiedener Sandkörner« und besetzte die wichtigsten Stellen mit Leuten seiner Wahl.[2]

Mit ihrem in der schönen Berglandschaft westlich der Hauptstadt gelegenen Hauptquartier war die Militärregion Peking schon immer etwas Besonderes gewesen. Nominell genoß sie gegenüber den anderen militärischen Kommandostellen keine Vorrechte, nahm aber in Wirklichkeit sowohl hinsichtlich ihrer Stärke als auch was ihr Prestige betraf eine Sonderstellung ein. Zu den meisten Militärregionen gehörten nur zwei oder drei Feldarmeen. Doch ebenso wie zu der wichtigen Militärregion Shenyang in der Mandschurei gehörten zur Militärregion Peking acht oder neun.

Neben diesen Feldarmeen verfügte die Militärregion Peking auch über Truppen in den Provinzen Hubei und Shanxi, in der Inneren Mongolei, in der Garnison Tianjin und beim Ortskommando der Garnison Peking.

Diese Schlüsselregion erhielt ständig die beste Ausrüstung und die besten Rekruten. Ihre 38. Armee, ein strategischer Verband, verfügte als erste über motorisierte Truppen. Sie und die 39. und 40. Armee wurden als die »drei wilden Tiger« Lin Piaos bezeichnet.

Nach dem Eingreifen Maos gerieten nun die »wilden Tiger« in die Gefahr, gezähmt zu werden, und das war nach Auffassung von Wu eine verhängnisvolle Entwicklung.

Er hatte das Gefühl, zuviel zu wissen. Nachdem er von Zhou Yuchi über den geplanten Staatsstreich von Lin Piao unterrichtet worden war, rechnete er damit, eines Tages eine Entscheidung treffen zu müssen, bei der es um alles oder nichts für ihn ging. Er konnte Lin preisgeben und sich auf die Seite von Mao schlagen – das bedeutete natürlich, daß mit Lin auch alle diejenigen stürzen mußten, die heute hinter ihm standen. Es fragte sich nur, ob Wu sich selbst würde retten können. Würde es ihm gelingen, das Vertrauen Maos zu gewinnen? Wenn ja, dann konnte sich das Risiko ohne weiteres lohnen. Vielleicht würde er Huang als Chef des Stabes oder sogar Lin als Verteidigungsminister ablösen, eine Möglichkeit, an die er unter diesen Umständen sogar zu denken wagte.

Der Gedanke war durchaus verführerisch, doch um das zu bewerkstelligen, mußte er sich vorher mit dem großen Kreis der persönlichen Vertrauensleute Maos in Verbindung setzen, und das waren ganz unterschiedliche Persönlichkeiten. Zu ihnen gehörten Maos Frau Jiang Quing, Zhang Chunqiao, Kang Sheng, Wang Dongxing und Tschou En-lai. Mit ihnen allen war nicht gut Kirschen essen.

Vor der Kulturrevolution hatte Jiang Qing sehr enge Beziehungen zum Parteisekretär für Ostchina, Ke Qingshi, unterhalten. Ke war ein sehr mächtiger Mann, dessen Einfluß bis in die Provinzen Shanghai, Hubei, Jiangsu, Zhejiang und Anhui reichte. Doch als Mao Tse-tung seinen Angriff gegen Liu Shaoqi und Deng Xiaoping an der ideologischen Front vorbereitete, wurde Ke, der sich wie kein anderer für diese Aufgabe geeignet hätte, schwer krank. Er und Jiang Qing mußten daher rasch einen Ersatzmann finden. Ihre Wahl fiel auf Zhang Chunqiao, den Vorsitzenden der Propagandaabteilung des Parteikomitees in Shanghai. Als Ke starb, hatte Zhang die Vorbereitungen für die Kulturrevolution bereits fest in der Hand.

Zhang erwarb sich die ersten Verdienste mit einem von seinem Chefkommentator Yao Wenyuan verfaßten Artikel, in dem Liu Shaoqi indirekt angegriffen wurde.

Als nun Wu Faxian an das Schicksal von Liu Shaoqi dachte – der, aus einem der höchsten Staatsämter entfernt, in Schande hatte sterben müssen –, und wenn er sich überlegte, zu was ein Feind wie die »Kobra« Zhang Chunqiao fähig war, dann lief es ihm kalt den Rücken hinunter.[3]

Kang Sheng, auch ein enger Vertrauter von Jiang Qing, der sie vor Jahren für die Kommunistische Partei gewonnen hatte, konnte seine Feinde auf ganz andere Weise vernichten. Ende der 30er und in den 40er Jahren hatte er in Yenan zu den obersten Sicherheitsorganen der Partei gehört und die Arbeit der nachrichtendienstlichen Agenten überwacht, die in die nationalchinesische Regierung, das dortige Militär und die dortige Polizei eingeschleust worden waren. Nach der Gründung der Volksrepublik wurden seine Dienste einige Zeit nicht mehr gebraucht. Doch als Leute wie Peng Dehuai rehabilitiert wurden, tauchte er als Sonderwerkzeug Maos wieder auf und schuf sich im Laufe der Zeit einen eigenen Herrschaftsbereich mit Methoden, die er bei seiner Arbeit gegen den Kuomintang gelernt hatte. Entsprechend seinen Leistungen stattete ihn Mao mit weitreichenden Machtbefugnissen aus.

Kang Sheng war eine gefürchtete Persönlichkeit, er

brachte mit seinen gehässigen Berichten viele Menschen in Schwierigkeiten, die zum Teil auf geheimnisvolle Weise von der Bildfläche verschwanden. Auch Personen in sicheren Positionen mieden den Umgang mit ihm um jeden Preis. Wu Faxian wurde es unbehaglich, wenn er an diesen Mann dachte.

Jiang Qing war für ihn ein Rätsel. Er begriff ihre politische Unberechenbarkeit nicht. Jedenfalls wäre bei einem Sturz Lin Piaos in ihrer Clique wahrscheinlich kein Platz für Wu. Tschou En-lai und Wang Dongxing, die engsten Mitarbeiter Maos, waren Wus entschiedenste politische Gegner. Er konnte sich nicht vorstellen, daß sie ihn jemals wirklich akzeptieren würden.

Die Schwierigkeit lag natürlich darin, daß er für sie alle ein treuer Gefolgsmann von Lin Piao war. Auch wenn nichts gegen Wu Faxian selbst einzuwenden war, verachteten sie ihn doch als Schützling von Lin Piao.

Zweifellos fühlte sich Wu daher viel sicherer innerhalb des Machtbereichs von Lin Piao. Die Macht Maos war für ihn etwas Mythisches, Symbolisches. Die Macht Lins war konkret und real.

So kam Wu zu dem traurigen, aber für ihn überzeugenden Schluß, daß er ohne Lin Piao verloren war. Er war nur innerhalb der Streitkräfte ein mächtiger Mann, und zwar nur solange Lin diese Streitkräfte befehligte. Wenn der Staatsstreich Lins gelang, dann würde er keine Schwierigkeiten haben, an die Macht zu kommen. Und sobald Lin die Gewalt in den Händen hatte, konnte er selbst zum dritten Mann innerhalb der neuen herrschenden Clique aufsteigen. Das waren keine schlechten Aussichten. Jedenfalls hatte er hier mehr zu gewinnen, als wenn er sich Mao unterwarf und seine bisherigen Freunde preisgab.

So hatte Wu grundsätzlich seine Entscheidung getroffen, war jedoch trotzdem willens und in der Lage, sie umzustoßen, wenn das erforderlich sein sollte. Sein Entschluß, Lin auf seinem Wege zu folgen, ließ sich jedoch nicht mehr rückgängig machen, als Lin Piao ihn eines Tages im Spätsommer 1971 kommen ließ, um die Angelegenheit mit ihm zu besprechen, mit der sich Wu schon so lange verzweifelt auseinanderzusetzen suchte.

Die Begegnung fand in einem beschlagnahmten, streng bewachten Gebiet in den Bergen westlich der Hauptstadt bei Xiang Hongqi zwischen dem Sommerpalast und den Duftenden Bergen statt. Vor der Kulturrevolution lagen hier die Zweitwohnungen von wenigstens zehn Marschällen und hohen Generälen. Doch in jüngster Zeit war die Gruppe freistehender Gebäude vor allem für Zusammenkünfte Lins mit seinen militärischen Befehlshabern verwendet worden.

Die Häuser lagen alle an einem Berghang, eines über dem anderen, als symbolisierten sie den Aufstieg zur Macht. Die beiden Gebäude, die Lin Piao zur Verfügung standen, waren auf dem Gipfel des Berges errichtet. In dem einen wohnten Lin Piao und Ye Qun; das zweite stand ihrem Sohn und ihrer Tochter zur Verfügung. Es waren sehr geräumige Häuser, in denen auch Sekretärinnen, Wachen, Büros, Konferenz- und Empfangsräume, Speise- und Tanzsäle, Turnhallen, Massageräume und Vernehmungszimmer untergebracht waren.

Diese Baulichkeiten betrachtete Lin Piao als seinen Palast, und hier hielt er unter dem Schutz einer starken Leibwache mit seinen Chefberatern hof.

Wu Faxian wunderte sich darüber, daß Lin Piao und Ye Qun sich entschlossen hatten, hierher zu kommen, denn sie wollten in den nächsten Tagen einen Urlaub im Seebad Beidaihe antreten. Nach seinem Eintreffen gegen 18.30 Uhr führte Wu zunächst ein belangloses Gespräch mit Ye Qun in dem im ersten Stock gelegenen Empfangszimmer, bevor er zu Lin Piao nach oben geführt wurde.[4]

Zu Anfang sprachen sie über die Reisepläne von Lin Piao. Als Oberbefehlshaber der Luftstreitkräfte stellte Wu Faxian allen Angehörigen des ständigen Ausschusses des Politbüros und den im Rang über ihnen stehenden Parteifunktionären die für private Zwecke benötigten Flugzeuge zur Verfügung. Wenn Lin Piao eine Reise plante, wurden seine Wünsche an erster Stelle berücksichtigt.

Wu Faxian meldete, er habe drei Maschinen bereitgestellt; eine britische Trident als Passagierflugzeug für Lin Piao und Ye Qun, eine sowjetische IL-18 für die Sicherheitskräfte und eine sowjetische Transportmaschine vom Typ AN-12 für Kraftfahrzeuge und andere sperrige Ausrüstungsgegenstände.

Ein Umstand bei dieser Reise Lins nach Beidaihe war ungewöhnlich: Ebenso wie Mao Tse-tung hatte Lin Piao eine ausgesprochene Abneigung gegen das Fliegen, und doch bestand er darauf, für die kurze Strecke von Peking nach Beidaihe, die man im Auto oder mit der Eisenbahn in einer Nacht hätte zurücklegen können, ein Flugzeug zu benutzen. Außerdem erklärte er, er wolle vor der Landung auf dem Flughafen von Shanhaiguan noch einen dreistündigen »Rundflug« unternehmen. Wu Faxian ließ sich seine Überraschung nicht anmerken, überlegte aber, ob diese Abweichung vom üblichen Verfahren nicht doch etwas mit einem Staatsstreich zu tun habe.

Zum Abendessen gingen sie in das Gebäude Nummer 11, und anschließend führte Lin Piao seinen Gast in sein Arbeitszimmer. Lin Piao setzte sich nicht, sondern ging in dem großen Zimmer auf und ab, als warte er darauf, daß Wu das Gespräch eröffnete. Das Thema hing in der Luft, ohne daß Wu es hätte in Worte fassen müssen. Es war die Konferenz in Lushan, wo Mao seinen folgenschweren Angriff gegen Lin geführt hatte. Schließlich ergriff Wu das Wort. Was hatte das alles zu bedeuten? Was beabsichtigte Mao damit?

Lin Piao hörte aufmerksam zu, einmal verzog sich sein Gesicht sogar zu einem breiten Grinsen. Endlich sagte er in sachlichem Ton:[5]

»Was wird der Vorsitzende nach *Ihrer* Meinung mit mir tun?«

Auf eine so direkte Frage war Wu nicht gefaßt. In seiner Überraschung konnte er zunächst nicht die richtigen Worte finden. Ye Qun, die gewöhnlich peinliche Augenblicke sehr geschickt überbrückte, sagte nichts.

Nun ging Lin Piao auf Wu Faxian zu, als sei er in diesem Augenblick aus einem Tagtraum erwacht, und starrte ihn an. Schließlich sagte er:

»Der Vorsitzende denkt daran, einen anderen Nachfolger zu bestimmen.«

»Sind Sie sicher, daß diese Information zutrifft, Chef Lin?« fragte Wu. Zwar hatte Lin ihm nichts gesagt, was er nicht schon wußte, daß er es aber jetzt aus dem Munde von Lin hörte, brachte ihn aus dem Gleichgewicht.

Lin Piao nickte zustimmend und mit ausdruckslosem Gesicht. Nun mischte sich auch Ye Qun ein. »Der Vorsitzende hat dem Chef schon Andeutungen in diesem Sinne gemacht. Er hat erklärt, so etwas wie Unsterblichkeit gäbe es nicht. Der Vorsitzende hat es sich wahrscheinlich in den Kopf gesetzt, daß Chef Lin vor ihm sein Ende finden könnte, und daß er, wenn das nicht geschehe, sein Amt nicht länger als zehn oder fünfzehn Jahre bekleiden würde. Wir glauben, der Vorsitzende will einen jüngeren Mann zum Nachfolger ernennen, einen vierzig- oder fünfzigjährigen Mann.«

Lin Piao winkte mit der Hand und unterbrach seine Frau. »Das war vor Lushan. Jetzt ist es der entschiedene Wunsch des Vorsitzenden, daß ich vor ihm gehe. Und er will, daß Sie mich alle nach Babaoshan begleiten.[6] Er will, daß wir uns hinlegen wie steinerne Löwen.«

»Das kann doch nicht wahr sein! Hat der Vorsitzende das selbst gesagt?« fragte Wu Faxian überrascht.

Lin Piao lächelte und schüttelte den Kopf. »Wenn der Vorsitzende so etwas selbst sagt, wird es schon zu spät sein. Wir müssen ihm zuvorkommen. Solange die Zeit auf unserer Seite ist, ist der Sieg uns sicher.«

»Sie haben sich also entschlossen?«

Die Antwort Lin Piaos war eindeutig:

»Die Flagge Mao Tse-tungs muß nicht eingeholt werden, aber wir müssen ihm seine Machtposition nehmen. Und wir müssen rasch handeln. Wir müssen die Lage beherrschen. Wir müssen diese grauenhafte Periode in unserer Geschichte beenden, diese Kulturrevolution.«

Wu Faxian stellte eine rhetorische Frage: »Wollen Sie besondere Mittel einsetzen?« Ye Qun rief erregt: »Geniale Menschen haben die gleichen Gedanken!«

Endlich setzte sich Lin Piao. Er legte die Hände auf die Knie und machte ein tief nachdenkliches Gesicht. Dann sagte er leise: »Wir müssen handeln, bevor sie es tun. Das ist weniger eine strategische Entscheidung als die Reaktion auf eine Notwendigkeit. Vielleicht sind wir politisch nicht so geschickt wie der Vorsitzende, aber was die bewaffnete Macht betrifft, so können wir bestimmt mit ihm konkurrieren.«

Ye Qun wandte sich an Wu und sagte in versöhnlichem Ton: »Es ist wie am Vorabend der sowjetischen Oktober-Revolution; ein Wendepunkt. Eine Revolution zu machen ist Ihre Spezialität, nicht wahr, Befehlshaber Wu?«

Wu Faxian wußte nicht recht, was er sagen sollte. Aus alter militärischer Gewohnheit stand er auf und nahm Haltung an. Dann begann er, so etwas wie einen Eid zu leisten, konnte die Worte aber nur stockend und fast zusammenhanglos herausbringen. Der einzige vollständige Satz, den er formulieren konnte, lautete: »Was Marschall Lin Piao mir auch befehlen mag, ich werde bis zu meinem Tode danach handeln.«

Die Worte hallten in den Ohren Wus wider, als habe ein anderer sie gesprochen. Plötzlich wurde er sich der Tatsache bewußt, daß er, ohne es eigentlich gewollt zu haben, eine Entscheidung getroffen hatte, die er nicht mehr zurücknehmen konnte.

Nun setzte Lin Piao Wu seine Gründe für den endgültigen Bruch mit Mao Tse-tung auseinander. Der Hauptanlaß war, daß Mao diesen Bruch schon von sich aus eingeleitet hätte. Dafür gäbe es subtile politische Anzeichen. Madame Jiang Qing und Zhang Chunqiao hatten Mao erklärt, die von der Kulturrevolution verkündete »Politik der drei Gemeinsamkeiten«, das Bündnis zwischen Partei, Armee und den Massen, die eine ausgewogene Mischung aus den verschiedenen Elementen der Gesellschaft herbeiführen sollte, sei undurchführbar, solange ein Zustand weiter bestünde, der praktisch die Militärdiktatur unter Lin bedeutete.[7]

Zwischen Lin und Jiang Qing herrschte schon seit einiger Zeit ein merklich gespanntes Verhältnis. Solange ihre gemeinsamen Gegner gegen sie aufgetreten waren, hatten die Frau des Vorsitzenden und Lin zusammengearbeitet, doch jetzt nach der Konferenz von Lushan suchte Jiang Qing im geheimen auf verschiedenen Wegen gegen Lin vorzugehen. Sie übergab Mao persönlich belastendes Material, um ihn gegen Lin einzunehmen, und suchte dann, die Gegner von Lin auf ihre Seite zu ziehen.

Auch Mao selbst verhielt sich eigenartig. Er bestellte höhere Offiziere aus den Militärregionen zu sich und umging dabei den üblichen Dienstweg über das Verteidigungsministerium. Traf er sich dann mit diesen Leuten, bezeichnete er den Huang-Wu-Generalstab als eine Versammlung »wertloser Bürokraten«. Auch von Lin Piao selbst sprach er oft als von »diesem Vizemarschall« und nannte ihn nicht, wie das sonst üblich war, seinen »Genossen«.

Früher war Lin Piao häufig zum Essen und zu persönlichen Gesprächen von Mao eingeladen worden, inzwischen hatte sich die Zahl solcher Zusammenkünfte drastisch verringert. Mao behauptete, er dürfte aus Gesundheitsgründen nicht mehr so viel arbeiten und verbrächte einen großen Teil seiner Zeit allein mit seinen Büchern. Aber Lin wußte, daß es nicht so war. Mao war so aktiv wie eh und je und traf sich häufig mit seinen Vertrauten, um Informationen auszutauschen.

Was Lin vor allem betroffen machte, waren die Demütigungen, denen er durch Mao auf der Konferenz von Lushan ausgesetzt worden war. Vorher hatte Mao mit Lin wiederholt von seinem Wunsch gesprochen, die Parteiführung abzugeben, um das Amt des »Vorsitzenden des Staates« zu übernehmen und damit einen größeren Einfluß auf die chinesische Außenpolitik zu gewinnen.

Auf der Konferenz hatte Mao nun plötzlich so getan, als sei dies eine ganz absurde Vorstellung. Lin zweifelte nicht mehr daran, daß Mao in absehbarer Zeit auf seinen alten Trick zurückgreifen werde, den zweiten Mann im Staat abzulösen. Wie schon viele andere, die Mao auf seinem Weg begleitet hatten, war auch Lin nach Auffassung des Vorsitzenden jetzt verbraucht und mußte verschwinden. Wenn man daran dachte, wie sich Mao früher in ähnlichen Fällen verhalten hatte, dann mußte man das Schlimmste befürchten. Selbst wenn die Entlassung Lins friedlich vonstatten ging, würde er nie wieder die Gelegenheit haben, eine ähnlich hohe Stellung einzunehmen. Jiang Qing und Tschou En-lai würden seinen Einfluß langsam, aber sicher unterminieren und zunichte machen wie Seidenwürmer, die ein Maulbeerblatt zernagen.

Lin Piao war überzeugt, er werde die Nachfolge von Mao Tse-tung nur antreten können, wenn er einen schlagkräftigen Militärapparat in der Hand behielt. Er rechnete mit einer durch alle Gruppierungen gehenden Umschichtung der Macht, und wenn dabei nicht das Militär die Oberhand behielt, würden Jiang Qing und die Gruppe ihrer Kulturrevolutionäre zum bestimmenden Machtfaktor im Staat werden.

Als Lin Piao 1959 Peng Dehuai als Verteidigungsminister ablöste, störte es Mao nicht, daß jedermann deutlich erkannte, wie rücksichtslos und kalt er gegen Peng vorgegangen war. Er brüstete sich sogar noch damit und erklärte, ein politischer Führer sei gezwungen, hart mit seinen Generälen umzugehen, um sie bei der Stange zu halten. Ein General dürfe nie die Gelegenheit haben, zu rebellieren.

Lin hatte diese Warnung nicht vergessen. Er hatte dafür gesorgt, daß das Militär seine Machtposition behauptete, aber er verwendete diese Machtmittel zum Schutz von Mao. Er förderte den Personenkult, schirmte Mao gegen feindliche Angriffe ab, schaltete diejenigen aus, die Mao loswerden wollte, und gewann manche Schlacht zur Verteidigung des Vorsitzenden. Seine militärischen Leistungen ließen Lin zu einer Stellung aufsteigen, in der er keinen anderen Vorgesetzten mehr hatte als Mao. Eine solche Position durfte er nicht aufgeben – er war dem Gipfel zu nahe.

»Man hat mich als den unbesiegbaren Heerführer bezeichnet. Und doch bin ich kein besonders begabter Feldherr. In Wirklichkeit habe ich nur eine einzige Gabe; ich lasse keine Gelegenheit ungenutzt, eine Schlacht zu gewinnen. Man muß jede Chance nutzen, denn sie kehrt nie wieder. Jetzt muß es zwischen dem Vorsitzenden und mir zu einer Entscheidung kommen. Eine solche Gelegenheit wird sich uns vielleicht nie mehr bieten.«

Das Selbstvertrauen Lins erfüllte Wu mit absoluter Siegeszuversicht. Sogar im halbdunklen Arbeitszimmer Lin Piaos, hinter den zugezogenen, schweren Vorhängen sah und fühlte Wu die leidenschaftliche Überzeugung seines Gesprächspartners. Diese Haltung hatte sich im Verlauf von mehr als dreißig Jahren entwickelt – seit der Zeit der Kämpfe der Roten Armee im Nordosten bis zur endgültigen Niederlage der Kuomintang. Er durfte Lin Piao nicht im Stich lassen. Lin vertraute ihm, glaubte an ihn und brauchte ihn. Als treuester Waffengefährte würde er Lin, wie er es gelobt hatte, bis zum letzten Atemzug zur Seite stehen.

Noch am gleichen Abend erfuhr Wu Faxian, daß Lin Piao schon im gleichen Sinn mit Huang Yongsheng gesprochen hatte und ähnliche vertrauliche Gespräche mit Li Zuopeng und Qiu Huizuo folgen sollten. Für lange Überlegungen war es zu spät; der Plan für den Staatsstreich sollte in großen Zügen fertig sein, bevor Lin Piao nach Beidaihe abreiste.[8]

5

Die Beziehungen zwischen Mao Tse-tung und Lin Piao bestanden schon seit langer Zeit und waren Ausdruck einer harmonischen Partnerschaft zwischen der Kommunistischen Partei und den chinesischen Streitkräften. Persönlich sind sich Lin und Mao wahrscheinlich 1928 zum ersten Mal begegnet, als sie sich in Jinggangshan den kommunistischen Streitkräften anschlossen, aber sie hatten zweifellos schon vorher voneinander gehört. Lin hatte sich bereits als Kommandeur des 28. Regiments des »4. Arbeiter- und Bauernkorps« einen Namen gemacht, eines Verbandes, dessen Befehlshaber Mao war. Als aus dem Regiment die erste Kolonne der neuen 4. Roten Armee entstand, wurde Lin mit dreiundzwanzig Jahren mit Zustimmung Maos zum Armeebefehlshaber ernannt.

Lin Piao zeichnete sich auch weiterhin durch besondere Leistungen aus, als die Nationalisten viermal erfolglos versuchten, die kommunistischen Streitkräfte einzuschließen. Nach dem fünften Versuch, bei dem die Kommunisten geschlagen und gezwungen wurden, sich auf den historischen Langen Marsch zu begeben, befehligte Lin Piao die mittlere Kolonne. Am Ende des Langen Marsches belohnte Mao seinen Armeeführer damit, daß er ihn zum stellvertretenden Befehlshaber der gesamten Roten Armee machte.

Während der folgenden innerparteilichen Konflikte gab es zwar gelegentlich Meinungsverschiedenheiten zwischen Mao und Lin, doch Lin Piao blieb im Lager Maos und galt als sein treuer Gefolgsmann. Bei Ausbruch des chinesisch-japanischen Krieges 1937 ernannte ihn Mao zum Kommandeur der 115. Division der neuen 8. Verfolgungsarmee. Bei Pingxingguan führte Lin einen erfolgreichen Angriff gegen eine japanische Kolonne und besiegte die bis dahin siegreichen Japaner unter dem Kommando des Generalleutnants Itagaki Seishiro. Dies war ein entscheidender Wendepunkt für das Schicksal des ganzen Landes und der beiden militärischen Führer Mao Tse-tung und Lin Piao.

Anschließend hielt sich Lin einige Jahre in der Sowjetunion auf, um seine 1938 erlittene Verwundung behandeln zu lassen, und während dieser Zeit wurde er von Mao zum chinesischen Vertreter bei der Komintern ernannt. Als er 1942 nach Yenan zurückkehrte, unterstützte er Mao noch energischer als zuvor und erklärte, die chinesische Kommunistische Partei könnte ebenso erfolgreich sein wie die der Sowjetunion, wenn Mao ihre Führung in der Hand behielt.

Nach der Kapitulation Japans im September 1945 ging Lin im Auftrag Maos in die Mandschurei, um dort die militärische und politische Führung zu übernehmen. Hier gelang es ihm, die kommunistischen Stellungen gegen den starken militärischen Druck der Nationalisten zu halten, wobei die eigenen Verluste verhältnismäßig gering blieben. 1947 hatten die Kommunisten das ganze Gebiet erobert. Von hier ging er nach Süden und beteiligte sich an entscheidender Stelle an der Eroberung des chinesischen Festlandes durch die Kommunisten. Während der folgenden Jahre nahm Lin auch weiterhin an den Kämpfen teil und gewann entscheidende Schlachten bei Peking und Tianjin. Mit seinem letzten Sieg im April 1950 eroberte er die Insel Hainan im äußersten Süden Chinas. Seine Armee, die in der Mandschurei nur aus 100 000 Mann bestanden hatte, war jetzt mehr als 1 Million Mann stark. Nach der Eroberung des größten Teils von China war Lin mit zweiundvierzig Jahren der angesehenste Befehlshaber in der neuen chinesischen Volksbefreiungsarmee.

Doch nach dem Befreiungskrieg hörte man kaum noch

etwas von Lin Piao. Möglicherweise trat er wegen seines geschwächten Gesundheitszustandes nur noch selten öffentlich in Erscheinung: dennoch bekleidete er einige wichtige politische Posten und verfügte über eine mächtige Gefolgschaft in militärischen Kreisen.

Die ersten politisch wirklich bedeutenden Aufgaben übernahm er 1959, als Mao Tse-tung seinen öffentlichen Angriff gegen Peng Dehuai, den damaligen Verteidigungsminister, führte. Nach dem Ausscheiden von Peng aus diesem Amt trat Lin Piao an seine Stelle, und es gelang ihm, die von Peng aufgebaute Machtstruktur innerhalb der Streitkräfte aufzulösen oder zu absorbieren.

Doch erst zu Beginn der Kulturrevolution im Jahre 1966 konnte Lin seine politische Macht auf eine breitere Basis stellen. Jetzt ergab sich für ihn die Gelegenheit, seinen Einfluß dadurch auszuweiten, daß er etwas tat, was er schon seit langem zu tun gewohnt war – er ließ seine militärische Stärke fühlen.

Die »Große Proletarische Kulturrevolution« Mao Tse-tungs hatte eine bisher nie dagewesene allgemeine politische Unsicherheit zur Folge. Auf dem Höhepunkt dieser Entwicklung bekämpften sich die einzelnen Parteien auf den Straßen mit Messern, Knüppeln, Steinen und allem, was sie in die Hände bekamen. Schulen und Fabriken wurden geschlossen, und das ganze Wirtschaftssystem des Landes brach zusammen. Unter Ausnutzung der allgemeinen Verwirrung erließ Lin an seine Truppen den Befehl, alle »linken« Gruppierungen zu unterstützen. Er wußte sehr wohl, daß sich alle an diesen Auseinandersetzungen beteiligten Gruppen als links betrachteten, und sie alle glaubten, unter dem Banner von Mao Tse-tung und der Kulturrevolution zu marschieren. Als Lin diesen Gruppen daher großzügig Waffen und Mannschaften zur Verfügung stellte, wurde aus den anfänglichen Streitigkeiten ein regelrechter Bürgerkrieg. Das chinesische Festland war zum Schlachtfeld geworden, auf dem Zehntausende von Chinesen starben.

Angesichts dieses Blutvergießens mußte Mao feststellen, daß die Kulturrevolution die Grenzen sprengte, die er ihr hatte setzen wollen. Die von ihm persönlich ernannten Führer, vor allem seine Frau Jiang Qing und Zhang Chunqiao, konnten ihren Gegnern keine entscheidende Niederlage beibringen. Nachdem der Hauptgegner Maos, Liu Shaoqi, ausgeschaltet war, wollte Mao das Chaos nicht auf die Spitze treiben. Zum ersten Mal seit 1949 spürte Mao, daß seine Stellung als unumschränkter Herrscher in China in Gefahr geraten war. Tschou En-lai informierte ihn, daß die Wirtschaft am Rande des Zusammenbruchs stünde und er die letzten materiellen und finanziellen Reserven einsetzen müßte, um das Schlimmste zu verhüten. Ende 1967 hatte Mao keine andere Wahl mehr und mußte seine »Palastwache«, den unter Wang Dongxing stehenden Verband »8341«, mobilisieren, um in den Pekinger Schulen und Fabriken Ordnung zu schaffen.

Die von Mao ergriffenen Maßnahmen waren für Lin das Signal, auf das er schon lange gewartet hatte. Im Namen des Vorsitzenden folgte Lin in China überall seinem Beispiel. Der Unterschied lag nur darin, daß er seine eigenen Truppen einsetzte und deshalb mit Hilfe dieser Truppen die politische Macht im Lande ausübte. Die verschiedenen Gruppierungen, die Lin vorher unterstützt hatte, bekamen nun seine ganze Härte zu spüren. Sie mußten ihre Waffen abliefern und wurden gezwungen, sich den neu eingerichteten militärischen Kontrollkommissionen zu unterstellen. Die ehrgeizigen Verfechter der Kulturrevolution hatten einen hohen Preis zahlen müssen und nun die politische Macht und ihre Identität verloren.

Mao war Lin dankbar dafür, daß er wenigstens für einigermaßen normale Zustände im Land gesorgt hatte. Was er zunächst nicht erkannte, war die Tatsache, daß Lin nicht bereit war, die Macht wieder aus der Hand zu geben.

Mit Ausnahme von Shanghai, wo Zhang Chunqiao seine Machtposition halten konnte, herrschte in allen Provinzen und größeren Städten das Militär. Auf dem 9. Parteikongreß im April 1969 wurde Lin offiziell zum Nachfolger Maos ernannt. Damit war er nominell und de facto der zweitmächtigste Mann in China. In Wirklichkeit ist er vielleicht sogar der mächtigste gewesen. Mehr als fünfzig Prozent der aus Regierung und Militär stammenden Delegierten auf diesem Kongreß waren seine Anhänger. Von den hundertfünfzig zusätzlichen Führungsposten des Parteiausschusses waren mehr als hundert von militärischen Befehlshabern besetzt. Die anderen waren zum größten Teil ehemalige Militärs, und die meisten von ihnen hatten irgendwann einmal unter dem Kommando von Lin gestanden. Sogar eine Anzahl der wichtigen Minister im Staatsrat Tschou En-lais waren Parteigänger von Lin Piao.

Im militärischen Bereich verfügte Lin Piao über die fast uneingeschränkte Macht, denn seine Anhänger befehligten viele der großen Militärregionen. Der einzige, der das hätte ändern können, war Mao selbst, obwohl man daran zweifeln durfte, wie weit sein Einfluß auf das Militär reichte.

Lange Zeit hatte Mao nichts gegen das ständige Wachsen der Popularität Lins unternommen. Doch nun hatten die immer zahlreicher werdenden Anhänger von Lin begonnen, Mao unter Druck zu setzen, anstatt ihn zu unterstützen. Das empfindliche Gleichgewicht der Kräfte war gestört und ließ sich voraussichtlich nicht wieder herstellen.

Die Ereignisse auf der Konferenz von Lushan waren die Folge.

Lin hatte zunächst nach einer Alternativlösung gesucht, aber keine gefunden. Mao hatte bereits zu den Waffen gerufen, und Lin konnte entweder untätig bleiben und die Niederlage hinnehmen oder kämpfen und auf den Sieg hoffen. Der Kampf gegen das Staatsoberhaupt konnte nur eines bedeuten – den Staatsstreich. Nachdem sich Lin einmal dafür entschieden hatte, gab es kein Zurück.

Nicht jeder hätte sich zu einer so klaren Entscheidung durchringen können. Der erste Mensch, den Lin von seinen Plänen unterrichtete, war seine Frau Ye Qun. Zunächst reagierte sie fast hysterisch und bat ihn inständig, andere Möglichkeiten zu suchen. Schließlich rief Lin Piao wütend: »Soll Lin Piao auch in Zukunft Lin Piao bleiben oder nicht?« Darauf wußte Ye Qun nichts zu sagen und fügte sich den Wünschen ihres Mannes.[1] Nun kam es zunächst darauf an, die richtigen Mitverschwörer zu finden.

Ye Qun half ihm, eine Liste mit etwa zweihundert Namen potentieller Mitverschwörer aufzustellen. Nachdem Lin sich die Angelegenheit noch einmal gründlich überlegt hatte, verwarf er den Plan, seine Sache auf eine so breite Basis zu stellen, denn er fürchtete, daß sich daraus nur Komplikationen ergeben könnten. Er entschloß sich, nur wenige Befehlshaber zu beteiligen und ihnen neue Aufgaben zuzuteilen. Die Befehlshaber der Militärregionen von Shenyang und Nanjing, Chen Xilian und Xu Shiyou, sollten zu stellvertretenden Verteidigungsministern ernannt werden und ihre bisherigen Posten zuverlässigen Anhängern Lins überlassen, um eine Unterstützung des Staatsstreichs durch diese beiden Militärregionen zu gewährleisten. Mit diesen Kräften sollten sich die Truppen der unter dem Befehl von Lin Piaos Gefolgsmann Ding Sheng stehenden Militärregionen Kanton vereinigen und gemeinsam die Kerntruppe bilden, die für den Staatsstreich gebraucht wurde. Aber Lin ließ schließlich auch diesen Gedanken fallen, weil er fürchtete, solche Personalveränderungen könnten sich nachteilig auf seinen Zeitplan auswirken.

Vor allem aber wollte er nur Personen in seinen Plan einweihen, auf die er sich wirklich verlassen konnte.

So blieben schließlich nur noch seine »vier großen Mitstreiter« übrig, Huang Yongsheng, Wu Faxian, Li Zuopeng und Qiu Huizuo, die Befehlshaber des Heeres, der Luftstreitkräfte, der Marine und der logistischen Abteilungen des Generalstabs.[2] Ihrer uneingeschränkten Unterstützung hatte Lin unter anderem seinen persönlichen Aufstieg im militärischen Establishment zu verdanken. Es gab niemanden, dem er mehr vertraute als diesen vier Männern.

Der Chef des Stabes, Huang Yongsheng, hatte schon in den ersten Jahren des Bestehens der Roten Armee als Befehlshaber mit Lin Piao zusammengearbeitet. Auf dem Langen Marsch war er Kommandeur eines der Lin unterstellten Regimenter gewesen. Während der Kämpfe gegen die Japaner hatte er eine Brigade in der von Lin geführten 115. Division kommandiert. In der 4. Feldarmee Lins befehligte er die 8. Kolonne und war stellvertretender Kommandeur des 12. Korps gewesen. Nach Gründung der Volksrepublik wurde er zum Befehlshaber der Militärregion Kanton und zum Parteisekretär von Südchina ernannt.

Während der Kulturrevolution löste Huang Yongsheng den amtierenden Chef des Stabes, Yang Chengwu, ab und übernahm den Posten des ständigen Chefs des Stabes. Auf dem 9. Parteikongreß wurde er zum ständigen Mitglied des Politbüros gewählt.

Huangs Einfluß als Chef des Stabes ergab sich aus der Struktur des militärischen Establishments. Jede Entscheidung über die Verlegung von Feldarmeen, die von einer Militärregion getroffen wurde, mußte von seinem Generalstab genehmigt werden. Andererseits waren die Militärregionen verpflichtet, alle Befehle des Generalstabs zu befolgen.

Der offizielle Status von Li Zuopeng war der des ersten politischen Kommissars der Flotte, aber in der Praxis übernahm er die Pflichten des Oberbefehlshabers der Marine. Der nominelle Befehlshaber, Xiao Jinguang, ebenfalls ein treuer Gefolgsmann von Lin Piao, war von seinem Mentor zum stellvertretenden Verteidigungsminister ernannt worden und bekleidete als solcher einen repräsentativen, aber unbedeutenden Posten.

Während seiner Zugehörigkeit zur 4. Feldarmee hatte Li Zuopeng seinen Befehlshaber Lin Piao bei der strategischen und taktischen Planung unterstützt und sich dabei dessen Achtung erworben. Anschließend ernannte ihn Lin Piao zum Chef des Stabes der 115. Division, zum Befehlshaber des 43. Korps der 4. Feldarmee und zum stellvertretenden Befehlshaber einer Marschkolonne. Er besaß hervorragende militärische Fähigkeiten und verfügte über die Schläue und das Geschick eines guten Politikers.

Die unter dem Kommando von Li stehende Marine bestand aus der nördlichen, der östlichen und der südlichen Flotte mit insgesamt 670 000 Mann sowie einem Elitekorps Marinetruppen und fünf Marine-Luftdivisionen. Nach den von Li immer wieder durchgeführten Säuberungsaktionen waren alle Führungskräfte in der Marine ihm selbst und Lin Piao treu ergeben.

Huang Yongsheng und Li Zuopeng waren zwei ganz gegensätzliche Charaktere. Sie waren beide mittelgroß und einander äußerlich gar nicht unähnlich, unterschieden sich jedoch in Temperament und Arbeitsweise sehr stark voneinander.

Der Name Huang Yongsheng hat einen guten Klang. Die Worte »Yong« und »Sheng« bedeuten »ewig« und »siegreich«. Wegen seines Namens wurde auch Mao seinerzeit auf diesen jungen Rotarmisten aufmerksam. Seine militärischen Leistungen rechtfertigten die in ihn gesetzten Erwartungen. Die ihm unterstellten Soldaten waren tapfere Kämpfer und diszipliniert. Auf dem Schlachtfeld hatte Yongsheng seine Männer stets in der Hand und führte sie von Sieg zu Sieg. Und doch behandelte er seine Untergebenen mit ausgesuchter Höflichkeit und versuchte nicht, mit seinen Fähigkeiten zu glänzen. Seine besondere Stärke lag darin, Begabungen zu erkennen und zu fördern. Vor wichtige politische Entscheidungen gestellt, tat er so, als habe er selbst keine Lösungsmöglichkeiten vorzuschlagen und müßte auf die Ideen anderer zurückgreifen. Dann prüfte er diese Ideen sehr sorgfältig, um schließlich mit der wohlausgewogenen Version eines der Pläne das Problem auf seine Weise zu lösen. Mit diesem Verfahren kam er fast immer zum Erfolg.

Anders als Huang entwarf Li Zuopeng seine Pläne von Anfang an selbst. Als Lin Piao die 4. Feldarmee im Krieg gegen Tschiang Kai-schek befehligte, war es die Aufgabe Lis, die Ideen von Lin in ein konkretes Verfahren umzusetzen. Er war beherzt und stolz und machte sich offen über seine Kameraden lustig, die weniger leisteten als er. Dabei schonte er auch seine Vorgesetzten nicht. Er glaubte, seine Ideen sollten von anderen als Leitlinien übernommen werden. Wu hatte aber einst auch gesagt, wenn man mit Li Zuopeng zusammenarbeitet, dann hat man immer das Gefühl, ihm vertrauen zu können, und schließlich wird dieses Vertrauen jedesmal gerechtfertigt.[3]

Qiu Huizuo war zunächst Truppenbefehlshaber in der Roten Armee gewesen, wurde aber dann mit politischen Aufgaben in den Streitkräften betraut. Er wurde politischer Kommissar der 8. Kolonne der 4. Feldarmee unter Lin Piao und schließlich stellvertretender Direktor der politischen Abteilung der 4. Feldarmee. Nach Gründung der Volksrepublik wurde Qiu zum Generalleutnant befördert und zum Chef der Abteilung für Logistik ernannt. Als solcher war er für die Versorgung der ganzen Armee verantwortlich.

Sehr bald nach Ausbruch der Kulturrevolution ermutigte Lin Piao seinen Freund Qiu, viele Generäle und Generalleutnants in der Abteilung für Logistik zu entmachten oder den Einfluß dieser Leute zu schwächen. Darauf organisierte und führte Qiu eine Militärclique aus hochrangigen, für die Logistik verantwortlichen Offizieren, die ihre Befehle direkt von Lin Piao entgegennahmen.

Lin Piao schätzte Qiu wegen seiner Loyalität, seines Gleichmuts und seiner Zuverlässigkeit, denn damit war er der richtige Mann für den Umgang mit den Gegnern Lins. Er war gesund, energisch, streng und verlangte sehr viel von seinen Untergebenen. Er wurde von ihnen gefürchtet und genoß dennoch ihre Achtung. In seinem Befehlsbereich arbeiteten mehr Frauen als irgendwo anders (die meisten im Militärlazarett), ein Umstand, dem er seinen Spitznamen »Playboy des Jahrhunderts« zu verdanken hatte.

Huang, Wu, Li und Qiu – das waren die vier »eisernen Brüder« von Lin Piao. Ihr »Bündnis auf Leben und Tod« wurde schon zu Beginn der Kulturrevolution geschlossen, als sie verbal und physisch von den Roten Garden angegriffen wurden. Ihr Überleben hatten sie Lin Piao zu verdanken. Am 13. Mai 1967 schlossen sie mit Lin und Ye Qun einen geheimen Vertrag, mit dem sie sich zu gegenseitiger Loyalität verpflichteten, und kamen anschließend jedes Jahr am gleichen Tage wieder zusammen, um ihr Bündnis zu erneuern.

Doch obwohl Lin von ihrer Treue überzeugt war, mußte er mit der Möglichkeit rechnen, daß sich einer oder mehrere von ihnen weigern würden, seiner Entscheidung zuzustimmen, einen Staatsstreich zu wagen. Wie immer, wenn es um so wichtige Fragen ging, ließ Lin sie einzeln zu sich kommen, um festzustellen, wie sie reagieren würden. Das Verfahren folgte einem bestimmten System. Zuerst wurde Huang zu einer Besprechung befohlen, dann erschien Wu, dem nun mitgeteilt werden konnte, daß Huang den Plänen des Verteidigungsministers zugestimmt hatte. Es folgt Li, und als letzter kam Qiu an die Reihe. Jeder wurde davon unterrichtet, wie sich die anderen vor ihm entschieden hatten. Wenn einer von ihnen sich weigern sollte, dann mußte seiner Illoyalität mit sofortiger Festnahme und Ermordung begegnet werden, wobei dafür gesorgt war, daß der Tod des Betreffenden als Folge einer schweren Erkrankung bezeichnet werden konnte. Um das zu bewerkstelligen, standen Lin jederzeit zwei Fachleute zur Verfügung, die bei dem »Patienten« ein akutes Herzversagen bewirken konnten.[4]

Bei der Besprechung mit Huang Yongsheng erschrak

dieser so sehr, daß er in Tränen ausbrach. Er und Lin Piao umarmten einander und trösteten sich gegenseitig.

Wu Faxian schien zunächst etwas konsterniert, bewahrte jedoch die Haltung.

Li Zuopeng meinte, er hätte schon selbst daran gedacht, daß Lin Piao so vorgehen sollte, hätte sich aber gescheut, selbst diesen Vorschlag zu machen. Er sagte, er fühle sich erleichtert.

Qiu Huizuo blieb ruhig und fest. Das freute Lin Piao ganz besonders.

Bei dem ersten Zusammentreffen mit den vier Verschwörern wies Lin ausdrücklich darauf hin, daß sie alle verloren wären, wenn Mao etwas von ihrem Vorhaben erführe. Als Beispiele nannte er die Fälle von Liu Shaoqi, Peng Dehuai und Wang Ming, die alle auf Befehl Maos »ausgeschaltet« worden waren. Damit wollte er sie an die Rachsucht des alten Mannes erinnern. Er sagte, mit zunehmendem Alter sei der Vorsitzende immer gefährlicher und bösartiger geworden. Dann ließ er die vier Männer schwören, daß sie eher sterben als ihr Geheimnis preisgeben würden. Zum Schluß befahl er jedem einzelnen, sich zu entscheiden, auf welche Weise er sich im Falle eines Fehlschlags auf der Stelle das Leben nehmen wolle.

6

Die Pläne für den »großen Staatsstreich« wurden allein von Lin Piao konzipiert und ausgearbeitet. Auch nachdem er den Mitverschwörern gesagt hatte, er beabsichtige, Mao Tse-tung zu töten, wußte niemand, auf welche Weise das geschehen sollte. Als er schließlich Ye Qun, Huang, Wu, Li und Qiu in die Einzelheiten einweihte, waren sie alle von seinem Scharfsinn beeindruckt und stimmten zu.

Lin hatte sich verschiedene Möglichkeiten durch den Kopf gehen lassen, bis er sich schließlich für eine entschied. Das Hauptproblem war: Ein subtil eingefädeltes Unternehmen, an dem nur wenige beteiligt waren, würde niemals die öffentliche Unterstützung eines so großen Personenkreises finden, wie dies für den Erfolg eines Staatsstreichs notwendig war, während Operationen größeren Ausmaßes kaum vor dem wachsamen Auge Maos verborgen bleiben konnten. Lin Piao hoffte nicht nur, Mao töten zu können, sondern wollte auch sicherstellen, daß er nach dem erfolgreichen Attentat die Führung der ganzen Nation in der Hand behielt.[1]

Lin war sich sicher, die für die Ermordung Maos benötigten Truppen mobilisieren zu können. Doch die Übernahme der Macht bedeutete auch, daß er eine zeitweilige Militärdiktatur errichten mußte. Eine weitere Überlegung brachte ihn schließlich auf die Idee, daß die dafür notwendige nationale Krise am besten durch eine chinesisch-sowjetische Konfrontation herbeigeführt werden könnte. Dieser Konflikt müßte so ernst sein, daß Mao Tse-tung und Tschou En-lai zu der Überzeugung kamen, China und die

Sowjetunion stünden kurz vor Ausbruch eines regelrechten Krieges, der schon durch einen leichten Grenzzwischenfall ausgelöst werden könnte. Nur in einem solchen Fall würde Lin Piao alle seine militärischen Vollmachten ins Spiel bringen können, ohne Verdacht zu erregen.

Lin Piao pflegte seine Schlachtpläne als »Modelle« zu betrachten, und dieses Unternehmen erforderte wie jede andere Schlacht, die er geschlagen hatte, ein strategisches und ein taktisches »Modell«.[2] Diesmal hatte er zwei strategische Modelle entworfen. Nach dem ersten sollten chinesische Truppen Überraschungsangriffe gegen die Sowjetunion führen. Dieser Plan war durch einen tatsächlichen bewaffneten Konflikt zwischen China und der Sowjetunion angeregt worden, der 1969 nach den Grenzstreitigkeiten um die Insel Zhen Bao (Damansky) entstanden war. Damals hatte man schon vorher mit militärischen Aktivitäten sowjetischer Truppen in den Grenzprovinzen Heilongjiang und Xinjiang (Sinkiang) rechnen müssen. Lin Piao hatte damals, um sein persönliches Prestige zu stärken und seine Stellung für den bevorstehenden 9. Parteikongreß zu festigen, auf den sowjetischen Druck mit sehr scharfen Gegenmaßnahmen reagiert und die Sowjets mit der aggressiven Haltung der chinesischen Truppen überrascht.

Xiao Quanfu, der Stellvertreter von Lin Piao als Befehlshaber für die Operationen der 4. Feldarmee in der Militärregion Shenyang, hatte zunächst seinen Truppen befohlen, eine Gruppe sowjetischer Subalternoffiziere in einem Ausbildungslager mit Artillerie zu beschießen. Als die Sowjets in Xinjiang mit gleicher Stärke zurückschlugen, ergriffen Lin Piao und seine Verbände die Gelegenheit, ihre Muskeln spielen zu lassen.

Diese Vorkommnisse veranlaßten Mao Tse-tung, Lin Piao zu sich zu bitten, um ihm zu sagen, daß er sich Sorgen um den möglichen Ausbruch eines chinesisch-sowjetischen Krieges machte. Aber am Schluß der Besprechung forderte er Lin Piao sogar auf, sich auf einen Krieg vorzubereiten. Lin Piao wußte nun genau, was er zu tun hatte. Am 30. September 1969, dem Vorabend des 20. Gründungstages der Volksrepublik China, fuhr er in Begleitung mehrerer Leibwächter zum Kommandoturm des Pekinger Militärflughafens, auf dem die 34. Luftdivision stationiert war. Hier befahl er persönlich den diensthabenden Wachen, alle Vorbereitungen für die Alarmierung der Truppe zu treffen. Wu Faxian als Oberbefehlshaber der Luftwaffe versetzte daraufhin alle Garnisonen der Luftstreitkräfte in ganz China in die Alarmstufe I.

Drei Tage später erließ Lin Piao als Verteidigungsminister und stellvertretender Vorsitzender des Militärausschusses über den Generalstab einen ähnlichen Befehl an das ganze militärische Establishment. Damit befand sich praktisch ganz China im Ausnahmezustand.

Lins Anordnungen und sein persönliches Engagement bei der Ausgabe dieser Befehle hatte jedermann einschließlich des Vorsitzenden Mao überrascht. Doch für Lin war die ganze Episode eine Generalprobe gewesen. Er wußte jetzt, über welche Befugnisse er für den Fall eines wirklichen Notstandes verfügte und was er bewirken konnte – unter Umständen auch, wenn ein solcher Notstand absichtlich herbeigeführt worden war. Die chinesisch-sowjetischen Streitigkeiten waren in diesem Fall sehr real gewesen, aber eine solche Lage konnte auch absichtlich herbeigeführt werden. Um einen Konflikt auszulösen, mußten nur einige militärische Verbände den Befehl erhalten, die sowjetischen Grenztruppen anzugreifen. Wenn nötig, konnte Lin sogar Angriffe gegen chinesische Kräfte mit Hilfe der eigenen Artillerie vortäuschen, am besten in einem abgelegenen Gebiet, um so die kriegerischen Absichten der Sowjets nachzuweisen und einen *casus belli* zu schaffen.

Lin Piao verfügte aber noch über ein zweites strategisches Modell, das nach seiner Auffassung dem ersten vorzuziehen war. Dazu bedurfte es jedoch einer noch viel sorgfältigeren und vorsichtigeren Vorausplanung. Es erforderte vorbereitende geheime Kontakte mit den Sowjets, bei denen ihnen besondere Vorteile für den Fall angeboten werden mußten, daß sie mit Lin Piao im Rahmen seines »Kriegsplans« zusammenarbeiteten.

Lin Piao ließ seinen Chef des Stabes, Juang Yongsheng, kommen, um diese Idee mit ihm zu besprechen.[3] Die Zusammenkunft fand in einem Nebenraum der Villa Lin Piaos in den Westlichen Bergen statt. Der Fußboden des Zimmers war mit einem 14 x 28 Meter großen rot-goldenen Teppich belegt. Dieser Teppich hatte einen Wert von $ 200 000 und war ein Geschenk des Verteidigungsministeriums und des Militärausschusses zum 10. Jahrestag der Ernennung Lin Piaos zum Marschall.

Das auffallendste Stück der Einrichtung dieses Zimmers war jedoch nicht der Teppich, sondern ein Sandkasten, der etwa so groß war wie sechs Pingpong-Tische. Er bestand aus mehreren computergesteuerten Demonstrationstafeln. Auf Knopfdruck ließen sich komplexe taktische Lagen simulieren, die Kämpfe darstellten, an denen China, die Sowjetunion, Japan, die Vereinigten Staaten und beliebig viele andere Staaten beteiligt waren. Außerdem gehörten dazu Angaben über Zahlen und Typen verfügbarer Flugzeuge, über ihre Heimatflughäfen, Zielgebiete, Flugrouten und Flugzeiten.

An jenem Tage beschäftigten sich der Verteidigungsminister und sein Stabschef mit den im Norden Chinas (Hubei) und im Nordosten (Mandschurei) sowie den an den entsprechenden Grenzen gelegenen Gebieten. Die auf diesem Modell dargestellten militärisch wichtigsten Räume waren die Militärregionen von Peking und Shenyang in China und die von den Sowjets militärisch besetzten Räume bei Chabarowsk, am Baikalsee und in der Mongolei. Die für dieses Sandkastenspiel eingesetzten Truppen waren chinesische Feldarmeen, Panzerdivisionen, Verbände der Luftstreitkräfte, Luftlandetruppen und Einheiten der Kriegsflotte.

Lin Piao hatte seinen Chef des Stabes eigentlich nur deshalb zu dieser Besprechung befohlen, um festzustellen, wie er auf seine Pläne reagieren werde. Er selbst sprach ohne Pause und wie ein Prophet zutiefst überzeugt von dem, was er sagte.

»Auf den persönlichen Befehl von Breschnew«, begann Lin seine Erläuterungen, »werden die Sowjets mit ihren Raketen und Geschützen die chinesischen Befestigungen und Grenzposten in den nördlichen Militärregionen beschießen. Die sowjetischen Panzer werden die chinesische Grenze überschreiten, während die Infanterie darauf wartet, ihnen auf den nun geöffneten Straßen in gepanzerten Fahrzeugen folgen zu können. Der Angriff wird für China völlig überraschend erfolgen.

Die sowjetischen Luftstreitkräfte werden ihre MiGs und taktischen Bombenflugzeuge gegen militärische Ziele in China einsetzen; sowjetische U-Boote werden in die Gewässer vor Lushan und Dalian vorstoßen und Küsten und Häfen mit Raketen beschießen.

Es wird das eintreten, was Mao Tse-tung schon die ganze Zeit gefürchtet hat. Die Sowjets werden ihre Stärke demonstrieren, aber er, der allmächtige Beherrscher Chinas, wird sich nicht bereit finden, zu kapitulieren. Er verfügt ja über den unbesiegbaren Feldherrn Lin Piao, den weltberühmten Truppenbefehlshaber, und der Vorsitzende wird seinen Streit mit ihm zurückstellen und es ihm überlassen, die chinesischen Streitkräfte in den Krieg zu führen. Er wird sich die Ratschläge Lins aufmerksam anhören. Lin wird ihm melden, daß der Nordosten durch einen bevorstehenden sowjetischen Angriff gegen die Militärregion von Peking ernsthaft bedroht ist. Lin Piao wird Mao empfehlen, sich zu seinem eigenen Schutz in den Berg des Jadeturms zurückzuziehen.[4]

Während Lin Piao und seine militärischen Ratgeber die Kämpfe von der nahe gelegenen Kommandozentrale aus leiten, wird Mao Tse-tung den Verlauf des Krieges von seiner Fluchtburg aus beobachten. Mao und Tschou En-lai werden sich, wie sie es während des Bürgerkrieges in den 40er Jahren getan haben, in ihrem ›Befehlszelt‹ über die strategischen Entscheidungen beraten und auf den Sieg hoffen. Dabei werden sie nicht merken, daß es niemals einen Sieg für sie geben wird, sondern daß nur ein unrühmlicher Tod auf sie wartet.«

Mit gedämpfter Stimme fuhr Lin fort: »Der Zugang zu den unterirdischen Räumen im Berg des Jadeturm wird von meinen Männern besetzt werden, und bevor Mao Zeit hat festzustellen, was geschehen ist, wird er von den in seinen Unterstand geworfenen Gasbomben erstickt sein. Seine Leiche wird zu Asche zerfallen. – Das ist der Plan ›Berg des Jadeturms‹.«

Huang Yongsheng hörte mit gespannter Aufmerksamkeit zu. Das Selbstvertrauen Lin Piaos beeindruckte ihn. Es hatte den Anschein, als werde es wirklich zu den geschilderten Ereignissen kommen. Doch als langjähriger Chef des Stabes konnte Huang nur an die Gefahren und Probleme denken. Aber Lin beantwortete alle seine Fragen gleichmütig und ohne sichtbare Anzeichen der Besorgnis.

Dann fragte Huang nach den Verlusten. Lin erklärte, die Sowjets müßten wahrscheinlich mit Verlusten von Regiments- bis zu Divisionsstärke rechnen. Die Verluste auf chinesischer Seite würden größer sein. Doch wenn alles gutging, könnte der Staatsstreich innerhalb von drei Wochen gelingen. Lin Piao schlug mit einem langen Zeigestock auf den Sandkasten: »Ist es nicht doch nur ein gemeinsames Manöver? Und kann man etwas daran ändern, daß es dabei auch zu Verlusten kommt?«

Dann äußerte Huang Zweifel daran, daß Befehle befolgt werden würden, die zu Angriffen gegen die eigenen chinesischen Truppen führen mußten. Lin Piao erwiderte, diese Befehle müßten nicht auf dem normalen militärischen Dienstweg weitergegeben werden. Er behauptete, die in Shenyang stationierten Verbände könnten gleichzeitig zur Verteidigung und zum Gegenangriff bereitgestellt werden. Er werde sie dadurch verunsichern, daß er ihnen mehrere verschiedene Befehle zuleitete, die jedoch alle den gleichen Zweck verfolgten. Lin fügte hinzu: »Wir werden diese Aufgabe einem Mann übertragen, der, wenn es um die Russen geht, ganz kaltblütig sein kann. Er muß in der Lage sein, sie so zu erschrecken, daß ihnen die Haare zu Berge stehen.«[5]

Nun fragte Huang, ob es nicht möglich sei, einen solchen Krieg zu führen, ohne die Sowjetunion vorher ins Vertrauen zu ziehen. Man könnte doch auch nach dem Staatsstreich mit den Sowjets verhandeln. Lin erwiderte, er habe auch an diese Möglichkeit gedacht, und obwohl er sie nicht völlig ausschlösse, könnte man in einem solchen Fall nicht sicher mit einem günstigen Ausgang rechnen. Die Sowjets würden ihm unter Umständen die kalte Schulter zeigen oder, was noch schlimmer wäre, die Chinesen durch zu hohe Forderungen in die Verteidigung drängen.

Bei seiner späteren Vernehmung schilderte Huang Yongsheng den Schluß der Unterredung wie folgt:

»Lin Piao trug eine verblichene, lavendelfarbige Robe, eine Samtkappe und hatte Pantoffeln an. Er ging zum Sandkasten hinüber und setzte die Demonstrationsfiguren an die in dem von ihm beschriebenen Manöver zugewiesenen Stellen. Diese Tätigkeit nahm seine ganze Aufmerksamkeit in Anspruch. Plötzlich kam ihm der Gedanke, daß man diese militärische Übung nicht auf einen einfachen bewaffneten Konflikt mit den Sowjets zu beschränken brauchte. Er konnte die Lage dazu ausnutzen, etwas viel Eindrucksvolleres, Dauerhafteres und Weitreichenderes zu bewirken. Angesichts solcher Möglichkeiten geriet er fast in Ekstase.

Nach Einstellung der Kampfhandlungen würden China und die Sowjetunion zu einer freundschaftlichen Waffenstillstandsvereinbarung kommen. Der Beherrscher Chinas, Marschall Lin Piao, würde in Moskau im Rahmen einer großartigen Zeremonie empfangen werden, während Peking den Genossen Breschnew auf dem Platz des Himmlischen Friedens begrüßte. Angesichts dieser Entwicklungen werde die Welt atemlos auf den nächsten Schritt warten.

Er rechnete damit, daß die 1 200 000 chinesischen Soldaten in den vier großen Militärregionen an der sowjetischen

Grenze in die sowjetischen Seeprovinzen verlegt werden könnten, um dort neue sozialistische Staaten zu gründen. Vietnam werde seinen Machtbereich über ganz Südostasien ausdehnen – zum Beispiel auch auf Kambodscha. Die Sowjetunion ihrerseits könnte die gegenwärtig an der chinesisch-sowjetischen Grenze stationierten Millionen Soldaten nach Europa verlegen, um so das globale Gleichgewicht der Kräfte zu ihren Gunsten zu verschieben. Damit würde der gesamte europäisch-asiatische Kontinent, der sich heute nur aus kleinen Nationen zusammensetze, zu einer gewaltigen, furchterregenden kommunistischen Festung werden. Die neue, alles beherrschende Nation würde die ihr benachbarten Länder annektieren und den Kommunismus über den ganzen Erdball ausbreiten. Zur Festigung der chinesisch-sowjetischen Koalition würde sie Kernkraft, Infiltration, Subversion und militärische Besetzung fremder Gebiete einsetzen. Durch den bevorstehenden Staatsstreich würde sich das Gleichgewicht der Kräfte auf der ganzen Welt in der Tat entscheidend verändern.

Lin Piao erklärte, die Tragödie des modernen China läge darin, daß es von dem hemmungslos ehrgeizigen Mao Tsetung beherrscht würde, dessen ganzes Streben darauf gerichtet sei, an der Spitze der internationalen kommunistischen Bewegung zu stehen, und von dem sich deshalb alle anderen kommunistischen Länder abwendeten. Aus diesem Grund sei China ganz vom Wege des Kommunismus abgekommen. Jetzt bedrohe die proletarische, revolutionäre chinesische Armee sogar die anderen sozialistischen Länder. Das chinesische Militär sei zum inoffiziellen Verbündeten der Nato geworden und habe die Rolle des Lakaien der kapitalistischen Länder übernommen. Das sei eine Verhöhnung der Idee der Volksbefreiungsarmee, die jetzt in eine neue Richtung geführt werden müsse.

Lin Piao war zutiefst überzeugt davon, daß sich China mit dem Staatsstreich die erste und vielleicht einzige historische Gelegenheit böte, seine Schwäche, Isolation und innere Zerrissenheit zu überwinden. Dieses altehrwürdige östliche Land werde zu neuen Leben erblühen, und zwar mit Hilfe seiner eigenen überlegenen militärischen Stärke.

Ich erinnere mich noch an die letzten Worte Lin Piaos an diesem Tag: ›Unsere neuen Beziehungen zu den Sowjets, der Übergang vom Krieg zum Waffenstillstand, von der Feindschaft zum Bündnis, die geheimen Kontakte zur Anknüpfung offizieller Beziehungen erfordern große Anstrengungen, um die Haltung und die Überzeugungen unserer Bevölkerung zu verändern.‹«

7

Wu Zonghan, der den Kontakt mit den Russen aufnehmen sollte, war ein schlanker, zerbrechlich wirkender Mann, der oft tief in Gedanken versunken schien. Man hatte den Eindruck, seine ruhige, introvertierte Art sei deutlicher ausgeprägt als bei vielen anderen chinesischen Intellektuellen. Sein Name ist ein Pseudonym.

In den 50er Jahren hatte Wu an der Qinghua-Universität Ingenieurwesen studiert. Nach bestandenem Examen wurde er von der Regierung einer Gruppe sowjetischer Militärberater zugeteilt, um sich am Aufbau der chinesischen Streitkräfte zu beteiligen. Im Rahmen dieser Arbeit unternahm er zahlreiche Auslandsreisen, besonders in die Sowjetunion, in die DDR und in die Tschechoslowakei.

Während seines Aufenthalts in Moskau verliebte sich der tüchtige, bescheidene junge Chinese in eine sowjetische Frau deutscher Abstammung. Sie war blond, hatte blaue Augen und nannte sich Lala. Aber so glücklich diese Liebesgeschichte auch begann, sie endete tragisch. Ebenso wie die Flitterwochen zwischen Mao und Chruschtschow sehr bald zu Ende gingen, mußten auch Wu Zonghan und Lala auf die Erfüllung ihrer Wünsche verzichten.

Ohne die Zusicherung, seine Geliebte wiedersehen zu dürfen, kehrte Wu 1959 nach China zurück, nachdem er sich vorher bereit erklärt hatte, in seiner Heimat als sowjetischer Spion zu arbeiten. Die Sowjets hatten ihn unter Druck gesetzt, aber zum Teil hatte er seinen Entschluß auch deshalb gefaßt, weil er die vage Hoffnung hegte, wenn er für die Sowjets arbeitete, werde er mit der Frau, die er liebte, vielleicht eines Tages zusammen leben können.

Wu hatte nicht mit den ungeheuren Anspannungen gerechnet, die mit jeder Spionagetätigkeit verbunden sind. Er hatte auch nicht geglaubt, daß sich die Beziehungen zu dem engsten Verbündeten Chinas so rasch verschlechtern würden. Zwar empfand er immer noch eine große Zuneigung zu der Geliebten jenseits der Grenze, aber er gab sich schließlich doch mit einem bescheidenen Leben zufrieden, heiratete, hatte Kinder und genoß die Wärme und den Frieden des Familienlebens.

Eines Tages traf eine Nachricht von Lala ein. Sie teilte ihm mit, sie könnte dafür sorgen, daß er seine gefährliche Arbeit aufgeben und zu ihr in die Sowjetunion kommen dürfe. Ihr Vater, ein angesehener und einflußreicher sowjetischer Intellektueller, habe ihr versprochen, ihr und Wu die Wege zu ebnen. Dazu müßte Wu jedoch den ersten Schritt tun.

Wu bereitete sich damals gerade auf eine Reise in ein westliches Land vor, das keine offiziellen diplomatischen Beziehungen zur Volksrepublik China unterhielt. Als Führer einer Delegation von Technikern konnte er sich heimlich von seiner Gruppe trennen und die sowjetische Botschaft aufsuchen. Das war ein relativ einfaches Unternehmen.

In China hätte er die Halbschwester seines Vaters, die fast zwanzig Jahre älter war als er, und vor allem Frau und Kinder zurückgelassen. Zwar hatte er seinerzeit eine Vernunftehe mit dem Gedanken geschlossen, wenn notwendig, seine Familie im Stich zu lassen. Aber er hatte nicht damit gerechnet, Frau und Kinder im Laufe der Zeit liebzugewinnen, und das war inzwischen geschehen.

Er war hin- und hergerissen zwischen seiner Familie und seinem Land auf der einen und der Aussicht, die ihm verhaßte Spionagetätigkeit aufgeben und mit seiner Geliebten zusammenleben zu können auf der anderen Seite. Seine gefährliche Tätigkeit schien ihm unter den gegenwärtigen Umständen ohnehin sinnlos zu sein. Doch es war schwierig und gefährlich, sie aufzugeben. Wenn er in China blieb, bestand die Gefahr, als Spion entlarvt zu werden.

Er schob die Entscheidung bis zum letzten Augenblick hinaus und lehnte das Angebot schließlich ab. Von seiner Reise nach China zurückgekehrt, verfaßte er sofort einen ausführlichen Bekennerbrief über seine geheime Zusammenarbeit mit den Sowjets. Der Brief wurde den höchsten nachrichtendienstlichen Organen in der Allgemeinen Politischen Abteilung und im Generalstab der Streitkräfte vorgelegt.

Auf Anordnung des Ständigen Ausschusses des Nationalen Verteidigungsrats wurde sofort eine Sitzung einberufen, an der die für die Sowjetunion zuständige Abteilung des militärischen Nachrichtendienstes im Generalstab und der Mann teilnahmen, der freiwillig gestanden hatte, als Spion für die Sowjetunion gearbeitet zu haben. Am Schluß des Verhörs glaubten die Fachleute des chinesischen Nachrichtendienstes genug über den Mann in Erfahrung gebracht zu haben, um eine Entscheidung zu treffen: Sie beschlossen, ihn umzudrehen und als Spion gegen die Sowjetunion einzusetzen.

Wu Zonghan hörte daher nicht auf, den sowjetischen Nachrichtendienst mit Informationen zu versorgen, aber diese Informationen waren jetzt von den chinesischen Behörden aufbereitet.

Wu selbst spielte jetzt eine dreifache Rolle: als Doppelagent und bei der Regierung angestellter Technokrat. Er war ein ungemein tüchtiger Arbeiter und so fleißig und gewissenhaft, daß er unter normalen Umständen sehr bald eine hohe Stellung in der Rüstungsindustrie eingenommen hätte. Doch sehr zum Ärger seiner Vorgesetzten durfte er wegen seiner geheimdienstlichen Tätigkeit nicht befördert werden, sondern mußte ein unauffälliges und bescheidenes Leben führen.

Doch bald begann für Wu eine »Überwinterungsperiode«. In dem Glauben, daß er wohl bereit, aber nicht in der Lage sei, in die Sowjetunion zu fliehen, schaltete sich

Lala noch einmal ein und teilte Wu mit, er könne von seinen Pflichten als Spion entbunden werden. Das Angebot der Sowjetunion, ihm politisches Asyl zu gewähren, gelte noch immer.

Zunächst sorgte sich Wu darum, wie seine Vorgesetzten im chinesischen Nachrichtendienst diese Mitteilung aufnehmen würden. Doch wider Erwarten stieß er auf Verständnis und Unterstützung in seinem Bemühen, wieder ein normales Leben führen zu können. Man erlaubte ihm nicht nur, seine Agententätigkeit aufzugeben, sondern zeigte ihm auch ein Geheimdokument über seinen Fall, aus dem hervorging, daß ihm keine kriminellen Vergehen vorgeworfen wurden.

Wu Zonghan hatte das Gefühl, aus einem Alptraum erwacht zu sein. Endlich hatte er wieder Freude am Leben, und die Erinnerungen an Lala begannen zu verblassen. Mehrere Jahre blieb alles friedlich, doch 1971 wurde ein böses Jahr für Wu.

Von den Gewalttätigkeiten der Kulturrevolution hatte er kaum etwas zu spüren bekommen, denn er stand immer noch unter dem Schutz des militärischen Nachrichtendienstes. Deshalb war er überrascht, als eines Tages zwei Männer in sein Büro kamen und erklärten, sie hätten neue Aufgaben für ihn. Sie forderten ihn auf, wieder den Kontakt zum sowjetischen Nachrichtendienst aufzunehmen. Die Sache sei ungemein wichtig, der eigentliche Zweck seines Einsatzes wurde ihm jedoch nicht mitgeteilt.

Jetzt mußte Wu erkennen, wie naiv es gewesen war, zu glauben, seine Vergangenheit sei vergessen. Er war immer noch eine Waffe des Geheimdienstes, auch wenn diese Waffe eine Zeitlang beiseite gelegt worden war.[1]

Als Wu Zonghan Anfang der 60er Jahre begonnen hatte, als Spion für den chinesischen militärischen Nachrichtendienst zu arbeiten, war das Ministerium für öffentliche Sicherheit davon unterrichtet worden und hatte die Anweisung erhalten, ihn bei seiner Arbeit zu unterstützen. Doch 1971 waren sowohl beim militärischen Nachrichtendienst als auch im Ministerium für öffentliche Sicherheit drastische Strukturveränderungen vorgenommen worden. Politische Führer, die Wu Zonghan vom Sehen oder dem Namen nach gekannt hatten, saßen inzwischen im Gefängnis, hatten andere Aufgaben übernommen oder waren zum Rücktritt gezwungen worden.

Luo Ruiqing hatte nacheinander an der Spitze des Ministeriums für öffentliche Sicherheit und des Generalstabs gestanden. Während der Kulturrevolution gehörte Luo zu den Personen, die auf Veranlassung von Lin Piao verhaftet wurden. Zwei Männer nahmen jetzt seine früheren Positionen ein. Sie gehörten beide als ständige Mitglieder dem Politbüro an. Juang Yongsheng war Chef des Stabes und Xie Fuzhi Minister für öffentliche Sicherheit.

Xie war es gelungen, auch weiterhin gute Beziehungen zu allen Gruppierungen zu unterhalten, zu Mao, Lin Jiang Qing und Tschou En-lai. Da Mao ihn dazu benutzt hatte, die inneren Auseinandersetzungen während der Kulturrevolution zu schüren, hatte sich Xie daran gewöhnt, einen großen Teil seiner Zeit und Arbeitskraft für die Innenpolitik auf höherer Ebene einzusetzen. Die Erledigung seiner Aufgaben im Ministerium überließ er zum großen Teil einem Mann mit Namen Li Zhen. Li war einer der beiden chinesischen Generäle, die diesen Rang erhalten hatten, ohne vorher überhaupt in der Roten Armee gedient zu haben. Er hatte sich in der Militärregion Shenyang ausschließlich mit der politischen Arbeit beschäftigt. Während der Kulturrevolution bewirkte Lin Piao die Ernennung Lis zum Chef der militärischen Kontrollkommission des Ministeriums für öffentliche Sicherheit, nachdem alle wirklichen, vermutlichen oder potentiellen Anhänger von Liu Shaoqi und Luo Ruiqing ausgeschaltet worden waren. Bei dem Wettrennen um die freigewordenen Posten hatte Lin Piao seine Konkurrentin Jiang Qing geschlagen.

Die Personalveränderungen in der chinesischen Führung brachten Wu Zonghan bei der Übernahme seines neuen Geheimauftrags in gewisse Schwierigkeiten. Das

Problem lag darin, daß das Militär nicht bereit war, das Ministerium für öffentliche Sicherheit darüber zu informieren, worum es sich bei diesem Vorhaben handelte. Lin Piao hätte Li Zhen auffordern können, Wu Zonghan und seinen Umgang mit den Sowjets außer acht zu lassen. Doch obwohl Li als enger Vertrauter Lin Piaos galt, durfte man offenbar auch ihm nicht völlig vertrauen.

Lin Piao versuchte also, seine Absichten zu tarnen, zugleich aber den Schutz und die Mitarbeit des Ministeriums für öffentliche Sicherheit in Anspruch zu nehmen. Das Ministerium jedoch nahm seine Pflicht ernst, stellte Nachforschungen an und erfuhr auf diese Weise etwas von den sowjetischen Kontakten. Es vermutete, Wu arbeitete tatsächlich für die Sowjets, und das militärische Oberkommando kenne seine wirkliche Identität nicht. Deshalb wurde eine Untersuchung eingeleitet. Beamte des Sicherheitsdienstes folgten Wu eines Tages zum Gästehaus des Staatsrats und beobachteten ihn beim Essen mit einem anderen Herrn, dem er eine kleine schwarze Ledertasche übergab. Dieser zweite, unauffällig gekleidete ältere Mann verließ das Gästehaus und stieg in einen Wagen mit Pekinger Nummernschildern, der vor einem Elitehotel in Xizhimen auf ihn gewartet hatte. Die Agenten des Ministeriums folgten dem Wagen in den Westteil von Peking. Er fuhr die Bei Hai Hauptstraße hinunter, setzte die Fahrt auf der Dong Guan Fang Straße fort und bog im spitzen Winkel in die verbotene Militärregion ein. Dort passierte er, ohne angehalten zu werden, die streng bewachte Einfahrt zum Innenhof des Verteidigungsministeriums. Die Agenten konnten noch beobachten, wie sich der Wagen dem Gebäudekomplex des Generalstabs näherte, mußten ihre Verfolgung dann aber aufgeben.

Der detaillierte Bericht der Abteilung für Gegenspionage des Ministeriums für öffentliche Sicherheit landete am 24. August 1971 auf dem Schreibtisch von Li Zhen. Darin hieß es, der Befehl, daß Wu in geheime Verhandlungen mit den Sowjets eintreten sollte, wäre augenscheinlich von hohen Beamten in der Sicherheitsabteilung des Generalstabs erteilt worden – damit waren der stellvertretende Direktor der Sicherheitsabteilung, der stellvertretende Chef des Büros des Generalstabes und der Chef des Stabes selbst, Huang Yongsheng, gemeint.

In dem Bericht wurde nun gefordert, daß die geheimen Kontakte Wus im voraus von den zuständigen Abteilungen des Ministeriums für öffentliche Sicherheit genehmigt würden. Ohne vorherige Zustimmung des Ministeriums wären solche Kontakte »ungesetzlich«, Landesverrat und mit der Todesstrafe bedroht.

Selbst für einen Fachmann auf diesem Gebiet wie Li Zhen war dies ein Bericht, wie er ihn nie erwartet hätte, und außerdem kam er zu einem denkbar ungünstigen Zeitpunkt. Während der vergangenen Monate hatte Li Zhen die Sicherheitsmaßnahmen für Verhandlungen zwischen China und den USA vorbereitet. Dr. Henry Kissinger und Premierminister Tschou En-lai hatten sich schon vor dem Besuch des amerikanischen Präsidenten, mit dem die jahrzehntelange Entfremdung zwischen beiden Nationen beendet werden sollte, im geheimen getroffen. Geheime Kontakte mit der Sowjetunion aber konnten alle Bemühungen um eine Entspannung zwischen China und den Vereinigten Staaten gefährden oder sie sogar zum Scheitern bringen. Wenn Mao davon erfuhr, würde er mit Empörung und Verärgerung darauf reagieren.

Die Nachforschungen Li Zhens ergaben zwar, daß Mao nichts von den sowjetischen Kontakten wußte, es war aber nicht herauszubekommen, ob Lin Piao davon unterrichtet war. Nach Lis Auffassung mußte er jedoch etwas davon wissen, wenn Huang als Chef des Generalstabes an der Sache beteiligt war. Für Li ergab sich das Bild, daß Mao versuchte, den Amerikanern ein lächelndes Gesicht zu zeigen, während Lin bewußt den Russen die Hand entgegenstreckte.

Li sah zwei Möglichkeiten: Er konnte die Angelegenheit wahrheitsgemäß seinem Vorgesetzten Xie Fuzhi melden oder Huang Yongsheng mit der Angelegenheit konfrontieren. Beide Möglichkeiten konnten ihn jedoch in eine peinliche Lage bringen. Er wußte, daß Xie keine Skrupel hatte; er würde keine Gewissensbisse haben, seine eigenen Untergebenen zu denunzieren und ihnen vorzuwerfen, Anhänger von Liu Shaoqi oder ein Verfechter des Imperialismus zu sein. Er würde jeden den Löwen vorwerfen, wenn er selbst etwas dabei gewinnen konnte. Li wollte Huang oder Lin nicht in Schwierigkeiten bringen, wenn sich das vorteilhaft für Xie auswirkte. Lin Piao hatte ihm beim Aufbau der Militärregion von Shenyang geholfen und zu seinem Erfolg in Peking beigetragen. Li fühlte sich Lin verpflichtet; er galt als Gefolgsmann von Lin, wenn auch nicht als jemand, der bereit war, sein Leben für Lin zu wagen.

Ein direktes Gespräch mit Huang konnte aber ebenso unangenehme Folgen haben. Wenn die Pläne Huangs scheiterten und Li mit ihm im gleichen Boot saß, dann war es nur eine Frage der Zeit, wann er mit ihm untergehen würde.

Er hielt es daher für die beste Lösung, die Untersuchung der Abteilung für Gegenspionage einzustellen und Unwissenheit vorzuschützen. Er beschloß, nicht nach dem Zweck der Aktivitäten von Wu zu fragen und sich nicht mehr um die Sache zu kümmern.

Der erste Schritt bestand darin, dafür zu sorgen, daß die auf Wu angesetzten Agenten den Fall nicht weiter verfolgten. Am 4. September 1971 ließ er die fünf Männer dieser Gruppe einzeln kommen, festnehmen und wegen »krimineller Aktivitäten« einsperren. Das war für ihn eine einfache Sache. Im Lauf der Jahre hatte Li auf Befehl seines Vorgesetzten Xie Fuzhi innerhalb des Ministeriums mehr als tausend Personen verhaften lassen. Dabei hatte er auch seine eigene schwarze Liste aufgestellt. Auf ihr standen die Namen von Untergebenen, die jederzeit beschuldigt werden konnten, »unerlaubte Beziehungen zum Ausland« unterhalten zu haben. Die Verfahren gegen sie konnten praktisch jederzeit eröffnet werden. Unter den herrschenden

Umständen brauchte Li nur ihre »Verbrechen« zu nennen, um sie verhaften zu lassen.

Nachdem die Agenten aus dem Wege geräumt waren, wollte Li das gefährliche Dokument, das er erhalten hatte, in den Akten verschwinden lassen, in der Hoffnung, niemand werde es je wieder zu Gesicht bekommen. Man könnte vermuten, daß Li damit Huang und vielleicht auch Lin Piao schützen wollte. Richtiger wäre aber wohl, daß Li fünf Menschenleben geopfert hatte, um sich selbst zu schützen. In einem weniger kritischen Augenblick hätte er vielleicht anders gehandelt. Jetzt kam es ihm vor allem darauf an, jeder Konfrontation aus dem Wege zu gehen.

Doch das Schicksal nahm einen ganz anderen Verlauf, denn einer der fünf Verhafteten beschloß den Versuch zu unternehmen, sich zu rechtfertigen und seine Loyalität zu beweisen. Dazu verfaßte er einen schriftlichen Bericht über die Ergebnisse der Untersuchung, an der er teilgenommen hatte. Dieser Bericht wurde dem Assistenten Lis, Yu Sang, vorgelegt. Yu war einer der wenigen von den ursprünglich dreizehn Stellvertretenden Ministern für öffentliche Sicherheit, die noch im Amt waren. Premierminister Tschou En-lai hatte ihn unter seinen persönlichen Schutz genommen und ihm einen besonderen Diensteifer bescheinigt. Yu war entsetzt, als er feststellte, daß Li Zhen versucht hatte, sich von dieser Affäre zu distanzieren, und hielt es für seine Pflicht, alles, war er erfahren hatte, zwei anderen Persönlichkeiten mitzuteilen, dem Minister Xie Fuzhi und dem Premierminister Tschou En-lai.[2]

Am 7. September 1971 schickte Tschou seinen langjährigen Sekretär, Yang Dezhong, zur Großen Halle des Volkes, um mit Yu Sang zu sprechen.

Yu hatte Yang schon lange aus der Entfernung bewundert. Ihn beeindruckten Yangs loyale Haltung gegenüber Tschou und seine Zuverlässigkeit. Das Gespräch dauerte nur wenige Minuten. »Der Premierminister hat die Angelegenheit unter Kontrolle«, sagte Yang. »Sagen Sie außer Xie und ihm niemandem etwas davon. Der Premierminister ist Ihnen sehr dankbar.« Yu war beruhigt und sehr zufrieden mit sich selbst. Er war froh, Tschou seine Dankbarkeit dafür bewiesen zu haben, was er für ihn getan hatte. Und er war überzeugt, daß Tschou die Angelegenheit in der richtigen Weise erledigen würde.[3]

8

Tschou En-lai war der erste Premier des Staatsrats im kommunistischen China und blieb bis zu seinem Tode im Jahr 1976 auf diesem Posten. Er hatte eine politische Karriere hinter sich wie kaum ein anderer Premierminister auf der ganzen Welt.

Ein Weltmann mit geschliffenen Umgangsformen war er zugleich ein geschickter, intelligenter Politiker. Seine administrativen Fähigkeiten und seine persönliche Würde gewannen ihm die Achtung und die Anerkennung führender chinesischer Persönlichkeiten. Mit seinem Charisma und dem Sinn für das Praktische erfreute er sich bei der Bevölkerung großer Beliebtheit. Sein gutes Aussehen und sein persönlicher Charme beeindruckten die Frauen.

Tschou nahm in der Kommunistischen Partei schon lange vor dem kometenhaften Aufstieg Maos zur Zeit des Langen Marsches eine hohe politische Stellung ein. Er organisierte in den 20er Jahren eine Reihe von Arbeiteraufständen, führte am 1. August 1927 die Massen bei der Erhebung in Nanchang, die anschließend alljährlich am Nationalen Tag der Armee gefeiert wurde. Dann nahm er persönlich am Langen Marsch teil und vertrat die chinesische Kommunistische Partei bei den langwierigen Verhandlungen mit der Kuomintang. Später war er der wichtigste strategische Verbündete Maos im Kriege gegen die Nationalisten. Schließlich wurde er als chinesischer Premierminister nach 1949 der offizielle Regierungschef.

Über die umfangreiche Untergrundarbeit Tschous ist man außerhalb von China weniger gut unterrichtet. In den ersten Jahren nach Gründung der Kommunistischen Partei nahm er an zahlreichen geheimen Aktivitäten in den Großstädten im Süden, wie etwa in Shanghai, teil. Dazu gehörten die geheime Anwerbung von Parteimitgliedern, die Organisation geheimer Zusammenkünfte, Spionage, Menschenraub und Mord. Als sich die Kommunistische Partei während des Zweiten Weltkrieges zum zweiten Mal mit der Kuomintang gegen die Japaner verbündete, wurde Tschou En-lai zum ranghöchsten Vertreter der Kommunistischen Partei bei der nationalistischen Regierung in der Hauptstadt Nanking und der Kriegshauptstadt Tschungking ernannt. Zwar wurde er vom Nachrichtendienst der nationalistischen Regierung scharf überwacht, es gelang ihm aber doch, sein eigenes Nachrichtendienstnetz auszubauen. Besondere Erfolge hatte er auf dem Gebiet der Spionage, und sogar die Abteilung für Gegenspionage der Kuomintang konnte ihm nicht das Handwerk legen.

Nach seiner Ernennung zum Premierminister stand Tschou dem Vorsitzenden Mao während aller Wechselfälle des politischen Lebens treu zur Seite. Dazu gehörten die Säuberungsaktionen, der 1955 die hohen Parteifunktionäre Gao Gang und Rao Shushi zum Opfer fielen, der Aufruf, der über die Massenmedien und andere »Parteistimmen« an die Intellektuellen gerichtet wurde, ihre Überzeugungen in der »Kampagne der 100 Blumen« zum Ausdruck zu bringen, die anschließende Unterdrückung Tausender von Lehrern, Gelehrten, Wissenschaftlern, Studenten und Verwaltungsbeamten, als die Auffassungen dieser Intellektuellen Mao nicht gefielen, die »Zurechtweisung« des Mao treu ergebenen Verteidigungsministers Peng Dehuai, die Konfrontation zwischen China und der Sowjetunion und schließlich der Angriff gegen das Staatsoberhaupt Liu Shaoqi und den Parteiführer Deng Xiaoping, der den Höhepunkt der Kulturrevolution bezeichnete. Während all dieser bedeutenden Ereignisse hatte Mao auch Tschou En-lai um Unterstützung und Mitarbeit gebeten, und Tschou war dieser Bitte bereitwillig nachgekommen.

Die härteste Bewährungsprobe für die Fähigkeiten Tschous war die Kulturrevolution. In der Hoffnung, dadurch noch mehr Einfluß zu gewinnen, setzte er die Gegner Maos unter Druck und versuchte, sie von der Richtigkeit seiner Auffassungen zu überzeugen. Hinter den Kulissen gelang es ihm, die vor dem Zusammenbruch stehende Wirtschaft vor der Katastrophe zu retten. Bei seinen Auftritten in der Öffentlichkeit hatte er stets das »kleine rote Buch« in der Hand, rief laut »Lang lebe der Vorsitzende Mao« und beteiligte sich an den »Tänzen der Loyalität«.

Daß Tschou so viele Jahre eng mit Mao zusammenarbeiten konnte, ohne selbst zum Opfer der periodisch durchgeführten Säuberungen zu werden, lag daran, daß er für das Wesen und den Charakter des Vorsitzenden ein profundes, fast intuitives Verständnis hatte. Tschou hatte begriffen, wie wichtig es war, nicht in die Stellung des zweiten Mannes im Staate aufzurücken. Er gab sich damit zufrieden, die Rolle der Nummer Drei oder sogar der Nummer Vier zu übernehmen. Er wußte die Anspielungen Maos richtig zu deuten, seine Gedanken zu lesen, und verstand es, ihn glücklich zu machen.

Mao seinerseits erkannte die Bereitschaft Tschous an, einen großen Teil der konkreten schmutzigen Arbeit zu übernehmen. Er brauchte jemanden, der hinter ihm den Schutt wegräumte. Tschou war zuverlässig und bedeutete keine Bedrohung für ihn; er verbündete sich mit keiner Clique, und deshalb konnte Mao offen über alles mit ihm reden. Und doch war es erstaunlich, daß die beiden Männer bis zum Tode Tschous Freunde geblieben sind.

Die Beziehungen Tschous zu Lin Piao waren nicht so unproblematisch. Über eine lange Zeit nahm Tschou den höheren Rang ein, denn er war älter und erfahrener als Lin. Als Tschou an der Militärakademie von Whampoa lehrte, war Lin Piao dort als Student eingeschrieben. Und während Tschou am 1. August 1927 den Aufstand in Nanchang anführte, war Lin Piao noch Zugführer.

Doch wie die meisten, die ihn kannten, bewunderte auch

Tschou die militärischen Leistungen des jungen Lin Piao. Während des Krieges fragte ein Reporter in Tschungking, was Tschou von Lin Piao hielte, der wegen seiner Erfolge bei Pingxingguan gegen die Japaner bekannt geworden war. In der für ihn charakteristischen taktvollen Weise antwortete Tschou En-lai: »Der Divisionskommandeur Lin Piao hat entscheidende Schlachten gewonnen. Er ist jünger als wir alle, aber auf militärischem Gebiet leistet er mehr als wir.«[1]

Bis zum Bruch zwischen Mao und Lin hat sich Tschou nicht eindeutig über Lin geäußert, aber er hat ihm niemals vollständig vertraut. Ihm gefiel die Art nicht, wie Lin Piao seinen Einfluß in der 4. Feldarmee verstärkt hatte. Er hielt es für die schlimmste Form »militärischen Sektierertums«, durch militärische Infiltration und Subversion an die politische Macht zu kommen. Tschou kannte die hemmungslose Machtgier des Militärs und nahm sich vor diesen Leuten in acht.

Erst während der Kulturrevolution stellte Tschou fest, daß er das Militär auch zu seinem eigenen Vorteil einsetzen konnte. Er wußte, daß es außer Lin nur wenige gab, die die politische Lage wieder hätten stabilisieren können. Als daher Lin an die Stelle von Liu Shaoqi trat und zum zweiten Mann in China aufrückte, um anschließend von Mao zu dessen Nachfolger ernannt zu werden, unterstützte ihn Tschou bei den innerparteilichen Auseinandersetzungen, weil er es für politisch notwendig hielt. Er tat es sogar, als Lin in Konflikte mit anderen militärischen Führern geriet wie dem Außenminister Marschal Chen Yi und dem Leiter des Ausschusses für körperliche Ertüchtigung, Marschall He Long, obwohl Tschou mit diesen Männern taktische Bündnisse geschlossen hatte.

Wenn man die Dinge oberflächlich betrachtete, dann gewann man den Eindruck, daß die gegen Lin gerichteten Angriffe Maos auf dem Plenum in Lushan völlig grundlos erfolgt waren. Doch Tschou wußte es besser. Im November 1969 und im Juni 1970 hatte Mao detaillierte Berichte über den Gesundheitszustand von Lin Piao erhalten. Diese Berichte waren von Ärzten des Armeelazaretts 301 der logistischen Abteilung und von der militärärztlichen Akademie erstellt worden. Es hieß darin, der Gesundheitszustand Lins sei ungewöhnlich gut, und obwohl er mehrmals verwundet worden sei, wäre er so leistungsfähig wie ein um 25 Jahre jüngerer Mann. Einer der Ärzte schrieb sogar, Lin Piao könnte ein Alter zwischen 98 und 117 Jahren erreichen!

Mao bezweifelte diese Diagnosen und hatte den Verdacht, daß der Chef der Abteilung für Logistik, Qiu Huizuo, die Untersuchungsergebnisse übertrieben oder verfälscht habe. Außerdem ärgerte er sich darüber, daß man versucht hatte, ihn zu täuschen. Er wußte nicht genau, wie sehr sich der Gesundheitszustand von Lin verschlechtert hatte, aber da er überzeugt war, daß es hier etwas gab, was man vor ihm verbergen wollte, verlangte er zu wissen, was es war.

Im Juli 1970 bat er Tschou zu einem Privatgespräch zu sich. Er forderte ihn auf, eine Gruppe zuverlässiger Ärzte aus dem umfangreichen Personalbestand der Gesundheitsabteilung des Staatsrats mit einer gründlichen Untersuchung Lin Piaos zu beauftragen. Da Mao nicht wollte, daß Lin etwas von seinen Absichten erfuhr, schlug er vor, Tschou sollte eine Anordnung erlassen, nach der sich alle hohen chinesischen Führer gründlich untersuchen lassen sollten, weil in letzter Zeit immer mehr Krebserkrankungen aufgetreten waren. Dieser Aufforderung würde sich auch Lin Piao nicht entziehen können.

Der Bericht des Ärzteteams unterschied sich ganz wesentlich von dem des Armeelazaretts 301. Die vom Staatsrat beauftragten Ärzte erklärten, Lin Piao zeigte die Symptome der verschiedensten Erkrankungen. Er habe Arteriosklerose, Nieren und Bauchspeicheldrüse seien so entzündet, daß auch die Harnröhre schon krankhafte Veränderungen zeige, das endokrine Drüsensystem sei blockiert und zeige Funktionsstörungen, seine geistige Leistungsfähigkeit nähme ab, und er könnte nur noch drei Stunden (gemäß den allgemein geltenden, von der Regierung festgelegten und für die oberste Führungsschicht geltenden Regeln am Tag arbeiten, und er leide an einer seltenen Rückenmarkerkrankung, die sich von der Gürtellinie aufwärts und abwärts ausbreite und zu einer teilweisen Lähmung führen könnte.

Diese Berichte, die andere Informationen über den schlechten Gesundheitszustand Lins und eine eingehende ärztliche Behandlung bestätigten, erstaunten Mao und waren zugleich eine Erleichterung für ihn. Er hatte sich also nicht geirrt. Die Diagnose bot Mao den idealen Vorwand, die Frage seiner Nachfolge noch einmal zu überdenken.

Ursprünglich hatte Mao geglaubt, wenn er den richtigen Mann zu seinem Nachfolger machte, könnte er seinen Einfluß auf die Entwicklung Chinas über Generationen ausdehnen. Nun mußte er allmählich erkennen, daß er den Einfluß auf die künftige Führung in China seinem Nachfolger würde überlassen müssen. Der Gedanke daran war ihm unerträglich.

Tschou En-lai war der erste, mit dem Mao dieses Problem erörterte, denn Tschou schied als Bewerber für diesen Posten aus. Er stand auch nicht im Lager Lins. Es freute ihn sogar, festzustellen, daß Mao sich Lin Piao nicht mehr verpflichtet fühlte. Er konnte sich nicht vorstellen, Lin als Premierminister oder politischer Berater zu dienen, wenn dieser die Nachfolge Maos angetreten hätte. So hielt es Tschou für besser, wenn ein jüngerer und weniger erfahrener Mann die oberste Führung übernahm und den Lorbeerkranz trug, während Tschou selbst hinter den Kulissen die eigentliche Macht ausübte.

Nun, da Mao offensichtlich das Vertrauen zu Lin zu verlieren schien, konnte Tschou ihn unter Umständen sogar bei der Wahl seines Nachfolgers beeinflussen. Er riet Jiang Qing und Zhang Chunqiao, dem Vorsitzenden Wang Hongwen zu empfehlen, der in der Kulturrevolution als

Massenführer aufgetreten war und sich als Anführer bei Unruhen in Shanghai hervorgetan hatte.

Trotzdem hätte Tschou seine Beziehungen zu Lin Piao nicht abgebrochen, wäre ihm nicht der Bericht von Yu Sang vom Ministerium für öffentliche Sicherheit vorgelegt worden. Als er von den Versuchen des Generalstabs erfuhr, geheime Verhandlungen mit der Sowjetunion aufzunehmen, war Tschou mit den schwierigen Vorbereitungen für den historischen Besuch von Präsident Nixon in China beschäftigt.[2] Mit dem erfolgreichen Abschluß dieses Unternehmens hoffte Tschou wenigstens zwei Dinge zu erreichen: Er wollte der Sowjetunion einen Denkzettel erteilen und seinen eigenen Einfluß in der chinesischen Außenpolitik stärken.

Nun waren diese Pläne durch die geheimen Machenschaften des Militärs aufs äußerste gefährdet. Als sich Tschou im August 1971 mit Xie Fuzhi traf, um mit ihm darüber zu sprechen, wie die Angelegenheit am besten zu regeln sei, beschlossen sie, anstelle der von Li Zhen ausgeschalteten Agenten des Ministeriums für öffentliche Sicherheit andere Beamte einzusetzen, die in ihrem Auftrag die Untersuchungen weiterführen sollten. Doch anstatt dazu Leute aus dem Ministerium für öffentliche Sicherheit einzusetzen, ließ sich Tschou diese Leute von der 646. Gruppe des 5. Untersuchungsbüros im Sicherheitsbüro des Staatsrates zur Verfügung stellen. Einige Männer in dieser Einheit hatten eine ähnliche politische Vergangenheit wie Tschou und hatten mit ihm nachrichtendienstlich zusammengearbeitet. Sie waren Experten auf diesem Gebiet, wie man sie in keinem anderen Ministerium finden konnte. Dazu arbeiteten sie so getarnt, daß kaum jemand etwas von ihrer Existenz wußte. Ihr Vorgesetzter übernahm außerdem die Aufgaben des ersten Leibwächters von Tschou. Es war Yang Dezhong.

Tschou beauftragte die Leute von der 5. Untersuchungsgruppe nicht nur mit der Aufklärung des Falles Wu Zonghan, sondern wies sie auch an, ihre Beobachtungen auf den

»Drei Tore-Militärausschuß« und den Generalstab auszudehnen. Er empfahl ihnen dazu, mit verfeinerten Untersuchungsmethoden vorzugehen. Auf diese Weise erfuhr Tschou schließlich alles, was die chinesischen Militärs unternommen hatten, um die »Freundschaft« der Sowjetunion zurückzugewinnen.

Hätte der Empfänger der Nachricht von dem geplanten militärischen Staatsstreich der Chinesen in der Sowjetunion die Sache ernst genommen, dann wäre die Angelegenheit sofort dem Generalsekretär der sowjetischen Kommunistischen Partei, Leonid Breschnew, gemeldet worden. Und hätte Breschnew solche Meldungen für glaubwürdig gehalten, dann hätte er wahrscheinlich mit Juri Andropow, dem Leiter des KGB, darüber gesprochen, dessen Büro im gleichen Gebäude wie Breschnews Wohnung untergebracht war und wo häufig wichtige Besprechungen unter strengen Sicherheitsvorkehrungen abgehalten wurden. Wenn sich nun die Russen entschlossen hätten, der chinesischen militärischen Führung eine Antwort zukommen zu lassen, dann wäre damit der erste Schritt auf dem Wege zur Versöhnung der beiden verfeindeten Nachbarländer getan worden.

Doch die Sowjets unternahmen nichts und ließen eine einzigartige Gelegenheit ungenutzt. Vielleicht haben sie das Ganze als Täuschungsmanöver angesehen und deshalb nicht auf die chinesischen Angebote reagiert. Vielleicht haben sie diese Angebote aber auch aus technischen Gründen nicht erreicht. Es ist auch möglich, daß das immer mißtrauische KGB Zeit brauchte, um sich zu vergewissern, welche Absichten das chinesische Militär wirklich verfolgte. Personalveränderungen oder bürokratische Irrtümer können es aber auch verhindert haben, daß die Informationen an die richtigen Stellen weitergeleitet worden sind. Schließlich besteht noch die Möglichkeit, daß sich die Sowjets einfach nicht darüber einigen konnten, wie sie reagieren sollten, bis es zu spät war.

Welches auch die Gründe gewesen sein mögen, Huang

Yongsheng machte sich Sorgen, daß es bei den geheimen Kontakten mit der Sowjetunion keine Fortschritte gab. Er hatte zwar die Tatsache, daß die Sowjets zunächst nicht reagierten, nicht unbedingt negativ beurteilt, aber er fürchtete, daß etwas durchsickern könnte, wenn die Chinesen zu lange auf die russische Antwort warten müßten.

Nach langen und ausführlichen Gesprächen mit Huang mußte auch Lin schließlich zugeben, daß er unter Umständen einen Fehler gemacht hatte. Selbst wenn die Sowjets schließlich reagieren sollten, würde es wahrscheinlich lange dauern, bevor es zu einem Gespräch zwischen den Verschwörern und sowjetischen Führern kam, die wirklich Entscheidungen treffen konnten. Weder Lin Piao noch Huang Yongsheng wollten das Risiko eingehen, noch länger zu warten. Sie beschlossen, den Versuch aufzugeben, mit den Russen in Verbindung zu treten.

Tschou En-lai pflegte morgens lange zu schlafen, denn er arbeitete vor allem in der Zeit von Mitternacht bis 5 Uhr früh. Normalerweise wagte es sein Leibwächter und Gehilfe Yang Dezhong nicht, ihn zu wecken. Doch nun hatte Yang eine dringende Meldung von seinen Agenten erhalten. Sie hatten festgestellt, daß Wu Zonghan mit zwei anderen Offizieren vom Nachrichtendienst des Generalstabes, die Wu die ganze Zeit mit Aufträgen versehen hatten, zum Flughafen Shahe bei Peking gebracht worden war und dort einen Hubschrauber bestiegen hatte. Dieser Hubschrauber, der zur 34. Division gehörte, war gestartet und kurz darauf in den Bergen 290 Kilometer westlich von Peking abgestürzt. Keiner der Insassen hatte den Absturz überlebt.

Tschou und Yang schlossen daraus, daß es aus irgendeinem Grund notwendig gewesen war, Wu Zonghan loszuwerden. Weshalb dies aber jetzt geschehen war, nachdem er längere Zeit auf Eis gelegt worden war, womit man jetzt rechnen mußte und was sich aus diesem Zwischenfall ergab, wußten sie nicht.[3]

Tschou beschloß, die Angelegenheit dem Vorsitzenden

zu melden. Er beauftragte Yang, nach Hangzhou zu Mao zu fahren und ihm ein Geheimdokument in einem braunen Umschlag mit dem Siegel des Staatsrats zu übergeben. Zu diesem Dokument gehörten geheime Fotos, Kopien von abgefangenen Schriftstücken und Aufzeichnungen von abgehörten Telefongesprächen, aus denen zu entnehmen war, daß Wu Zonghan versucht hatte, mit der Sowjetunion Kontakte aufzunehmen. Das alarmierendste Beweisstück war die Aufzeichnung eines Telefongesprächs zwischen dem stellvertretenden Leiter des Nachrichtendienstes des Generalstabs und dem Offizier, der in der gleichen Behörde für den sowjetischen militärischen Nachrichtendienst zuständig war, Chen Dayu. In diesem Gespräch hatte der stellvertretende Leiter des Nachrichtendienstes gesagt: »Huang Yongsheng hat mir mitgeteilt, daß der stellvertretende Vorsitzende Lin sehr ungeduldig wird. Er sagte, wir sollten es noch einmal versuchen, und wenn das nichts hilft, einen neuen Vorschlag machen.«[4]

Tschou warnte Mao in einem Begleitbrief und riet ihm, zwei wesentliche Punkte im Auge zu behalten: Erstens, der Generalstab und andere, die versucht hatten, geheime Kontakte zur Sowjetunion herzustellen, würden wahrscheinlich herausbekommen, daß die Agenten des Staatsrats auf diesen Fall angesetzt seien. Zweitens, die Verschwörer würden ihre Bemühungen jetzt wahrscheinlich intensivieren, und damit würde die Lage noch bedrohlicher.

Außerdem sollte Yang dem Vorsitzenden Mao eine mündliche Botschaft übermitteln, die Tschou nicht zu Papier zu bringen wagte: Mao sollte seine Inspektionsreise sofort abbrechen und nach Peking zurückkehren. Vor seinem Eintreffen in Peking sollte Mao außerdem einen konkreten Entschluß für Gegenmaßnahmen fassen.

Mao nahm die Mitteilung am 8. September in Hangzhou entgegen. Bis dahin hatte er vorgehabt, noch einige Tage in Kanton zuzubringen. Nach Erhalt dieser Information sah er sich veranlaßt, seine Pläne zu ändern.

9

Lin Yamei war ein 18jähriges junges Mädchen aus Shanghai, dessen engelhaftes Gesicht und geschmeidiger Körper die Männer veranlaßten, ihm nachzublicken. Zu anderen Zeiten hätten die Filmregisseure ihr Starrollen in ihren Filmen angeboten, aber in China lebte man in der Periode der »Modellopern«; Arbeiter, Bauern und Soldaten beherrschten Bühne und Leinwand.

Nachdem sie die Oberschule absolviert hatte, gelang es Lin Yamei, nicht zum Einsatz in der Landwirtschaft einberufen zu werden, und so lebte sie weiter bei ihren Eltern in Shanghai. Sie führte ein einfaches, untätiges Leben, beschäftigte sich mit der reichhaltigen Bibliothek und Plattensammlung ihres Vaters und ließ sich im Ballett ausbilden. Hin und wieder besuchte sie ihren Bruder in Qingdao und genoß dort den Strand und die Sonne.

Ihre erste Begegnung mit Lin Liguo fand im Sommer 1970 in Badaguan, einem Strand in Qingdao statt. (Sie hatten den gleichen Familiennamen, waren aber nicht verwandt.) Viele Villen am Strand im schönsten Teil dieser Stadt waren vor dem Zweiten Weltkrieg von Deutschen und Japanern gebaut worden. Eine Ausnahme war die Villa Lin Piaos, in der man zusätzliches Hauspersonal eingestellt hatte, das Lin Liguo und seine Freunde aus der Luftwaffe bedienen sollte, die er in den Ferien dorthin eingeladen hatte.

Lin Liguo und seine Freunde Chen Lunhe und Liu Peifeng waren gerade von einer Fahrt mit dem Motorboot zurückgekehrt. Während sie am Strand von Badaguan entlang gingen, fiel ihnen das schöne Mädchen auf, das ihnen mit zwei Freundinnen entgegenkam.

»Sie muß aus Shanghai stammen«, meinte Chen Lunhe, als er ihren Dialekt hörte.

Lin Liguo drehte sich absichtlich nicht noch einmal nach ihr um, aber er sagte: »Gleichgültig, woher sie stammt, sorge dafür, daß sie nach Shanghai kommt.«

Als Lin Yamei wieder zu Hause in Shanghai war, erhielt sie mit der Post eine Benachrichtigung, daß sie zum Militärdienst eingezogen werden sollte.

Sie bestand die ersten Prüfungen und wurde zu weiteren Prüfungen vorgeladen. Als sie zur festgesetzten Zeit ins Gebäude des Militärausschusses kam, wurde sie schon von zwei Offizieren erwartet. Sie setzten ihr Tee und Gebäck vor und sahen sie sehr genau an. Noch am gleichen Abend wurde sie im Wagen an einen ihr unbekannten Ort gebracht. Beim Aussteigen merkte sie nur, daß der Innenhof des Hauses von uniformierten Posten bewacht wurde.

Nun führte man sie in das Untersuchungszimmer und stellte sie zwei Ärztinnen vor. Die Ärztinnen befragten sie, untersuchten ihre Augen, ihr Gehör und ihre Lungen. Dann mußte sie sich ausziehen, wurde gewogen und gemessen. Schließlich wurde sie aufgefordert, nackt einige gymnastische Übungen vorzuführen.

Nach der Untersuchung sagte man ihr, daß sie eingestellt und an privilegierter Stelle verwendet werden würde. Man schärfte ihr jedoch ein, daß sie in ihrer neuen Stellung zum absoluten Stillschweigen in allen ihre Arbeit betreffenden Angelegenheiten verpflichtet sei.

Anschließend erhielt sie eine Soldatenuniform – eine grüne Jacke und Mütze und blaue Hosen –, und man erklärte ihr, sie sei jetzt eine reguläre Angehörige der Luftstreitkräfte. Ihr direkter Vorgesetzter war Zu Fuguang, ein Kader vom Kommando Najing, der sich sehr freundlich um sie bemühte. Sein Vorgesetzter war der Direktor des Büros für militärische Angelegenheiten der 4. Luftflotte in Shanghai, Jiang Guozhang.

Sie wurde in einem kleinen militärischen Gästehaus untergebracht, und die Ausbildung begann. Zum Ausbildungsprogramm gehörten der Unterricht über militärische Disziplin und Verantwortung, das Billardspiel, das Autofahren und das Schießen mit dem Infanteriegewehr. Gelegentlich durfte sie auch den von den Franzosen gebauten Internationalen Club besuchen, der seit der Kolonialzeit in China höheren Regierungsbeamten und Militärs zur Verfügung stand. Dort vervollkommnete sie sich auch im Tennisspiel.

Nach einer dreimonatigen Ausbildung und einem drei Tage dauernden Urlaub zu Hause wurde sie nach Peking versetzt und wohnte auch dort in einem militärischen Gästehaus an der Fandi-Straße 5. Hier wurde sie als Sekretärin hoher Offiziere ausgebildet. Es kam ihr seltsam vor, daß zu ihren Pflichten als Sekretärin die Massage und das Kochen gehörten. Am peinlichsten war es ihr, daß sie auch in sexuellen Angelegenheiten unterwiesen wurde. Zu ihrer Pflichtlektüre gehörten sexuelle Aufklärungsschriften sowie in Hongkong und im Ausland erscheinende pornographische Zeitschriften. Außerdem wurden ihr pornographische Videobänder vorgeführt. Da ihre Entwicklungsjahre in die Kulturrevolution fielen, war sie, wie das damals üblich war, sehr puritanisch erzogen worden. Deshalb befremdete sie alles, was sie jetzt erlebte, sehr.

Erst am 1. November 1970 lernte sie Lin Liguo persönlich kennen. Der junge Offizier war hochgewachsen, selbstsicher und sprach das klassische Mandarin. Er war freundlich und wohlerzogen. Mit den unter den buschigen Brauen liegenden dunklen Augen sah er sie durchdringend an. Er machte einen sympathischen Eindruck auf sie.

Eines Abends lud Lin Liguo sie zum Essen ein. Bei diesem Abendessen zu zweit sprachen sie über die Abende in Shanghai und das Strandleben in Qingdao. Sie hatte das Gefühl, den jungen Mann schon lange zu kennen. Nach dem Essen gingen sie Arm in Arm durch die kühle Novemberbrise zur Fandi-Straße 5 zurück. Am Eingang zum Innenhof sagte Lin Yamei, sie müsse jetzt in ihr Quartier gehen, denn die hier herrschenden militärischen Vorschriften seien sehr streng. Demnächst sei ihre erste Beurteilung fällig, und es käme darauf an, daß sie einen guten Eindruck auf ihre Vorgesetzten machte.

»Sie haben die Probezeit schon bestanden. Ich habe Sie seinerzeit nach Peking kommen lassen, und ich werde Ihnen auch in Zukunft Ihre Arbeit zuteilen«, sagte Lin Liguo.

Von nun an wurde Lin Yamei im Offiziershotel im gleichen Gebäudekomplex untergebracht, in dem auch Lin Liguo wohnte. Gelegentlich begleitete sie ihn auch zur Akademie der Luftstreitkräfte oder zur zweiten Ausbildungsschule, wo ihm besondere Unterkünfte zur Verfügung standen. Damit wurde sie zu seiner ständigen Begleiterin.

Es ist schwer zu sagen, was aus dieser Beziehung geworden wäre, hätte Wang Dongxing Lin Yamei nicht den Auftrag erteilt, Lin Liguo zu bespitzeln.

Die chinesische Regierung verurteilt zwar die Schönheitswettbewerbe im Westen als Symbol der Dekadenz in kapitalistischen Ländern, führt aber trotzdem auch selbst solche Wettbewerbe durch. In China gibt es die auch heute noch praktizierte Tradition, den Angehörigen der obersten Führungsschicht schöne Mädchen zuzuführen. Mao Tsetung selbst bildete hier keine Ausnahme, sondern hatte zahlreiche Konkubinen. Er unterhielt diese Beziehungen aus zwei Gründen. Die Mädchen dienten nicht nur seinem Vergnügen, er benutzte sie auch als Informationsquellen. Wang Dongxing, Wu Faxian, der erste stellvertretende Befehlshaber der Luftstreitkräfte Cao Lihuai, Kang Sheng und einige Parteiführer aus der Provinz wie Hua Guofeng in Hunan bemühten sich besonders eifrig darum, schöne Frauen für den Vorsitzenden zu finden.

Bald nachdem Lin Yamei ihre Ausbildung bei den Luftstreitkräften begonnen hatte, war Wang Dongxing zu Mao gegangen und hatte ihm ihre Dienste empfohlen. Er sagte, er sei schon lange mit ihrer Familie bekannt. Der Großvater des Mädchens mütterlicherseits sei ein altes Mitglied der Kommunistischen Partei gewesen. Er habe die Militärakademie von Whampoa besucht und sei auf dem Langen Marsch gestorben.[1] Wegen seiner stark angegriffenen Gesundheit habe man ihn nicht an höherer Stelle verwenden können, er habe jedoch wertvolle Arbeit für die Partei geleistet. So habe er sich besonders um die armen Kinder auf dem Lande bemüht und sie zur weiteren Ausbildung in der Roten Armee angeworben. Sie alle hätten ihn noch heute in guter Erinnerung, und viele von ihnen seien jetzt tüchtige und diensteifrige Parteimitglieder. Auch Wang Dongxing sei einer von ihnen.

Das unerwartete Angebot, beim Militär Karriere zu machen, hatte Lin Yamei überrascht und war ihr unerklärlich. Deshalb bat sie ihre Mutter, festzustellen, was dazu geführt hatte. Diese setzte sich mit Wang Dongxing in Verbindung, und Wang erfuhr bei seinen Nachforschungen, daß Lin Yamei als künftige Ehefrau für den Sohn Lin Piaos, Lin Liguo, vorgesehen sei. Wang erkannte sofort, daß sich ihr damit die besten Möglichkeiten boten, die Familie Lin zu bespitzeln. Deshalb ging er zu Mao und schlug vor, ihr diesen Auftrag zu erteilen.

Mao zeigte sich sehr interessiert. Noch hatte er zwar keinen Grund, Lin zu mißtrauen, aber er wollte wissen, wie Lin Piao auf seinen Angriff bei der Konferenz von Lushan reagiert hatte. Er hatte schon versucht, Lin bespitzeln zu lassen, bevor dieser zu seinem Nachfolger ernannt wurde, aber Lin war so vorsichtig, daß Mao nichts wirklich Konkretes hatte in Erfahrung bringen können. Deshalb war er froh, das 18jährige Mädchen in seinen Dienst nehmen zu können, wenn er auch nicht glaubte, durch sie sehr viel Neues zu erfahren.

Während ihres drei Tage dauerndes Urlaubs vor der Versetzung nach Peking nahmen zwei Untergebene von Wang Dongxing den Kontakt zu ihr auf. Zunächst beunruhigte es sie, mit den zwei Sonderagenten in Zivil zu sprechen, aber sie verehrte den Vorsitzenden Mao so sehr, daß sie das Verlangen dieser Männer nicht ablehnen konnte. Die Agenten machten sie nicht nur mit den Grundbegriffen der Spionagearbeit bekannt, sondern erklärten ihr auch, daß es dazu einer besonderen seelischen Stärke bedürfe, vor allem müsse sie lernen, ihre Gefühle zu beherrschen.

Als sie die Familie Lin in Peking mit der Zeit immer besser kennenlernte, begann sie, verschlüsselte Botschaften mit Wang Dongxing auszutauschen.

Man hätte annehmen können, daß Lin Liguo den Frauen, die ihm am nächsten standen, etwas über seine geheimen Aktivitäten anvertraute, aber er hat es nicht getan. Was Lin Yamei schließlich in Erfahrung bringen konnte, kam aus anderen Quellen. Zu ihren Informanten gehörten auch einzelne Mitglieder der Gruppe von Lin Liguo, die sich durch ihre weiblichen Reize betören ließen. Der wertvollste Kontakt war jedoch ein Mann, um den sie sich kaum gekümmert und den sie zunächst sogar überhaupt nicht wahrgenommen hatte.

Es war der Sekretär im Büro des Parteikomitees im Hauptquartier der Luftstreitkräfte. Cheng Hongzhen war ein einfacher Bauernbursche und hatte bis dahin nie etwas mit schönen Frauen zu tun gehabt. Nun war er vom Liebreiz Lin Yameis so überwältigt, daß er ihre Hand ergriff und stolz erklärte: »Eines Tages werde ich Minister im Staatsrat sein!«[2]

Lin Yamei wehrte seine Annäherungsversuche nicht ab, wie sie es unter anderen Umständen wahrscheinlich getan hätte. Ermutigt durch ihr Entgegenkommen verriet ihr Cheng bestimmte Geheimnisse über das Privatleben von Lin Liguo und die politischen Aktivitäten seiner Clique. Lin Yamei unterbrach seinen Wortschwall nicht, sondern ließ den bis über beide Ohren verliebten Cheng weiterreden. Auf diese Weise erfuhr sie im Laufe der Zeit immer neue Geheimnisse. Um den jungen Mann an sich zu fesseln, gestand sie ihm ihre Liebe. Die beiden jungen Leute einigten sich darauf, nach gelungenem Staatsstreich zu heiraten. Lin Yamei kam die ganze Sache zwar lächerlich vor, aber sie spielte ihre Rolle sehr überzeugend.[3]

Am 11. September 1971 mußte sie ihre Arbeit als Spitzel aufgeben. An diesem Tage gab sie gewisse Informationen, die sie von Cheng Hongzhen erhalten hatte, an ihren direkten Vorgesetzten weiter. Zehn Minuten später erhielt Wang Dongxing in Shanghai, wo er sich gerade mit Mao und dessen Gefolge aufhielt, ein dringendes Telegramm. Es war in einem bisher noch nie verwendeten Schlüssel abgefaßt, den Mao vor seiner Abreise aus Peking zu diesem Zweck entworfen hatte. Das Telegramm enthielt einen Satz, dessen Bedeutung Wang zunächst nicht begriff: »Plan Berg des Jadeturms.«

10

Lin Liguo ließ sich im allgemeinen nicht leicht aus der Ruhe bringen, aber die Demütigung seines Vaters, die darauf abzielte, ihn zu stürzen, hatte ihn hart getroffen.

Lin Liguo hatte Mao schon immer gehaßt. Er glaubte, Mao wolle so berühmt werden wie Marx und so mächtig wie ein Kaiser, aber es fehle ihm die Weisheit, so hohe Ziele zu erreichen. Nur blinde Verehrer und gehorsame Soldaten hielten ihn an der Macht.

Seinen Freunden sagte Lin Liguo: »Leider kann mein Vater diesen Mann nicht objektiv beurteilen. Er hat sich einmal zu viel vor ihm gebückt, und deshalb sehe ich mich jetzt gezwungen, die Angelegenheit selbst in die Hand zu nehmen. Es ist ein Jammer, daß mein Vater und seine Freunde zu alt und zu verknöchert sind, um das zu tun, was getan werden muß.«

Nach dem Plenum von Lushan hatte Lin Liguo zunächst seine »kleine Gruppe« in Peking mit der »Shanghaigruppe« vereinigt. Jetzt trug die Organisation die Bezeichnung »Vereinigte Flotte«, die einem seiner japanischen Lieblingsfilme aus dem Zweiten Weltkrieg entnommen war. Diese Filme hatten ihn besonders beeindruckt und in ihm die Bewunderung für die Kriegskunst der Japaner, gleichzeitig aber auch einen glühenden Haß gegen das japanische Volk geweckt. In dem Film verfügten die Japaner über eine »kleine vereinigte Flotte« und eine »große vereinigte Flotte«. Lin Liguo bezeichnete nun die von ihm geführte Gruppe als »kleine vereinigte Flotte« und die Gefolgsleute seines Vaters als »große vereinigte Flotte«. Diese

Namen wurden jedoch in der Praxis nie verwendet, weshalb hier nur von der »Vereinigten Flotte« die Rede ist.

Die »Vereinigte Flotte« war ein regulärer Verband der Luftstreitkräfte. Lin Liguo richtete ihr Hauptquartier in Peking ein und teilte sie in drei größere Einheiten auf. Die erste unterstand ihm selbst und Zhou Yuchi. Er und sein Freund bezeichneten sich als »Oberbefehlshaber« und für alle Unternehmungen der Einheit verantwortlich. Die Führung der zweiten übernahm der stellvertretende Chef des Stabes der Luftstreitkräfte, Wang Fei, dessen offizielle Aufgabe die Verbindung zu anderen militärischen Verbänden war. Die dritte Einheit leitete der für die Planungen verantwortliche stellvertretende politische Kommissar der Luftstreitkräfte, Jiang Tengjiao.[1]

Je nach Bedarf traf man sich zu Besprechungen an geheimgehaltenen Orten. Das waren ein Bürogebäude im Komplex des Oberkommandos der Luftstreitkräfte, dessen Grundriß die Form eines Ypsilon hatte; eine Reihe einstökkiger Baracken der 34. Division am Flughafen im Westen der Stadt; die Wohnung des ehemaligen Direktors der Akademie der Luftstreitkräfte; ein großes Gebäude in der zweiten Ausbildungsschule der Luftstreitkräfte; das Gästehaus der Luftstreitkräfte an der Fandi-Straße 5 und das Haus Lin Piaos in Maojiawan im Westteil von Peking.

Außer den in Peking stationierten Einheiten gab es noch zwei Sonderabteilungen in Shanghai und Kanton. Die Abteilung in Shanghai stand unter der Leitung der ersten Shanghai-Gruppe Lin Liguos und ihres sehr aktiven Geheimdienstes. Die Ausbildungseinheit, die aus etwa zweihundert Mitgliedern der 4. Luftflotte bestand, war mit erprobten und gut ausgebildeten Leuten besetzt. Der Geheimdienst und die Spezialabteilung der Luftstreitkräfte des Militärkommandos von Kanton war ebenso gegliedert wie die in Shanghai.

Auf der Mitgliederliste der »Vereinigten Flotte« standen am Schluß 375 Namen. Das waren Militärs in wichtigen Stellungen vom Major bis zum Generalleutnant, die im Allgemeinen Büro oder im Büro für militärische Angelegenheiten über großen Einfluß und hohes Ansehen verfügten (anders als Offiziere des gleichen Ranges bei der Truppe, die ihre Befehle von ihren Vorgesetzten erhielten). Die übrigen waren gut ausgebildete und loyale Soldaten.[2]

Lin Liguo hielt jetzt die Zeit für gekommen, seine Männer darüber aufzuklären, welche Aufgaben die »Vereinigte Flotte« erwarteten. Doch um sicherzugehen, tischte er ihnen auch eine kleine Lüge auf. Da er fürchtete, daß sein Name allein nicht genügend Gewicht haben könnte, verband er auch den Namen seines Vaters mit dem Vorhaben. Er erklärte: »Dieser Staatsstreich gegen den Vorsitzenden Mao erfolgt auf den ausdrücklichen Befehl meines Vaters.« Nachdem das gesagt war, wurden keine weiteren Fragen mehr gestellt.

Er sagte seinen Leuten, sein Vater sei überzeugt, er werde eines Tages die Nachfolge Maos antreten, doch gefiele es ihm nicht, noch fünf oder zehn Jahre darauf warten zu müssen, bis Mao starb. Bis dahin könne alles mögliche geschehen. Jeder wisse, daß Mao zu sinnlosen, plötzlichen Entschlüssen neige, was zum Sturz seiner treuesten Gefolgsleute führen könne. Und jetzt, da Zhang Chunqia so mächtig geworden sei, könne Lin Piao unter Umständen verdrängt werden.

Alle stimmten ihm zu und erklärten sich zur Teilnahme am Staatsstreich bereit.

Am 20. März 1971 ließ Lin Liguo Zhou Yuchi, Yu Xinye und Li Weixin nach Shanghai in sein Büro kommen, um mit ihnen die Einzelheiten des Unternehmens der »Vereinigten Flotte« zu besprechen. Er sagte ihnen, sein Vater habe ihm geraten, das Unternehmen jetzt mit aller Kraft voranzutreiben. In der Zeit vom 22. bis 24. März fanden mehrere Besprechungen statt, bei denen alle Einzelheiten festgelegt wurden. Die Ergebnisse liegen heute in der Handschrift von Zhou Yuchi vor. Sie sind in dem inzwischen berühmten »Entwurf zum Projekt 571« zusammengefaßt.

In diesem Entwurf werden neun verschiedene Gesichtspunkte behandelt:

1. Möglichkeiten.
2. Notwendiges und Unvermeidliches.
3. Die Ausgangslage.
4. Der Zeitplan.
5. Die zur Verfügung stehenden Kräfte.
6. Die Mobilmachung der Massen.
7. Die Durchführung.
8. Das Verfahren und die Strategie.
9. Sicherheitsvorkehrungen und Disziplin.

Der Entwurf, in dem Mao als »B-52« bezeichnet wird, rechtfertigt die Militärrevolte als natürliche Manifestation revolutionären Vorgehens gegen die »korrupte, verdorbene und unfähige« herrschende Gruppe, die sich inzwischen gebildet habe. Er bezeichnet den in China herrschenden Sozialismus als »Sozialfaschismus« und fügt hinzu, Mao habe den chinesischen Staatsapparat zu einem Fleischwolf umfunktioniert, in dem sich die einzelnen Gruppen bis aufs Messer bekämpfen und gegenseitig abschlachten. Mao wird beschuldigt, »sich als Marxist-Leninist zu verkleiden und dabei nach den Gesetzen von Qin Shihuang zu verfahren«, des despotischen ersten Kaisers der Qin-Dynastie (221-209 v. Chr.). Studenten, Arbeiter und Bauern seien gleichermaßen ausgebeutet worden, und die Folge seien innere Unruhe und Unzufriedenheit. Darüber hinaus stagniere die Wirtschaft im ganzen Land. Zum Unglück könne sich »B-52« immer noch auf die blinde Gefolgschaft der Massen stützen. Das zu ändern würde schwierig sein.

Doch die Luftstreitkräfte mit ihrer geographischen Beweglichkeit und überlegenen Stärke könnten einen Staatsstreich eher zum Erfolg bringen als jede andere Gruppe.

In dem Entwurf wurden auch die Hauptkräfte genannt, auf die sich die Rebellen stützen konnten. Das waren die 4. und 5. Luftflotte unter Wang Weiguo, dem politischen Kommissar der 4. Luftflotte in Shanghai; der politische Kommissar der 5. Luftflotte in der Provinz Zhejiang, Chen

Liyun, und der politische Kommissar für die Luftstreitkräfte in der Militärregion Nanjing, Jiang Tengjiao. Zur Unterstützung könnten auch noch andere Gruppen herangezogen werden.

Die drei Phasen, in denen der Staatsstreich erfolgen sollte, waren:

1. Die Vorbereitungen: die Ausbildung der Truppen, die Bereitstellung der Waffen, die Prüfung und Analyse nachrichtendienstlicher Berichte.
2. Die Durchführung: Ort und Zeit des Zuschlagens.
3. Die anschließend zu ergreifenden Maßnahmen: Intensivierung und Konsolidierung der Kontrolle der Bevölkerung durch das Militär, der Einsatz von Luftlandetruppen und Lufttransporteinheiten und die Beeinflussung der öffentlichen Meinung.

Alle diese Pläne hatten angeblich die Befreiung des chinesischen Volkes zum Ziel. Zwar sollte der Staatsstreich noch unter der Flagge von »B-52« erfolgen, aber jeder würde nach Maos Tod erkennen, daß er nichts anderes gewesen war als ein Geisteskranker und Sadist.

Unter der Überschrift »Sicherheitsvorkehrungen und Disziplin« wurde schließlich erklärt: »Seid bereit, für unsere Sache zu sterben, wenn uns der Erfolg versagt bleibt.«[3]

Ein Problem, das in diesem Entwurf nur kurz gestreift wurde, mit dem sich aber Lin Liguo während der folgenden Wochen sehr intensiv beschäftigen mußte, war die Frage, wie man an Mao herankommen sollte. Der Vorsitzende lebte in fast völliger Abgeschiedenheit und kam nur sehr selten mit anderen Menschen zusammen. Er verfügte außerhalb von Peking über einige geheime Unterkünfte, in denen er von Zeit zu Zeit in aller Eile verschwand wie ein Kaninchen. Deshalb mußte er irgendwie eingekreist und mit »Giftgas, biologischen Waffen, Bomben, mit Schußwaffen bei einem Autounfall, im Rahmen einer Entführung oder von Stadtguerillas« getötet werden.

Mao Tse-tung plante eine Reise in den Süden, die er voraussichtlich im Sommer unternehmen würde. Das Frühjahr neigte sich schon seinem Ende zu, und deshalb machte sich Lin Liguo sofort an die Arbeit. Er flog ständig zwischen Peking, Shanghai, Hangzhou und Nanjing hin und her, um festzustellen, auf welchen Wegen und mit welchen Verkehrsmitteln Mao gewöhnlich zu reisen pflegte. Im Laufe seiner Ermittlungen hörte er von einem Mann, der vor fünf Jahren die Eisenbahnreisen Maos organisiert hatte. Dieser Mann wurde in einer »Kaderschule« (es war eher ein Zwangsarbeitslager) festgehalten. Man ließ ihn kommen, bewirtete ihn großzügig und verhörte ihn zwei Tage und eine Nacht. Auf dem Rückweg zur Kaderschule wurde er von Angehörigen der »Vereinigten Flotte« ermordet.

Ein Assistent Lin Liguos protokollierte die wichtigsten Aussagen des ehemaligen Reisesekretärs von Mao während seiner Gespräche mit Lin Liguo wie folgt:

Er sagte: »Die Zeitpläne für Maos Reisen wurden uns in der Form streng geheimer detaillierter Dokumente übergeben. Solange wir an einem dieser Reisepläne arbeiteten, durften wir nach der Arbeit nicht nach Hause gehen. Wenn mich die Eisenbahnverwaltung in Peking kommen ließ, durfte ich nicht einmal meiner Frau sagen, wohin ich fuhr und schon gar nicht den Zweck meiner Dienstreise. Alles, was in dem Kontrollraum geschah, wurde überwacht. Und das alles aus Gründen der Sicherheit.

Das Makabere daran war, daß die ganze Arbeit oft umsonst war. Ohne Rücksicht auf die Eisenbahnfahrpläne fuhr der Zug zu jeder Zeit dorthin, wo Mao es wünschte. Wir mußten andere Züge halten lassen, damit sein Zug vorüberfahren konnte, oder die normalen Fahrpläne in letzter Minute ändern. Es kam vor, daß er eine ganze Strecke für sich sperren ließ, um sie dann nur über eine kurze Entfernung oder auch gar nicht zu benutzen.

Das war offenbar die sicherste Methode. Mit Ausnahme des Zugführers wußte niemand im ganzen Eisenbahnnetz vorher, über welche Strecken der Zug geleitet werden sollte. Selbst wenn man seinen Wagen auf irgendeinem

Bahnhof erkannte, konnte man nie voraussagen, wohin der Zug von hier aus fahren werde.

Manchmal kam es auch vor, daß Mao noch am Schluß der Reise den Fahrplan ändern ließ. Wir erfuhren erst, daß Mao sein Reiseziel erreicht hatte, nachdem er in Peking angekommen war.«

So bereitete sich Lin Liguo auf beide Möglichkeiten vor: daß Mao sich an den normalen Fahrplan hielt und daß er es nicht tat.

Am 25. Juli 1971 berief Lin Liguo in der Akademie der Luftstreitkräfte am westlichen Stadtrand von Peking eine Sitzung der wichtigsten Mitglieder der »Vereinigten Flotte« ein. Ironischerweise sollte hier zehn Jahre später die Gerichtsverhandlung gegen die »konterrevolutionäre Clique« Lin Piaos stattfinden.[4]

In dieser Akademie wurden normalerweise hohe Funktionäre und Kommandeure der Luftstreitkräfte in Kampftaktik, nuklearer Kriegführung, dem Einsatz chemischer Waffen, der Zusammenarbeit zwischen Heer und Luftstreitkräften, zwischen Heer, Marine und Luftstreitkräften, dem Einsatz von Luftlandetruppen, Hubschraubern und Feldtruppen ausgebildet. Außerdem wurden in der Akademie die Pläne für die laufenden Operationen der Luftstreitkräfte entworfen und den jeweiligen Gegebenheiten angepaßt.

An diesem Abend fuhren gegen 18 Uhr mehrere Kraftwagen in die Nordostecke des Innenhofs der Akademie. Hier standen vier anthrazitfarbene zweistöckige Gebäude in einem parkartigen Gelände, das mit Bambus, Kiefern, Zypressen und Blumen bewachsen war. In diesen Häusern wohnten der ehemalige Direktor der Akademie und ihr politischer Kommissar. Der Hof wurde von uniformierten Posten und Geheimagenten in Zivil bewacht.

Zu den wichtigsten Mitgliedern der Gruppe Lin Liguos, die sich hier versammelten, gehörte auch der schon ältere stellvertretende Direktor des Generalbüros der Luftstreitkräfte, Liu Peifeng, ein im Kampf erfahrener Soldat und Truppenführer. Auch Zhou Yuchi war erschienen. Als Adjutant von Lin Liguo war er maßgebend an der Ausarbeitung der Pläne für den Staatsstreich beteiligt. Jiang Tengjiao und Wang Fei trafen gleichzeitig ein. Sie hatten ihre guten Beziehungen im Heer und bei der Marine dazu benutzt, die Vorbereitungen der »Vereinigten Flotte« zu erleichtern. Die sechs folgenden Persönlichkeiten arbeiteten an der Akademie in den Büros von Lin und Zhou: Liu Shiying als stellvertretender Direktor des Parteikomitees im Generalbüro der Luftstreitkräfte, Yu Xinye als Chef der Ersten Abteilung des Parteikomitees des Generalbüros, Zhu Tiesheng als Chef der Zweiten Abteilung des Parteikomitees der Luftstreitkräfte, Li Weixin als stellvertretender Direktor des Sekretariats der 4. Luftflotte, Cheng Hongzhen als Sekretär im Büro des Parteikomitees beim Hauptquartier der Luftstreitkräfte und Wang Yongkui als Direktor des Verwaltungsbüros der Luftstreitkräfte.[5]

Zu Beginn der Sitzung wurde Liu Peifeng aufgefordert, zu den Reiseplänen Maos Stellung zu nehmen, von denen Lin Liguo durch seinen Vater erfahren hatte. Hatte Mao wirklich vor, in den Süden zu fahren? Liu bestätigte das. Er konnte der Versammlung außerdem mitteilen, daß die Reise für Mitte August vorgesehen war. Mao sollte von Wang Dongxing auf der »Inspektionsreise« nach Shanghai, Hangzhou, Nanjing, Changsha und Wuhan begleitet werden. Unter Umständen würde der Vorsitzende seine Reise auch noch in Nanchang und Kanton unterbrechen. Er selbst würde wahrscheinlich die Eisenbahn benutzen, während Sonderflugzeuge der Luftstreitkräfte die Personen beförderten, die den Vorsitzenden auf den einzelnen Stationen der Reise begrüßen und verabschieden sollten.

Als nächster sprach der ehemalige politische Kommissar der Militärregion Nanjing, Jiang Tengjiao. Er kannte die Gegend, die Mao besuchen wollte, sehr gut. Seine sehr simple und eigentlich logische Beurteilung der Lage ließ alle Anwesenden aufhorchen. »Die besten Möglichkeiten für einen Angriff gegen B-52 werden sich in Shanghai oder Hangzhou ergeben, und der günstigste Zeitpunkt wird jetzt auf dieser Reise sein«, erklärte er.[6]

Die Sitzung dauerte die ganze Nacht, und dabei ergaben sich die folgenden Möglichkeiten:

1. Der Sonderzug Maos könnte auf der Strecke Nanjing–Shanghai–Hangzhou durch eine Sprengung der Gleisanlagen zum Halten gebracht werden. Dann müßte ein Sonderkommando den Zug stürmen und Mao erschießen.
2. Das Attentat könnte auch erfolgen, während Mao sich nicht in seinem Zug befand.
3. Falls Mao während der Reise irgendwo ein Flugzeug bestieg, würde die Operationsabteilung der Luftstreitkräfte Boden-Luftraketen einsetzen, um die Maschine abzuschießen.

Als Wang Weiguo von Wang Dongxing Näheres über die Reisegewohnheiten Maos erfuhr, wurde der zweite Plan fallengelassen (Wang Weiguo war als höchster örtlicher Militärbeamter von Wang Dongxing beauftragt worden, für die Sicherheit Maos außerhalb seines Sonderzuges die Verantwortung zu übernehmen). Wenn Mao Gäste empfing, dann tat er es offensichtlich nur in einem mit einem kompletten Sicherheitssystem ausgerüsteten Eisenbahnwagen. Niemand durfte Waffen mit in den Zug nehmen. Jede Verletzung dieser Bestimmung löste sofort das Alarmsystem aus und veranlaßte die Leibwache zum Eingreifen. Weil Mao diesem Sicherheitssystem so sehr vertraute, verließ er den Zug nur sehr selten. So benutzte er auch fast niemals die in Shanghai für ihn bereitgestellte palastartige Unterkunft.

Der dritte Plan, das Flugzeug Maos abzuschießen, ließ sich am leichtesten ausführen. Sollte sich Mao entschließen, ein Flugzeug zu benutzen, dann würde die »Vereinigte Flotte« als Organisation der Luftstreitkräfte keine Schwierigkeiten haben, alles, was damit zusammenhing, unter ihre Kontrolle zu bringen, wie die Auswahl der von Mao benutzten Maschine der 34. Division, die Bereitstellung des

Piloten, die Flugroute und die Jagdflugzeuge, die den Geleitschutz stellten.

Der Plan sah vor, daß alle die Flugreise Maos betreffenden Informationen über das für den Einsatz der Luftstreitkräfte eingerichtete Kommunikationssystem geleitet wurden. Als dessen Chef mußte Lu Min alle Befehle unterzeichnen, die an die Operationsabteilung gingen, während Wang Fei als stellvertretender Chef des Stabes im Namen des Stabschefs Liang Pu dafür verantwortlich war, welche Informationen an die Kommandostellen der 4. und 5. Luftflotte weitergegeben wurden. Beide Männer gehörten der »Vereinigten Flotte« an.

Der Angriff gegen die Maschine würde entweder in Shanghai vom Raketenregiment der 4. Luftflotte unter Wang Weiguo oder in Hangzhou geführt werden, wo das Raketenregiment der 5. Luftflotte unter Chen Liyun diese Aufgabe übernehmen würde. Da die beiden Raketenbasen in Shanghai und Hangzhou für den Schutz von Shanghai und Nanjing verantwortlich waren und beide Städte innerhalb eines Gebiets lagen, das mit besonders starken Kräften verteidigt wurde, waren die Offiziere dort darauf gedrillt, alle Befehle des Oberkommandos der Luftstreitkräfte zu befolgen.[7] Deshalb brauchte man hier kaum mit einer Panne zu rechnen.

Die bei diesem Angriff einzusetzende Rakete war ebenfalls zuverlässig. Es war die chinesische Version einer sowjetischen Mittel- und Langstreckenwaffe mit der Bezeichnung SM. Sie war 1960 eingeführt und 1969 unter dem Namen »Rote Flagge« zum dritten Mal auf den neuesten Stand gebracht worden. Diese Raketen waren während des Vietnam-Krieges verwendet worden, und die Berichte über ihre Leistungen zeigten, daß sie, wenn die Amerikaner nicht ihre elektronische Abwehr von Transport- und Jagdflugzeugen aus einsetzten, in 75 Prozent der Fälle das Ziel trafen. Da nach dem Plan der »Vereinigten Flotte« drei Raketen des Typs »Rote Flagge« Nummer 2 oder Nummer 5 gleichzeitig abgeschossen werden sollten, erhöhte sich die Wahrscheinlichkeit, die Maschine Maos zu treffen, auf 98 oder 100 Prozent. Aus den bei den Luftstreitkräften vorliegenden Berichten ging außerdem hervor, daß in Amerika hergestellte Aufklärungsflugzeuge (wie sie auch von der Luftwaffe der Kuomintang verwendet wurden) und unbemannte Aufklärungsflugzeuge mit dieser Rakete in weniger als einer Minute nach dem Befehl zum Feuern abgeschossen worden waren.

Lin Liguo hoffte nun, daß sich die Waffe bei dem Angriff gegen den Vorsitzenden Mao ebenso glänzend bewähren werde. Dieser Angriff sollte schlagartig und so rasch erfolgen, daß niemand Zeit hatte festzustellen, wer dahinterstand. Er wollte Jiang Qing die Schuld dafür geben.

Um ganz sicherzugehen, ordnete Lin Liguo an, daß die Ausbildung auf allen Raketenbasen in den nordöstlichen Militärregionen intensiviert werden sollte und das Personal in ständiger Alarmbereitschaft zu halten sei.

Aus all diesen Gründen war der Plan, Maos Maschine abzuschließen, der einfachste und aussichtsreichste. Sobald Wang Weiguo und Chen Liyun die Meldung erhalten hatten, daß die Maschine mit der roten Sonne am Bug gestartet war, würden sie das Telefon abnehmen und das Todesurteil Maos verkünden.

Dieser Plan konnte nur scheitern, wenn Mao sich entschloß, *nicht* zu fliegen. Angesichts der Gewohnheiten Maos bei früheren Reisen mußte man mit dieser Entscheidung rechnen, und das wußten alle Beteiligten.

Wenn nun die Pläne 2 und 3 nicht zur Ausführung kommen konnten, dann blieb nur noch der Plan 1, der Angriff gegen den Sonderzug Maos.

11

Als sich Mao Tse-tung schließlich am 15. August auf die Reise von Peking nach Wuhan machte, warteten die Kommandeure und politischen Kommissare der 4. und 5. Luftflotte gespannt darauf, wie sich die Dinge entwickeln würden, und hielten ständig die Verbindung zu den ihnen unterstellten Truppenteilen. Wang Weiguo und Chen Liyun hielten sich Tag und Nacht bereit, sie erfuhren aber nur etwas über die Maschine, die für die Beförderung der Gäste Maos vorgesehen war: höhere Militärs und politische Funktionäre aus den südlichen Militärregionen und Provinzen. Sie alle sollten fliegen, nur Mao nicht.

Das bedeutete, daß man wahrscheinlich auf Plan 1 würde zurückgreifen müssen. Damit geriet Yu Xinye, der für das Eisenbahnnetz im Raum Nanjing-Shanghai-Hangzhou verantwortlich war, unter erheblichen Druck. Yu Xinye war der 43jährige Direktor der ersten Abteilung des Parteikomitees des Oberkommandos der Luftstreitkräfte.[1] Er hatte ein blasses Gesicht und stechende Augen; war mittelgroß, kräftig gebaut und hatte den beim Militär üblichen kurzen Haarschnitt. Wo er ging und stand, hatte er eine 59er Pistole und einen rasiermesserscharfen Fallschirmjägerdolch bei sich.

Yu Xinye machte zunächst keinen sehr intelligenten Eindruck, besaß aber doch einen scharfen, logischen Verstand und war wie kein anderer mit der japanischen, israelischen und deutschen Militärtechnik vertraut.

Er liebte es, Pläne zu schmieden und, was Lin Liguo besonders freute, der solche Männer dringend brauchte, die

Verantwortung für die Ausführung dieser Pläne zu übernehmen.

Yu schlug vor, die »Vereinigte Flotte« sollte sich den Umstand zunutze machen, daß die für die Verteidigung von Shanghai eingesetzten Truppen besonders gut und vollständig ausgerüstet waren. Als größte chinesische Stadt, in der sich ein Viertel der gesamten Industrie des Landes konzentrierte, wurde Shanghai nicht nur von der dort stationierten 4. Luftflotte verteidigt, sondern auch von einigen der besten Truppen aus den Militärregionen Nanjing und Peking. Zu ihnen gehörte ein sehr starker mit Bodenluftraketen ausgerüsteter Verband, der in Zusammenarbeit mit dem Heer und der Flotte Erd- und Seeziele bekämpfen konnte. Die für diesen Zweck umgebaute Rakete war eine der zuverlässigsten Waffen der chinesischen Streitkräfte.

Die Raketenverbände in Shanghai hatten die Struktur eines Regiments. Ihnen standen zwei Raketenbasen und drei Raketenverbände mit jeweils 65 Abschußvorrichtungen zur Verfügung. Für den Einsatz verwendeten sie ein automatisches Kontrollsystem. Bei der Bekämpfung von mit Radar vermessenen Bodenzielen lag die Trefferquote bei 70 Prozent, wenn das Ziel vorher genau vermessen war bei 82 Prozent. Ließ sich das Ziel mit einem automatisch arbeitenden Zusatzgerät verfolgen (über das die »Vereinigte Flotte« verfügte), dann lag die Trefferquote in der Nähe von 100 Prozent.

Für Informationen über den Fahrtverlauf des Sonderzuges von Mao waren die Shanghai-Gruppe und andere Spezialeinheiten verantwortlich wie etwa das Ausbildungskorps der 4. Luftflotte, die an der Bahnstrecke stationiert waren. Mit welcher Präzision der Angriff erfolgen konnte, hing davon ab, wie genau die Informationen über die Bewegungen des Ziels waren.

Aufgrund der Erfahrungen seines Vaters konnte sich Lin Liguo eine gewisse Vorstellung davon machen, wie die Reise Maos verlaufen würde. Angesichts der Tatsache, daß beide Männer eine sehr hohe Stellung einnahmen, mußte es zwischen ihnen auch gewisse Ähnlichkeiten geben. Die Vermutungen Lins erwiesen sich daher auch als richtig.

Der aus sechs Wagen bestehende Sonderzug Maos wurde von einer erstklassigen Diesellokomotive gezogen. Die beiden mittleren Wagen wurden von Mao benutzt. Sie waren luxuriös eingerichtet und boten dem Reisenden die denkbar größten Bequemlichkeiten. Dazu waren sie schalldicht, gepanzert und zum Schutz gegen Radioaktivität mit Blei abgeschirmt. In einem Wagen waren das Schlafzimmer Maos, das Arbeitszimmer und ein Aufenthaltsraum untergebracht, der auch als Eßzimmer benutzt wurde. Im zweiten Wagen befanden sich ein Empfangszimmer und ein größerer Raum, der als Tanzsaal, Projektionsraum oder kleines Theater eingerichtet werden konnte. Daneben führte der Zug eine sehr leistungsfähige Nachrichtenvermittlung mit, die Mao in die Lage versetzte, mit allen Militärregionen in Verbindung zu treten. Notfalls ließ sich dieser Wagen mit starken Kräften verteidigen, die in der Lage waren, bewaffnete Angriffe abzuwehren.

In den beiden vorderen Wagen des Zuges waren Hunderte der besten Sicherheitskräfte Maos und ihre hervorragende Ausrüstung untergebracht. Von den beiden rückwärtigen Wagen stand einer seinen Mitarbeitern und seiner Bedienung zur Verfügung. Der zweite nahm die etwa 50 Leibwächter auf.

Die Führer der »Vereinigten Flotte« hatten verschiedene Methoden für den gegen den Sonderzug gerichteten Angriff entwickelt. Doch keine von ihnen war absolut narrensicher. Die Leibwache Maos war straff organisiert und verfügte über Waffen, die mit sehr präzisen Zielgeräten ausgestattet waren. Ihre leichten und schweren Maschinengewehre erzielten hervorragende Trefferquoten. Jeder Angreifer mußte mit einem energisch geführten Gegenangriff rechnen. Nur die Überraschung konnte hier zum Erfolg führen. Wenn Mao Zeit genug hatte, noch andere Truppen zu mobilisieren, konnte der Angriff scheitern. Angesichts dieser Voraussetzungen glaubten die Führer der »Vereinigten Flotte«, sie müßten, wenn sie ihr Ziel erreichen wollten, schwerste Waffen einsetzen.

Das unveröffentlichte Geständnis eines Mitverschwörers enthält Einzelheiten dieser Vorgänge:

»Aus Sicherheitsgründen hatte man dafür gesorgt, daß niemand erkennen konnte, wer wir wirklich waren. Wir versammelten uns in der Nähe der Brücke[2], wo militärische Anlagen der 4. Luftflotte liegen. Wir tarnten uns dabei als eine Gruppe von Soldaten, die zum Schutz dieser Anlagen ausgebildet wurde. Um die Tarnung zu vervollständigen, hatten wir Geheimdokumente und besondere Personalausweise hergestellt.

An beiden Enden der Brücke richteten wir Beobachtungsposten ein. Sie waren etwa einen Kilometer voneinander entfernt. Beide Posten waren von der Shanghai-Gruppe im Namen des militärischen Kontrollausschusses in Shanghai besetzt und mit Feldtelefonen und Funkgeräten ausgerüstet. Unsere Einheit konnte mit den anderen kleinen Gruppen entlang der Eisenbahnlinie Shanghai–Hangzhou–Nanjing die Verbindung aufnehmen. Das Kommunikationssystem war von beiden Beobachtungsposten überprüft worden, wobei wir feststellten, daß sich alle Verbindungen rasch und zuverlässig herstellen ließen.

Zu unserer Ausrüstung gehörten unter anderem ein Nachtsichtgerät und ein Geschwindigkeitsmesser. An jedem Ende der Brücke hatten wir in Abständen von 15 Metern unter den Schienen auf Druck reagierende magnetische Meßgeräte angebracht, mit denen die Geschwindigkeit des darüberfahrenden Zuges ermittelt werden konnte. Unsere Bewaffnung bestand aus Maschinenpistolen, Flammenwerfern und 60 mm Panzerabwehrraketen.

Wir hatten den Befehl, sobald der Zug Maos auf der Brücke war, den zweiten Beobachtungsposten und die Kommandostelle der Shanghai-Gruppe zu benachrichtigen.

Am 4. September um 17.15 Uhr erreichte ein von Shanghai nach Hangzhou fahrender Zug die Brücke. Der Zug bestand aus zwei Diesellokomotiven an beiden Enden und sechs Luxuswaggons in der Mitte. Die Waggons hatten auffallende Fenster. Ich meldete den Zug Jiang Guozhang von der Shanghai-Gruppe, gab ihm einen genauen Bericht und alarmierte dann den Beobachtungsposten am anderen Ende der Brücke.

Zwei Tage darauf, am frühen Morgen des 6. September, kamen Jiang Guozhang und Yu Xinye vom Hauptquartier der Luftstreitkräfte in Peking mit einem Jeep zu unserem Beobachtungsposten. Ich wurde zu ihnen befohlen, um mit ihnen über den Zug zu sprechen, der am 4. September über die Brücke gefahren war. Dann begleitete ich sie zu einer Inspektion der Brücke. Yu Xinye sagte lange nichts. Als wir die Brücke verlassen hatten, fuhr er uns in dem Jeep zur Flußbiegung. Von dort konnte man die ganze Brücke sehen. Dann sagte Yu: ›Der Zug, der am Nachmittag des 4. hier durchgefahren ist, war der Sonderzug des Vorsitzenden. Es ist möglich, daß er auf der Rückfahrt nach Shanghai hier durchkommen wird. Dann müssen wir es tun.‹

Jiang Guozhang sagte, beim ersten Mal habe Wang Weiguo nicht feststellen können, ob sich der Vorsitzende Mao in dem Zug befand. Aus verständlichen Gründen sei daher nichts unternommen worden.

Yu Xinye sagte: ›Der Zug ist jetzt am Flughafen Xianquiao in Hangzhou abgestellt. Dessen ist sich die 5. Luftflotte sicher. Der entscheidende Augenblick rückt immer näher, und wir sind darauf vorbereitet.‹

Dann erklärte er uns im Flüsterton den Angriffsplan. (Bis dahin hatte Jiang Guozhang nicht gewußt, daß wir Raketen einsetzen sollten.)

Nachdem wir zum Beobachtungsposten zurückgekehrt waren, erläuterte Yu die Einzelheiten unseres Vorgehens. Er sagte, alles hinge davon ab, daß wir unsere Pflicht täten.

Der am nächsten von Hangzhou gelegene Beobachtungsposten sollte uns ständig davon unterrichten, wo sich der

Zug befand. Sobald er von uns beobachtet werden könnte, sollten wir unsere elektronischen Meßgeräte einschalten, um die Daten über ein Sende- und Empfangsgerät an die Kommandostelle der Raketenbasis der Luftstreitkräfte weiterzugeben. Die Kommandostelle würde ihrerseits diese Daten analysieren und die notwendigen Berechnungen anstellen, um den genauen Zeitpunkt für das Abfeuern der Raketen zu ermitteln. Da der Angriff gegen die Brücke sorgfältig vorbereitet war, ließen sich der Zug auf der Brücke und die Brücke selbst ohne Schwierigkeit zerstören, solange die ermittelten Daten korrekt waren.

Yu Xinye sagte, die Beobachtungsposten an der Brücke stünden unter dem direkten Befehl von Jiang Guozhang und Yu. Die Raketenbasis sei Lin Liguo und Wang Fei unterstellt. Zhou Yuchi und Jiang Tengjiao würden in Peking bleiben, auf weitere Befehle warten und für die Aufrechterhaltung aller Nachrichtenverbindungen sorgen. Xi Zhuxian und Zu Fuguang (ein Mitglied der Shanghai-Gruppe) sollten eine Stoßbrigade, die nach einem geheimen Plan im Rahmen des Ausbildungskorps aufgestellt worden war, an einen geheimen Ort in der Nähe der Brücke führen, wo sie in Deckung gehen und auf Befehle warten werde. Li Weixin und Han Hongkui würden Chen Liyun in Hangzhou unterstützen.

Der Angriffsplan und der Angriffsbefehl lauteten: Sobald der Zug des Vorsitzenden Mao Hangzhou verlassen hatte, würden die an der ganzen Bahnstrecke bereitgestellten Truppen ihre Vorbereitungen treffen. Wenn sich der Zug der Brücke auf 10 Kilometer genähert hatte und von uns beobachtet werden konnte, sollten wir die Daten weitergeben, und der Raketenverband würde sich auf den Angriff vorbereiten. Es stünden fünf Gruppen mit jeweils 15 Raketen bereit. Das Ziel wäre die gleichzeitige Zerstörung des Eisenbahnzuges und der Brücke.

Mit Ausnahme meiner Männer am Beobachtungsposten sollten sich alle anderen unmittelbar nach der Sprengung des Zuges zurückziehen. Meine Männer und die Stoßbrigade sollten die Trümmer untersuchen und die Leichen von Mao Tse-tung und Wang Dongxing mit Flammenwerfern vernichten. Außerdem sollten wir dafür sorgen, daß von der Besatzung des Zuges niemand am Leben blieb.

Nach Erledigung unseres Auftrages sollten auch wir mit Hubschraubern abgezogen und nach Hangzhou gebracht werden. Von dort aus sollten wir mit militärischen Transportmaschinen nach Shanghai und Peking zurückgeflogen werden.

Yu Xinye, Jiang Guozhang und ich hielten ständige Verbindung. Lin Liguo befand sich an der Kommandostelle der Raketenbasis der Luftstreitkräfte, 6,5 Kilometer von der Brücke entfernt, und war an unser Kommunikationssystem angeschlossen.

Am späten Abend des 7. Septembers erhielten wir eine verschlüsselte geheime Botschaft von der Kommandostelle der Shanghai-Gruppe, mit der uns mitgeteilt wurde, daß Lin Liguo in die Villa seines Vaters nach Beidaihe befohlen worden war. Er würde in einem oder zwei Tagen zurück sein, und bis dahin sollten alle Systeme abrufbereit bleiben.

Wang Fei teilte uns von der Kommandostelle der Raketenbasis der Luftstreitkräfte aus mit, er werde während der Abwesenheit von Lin Liguo den Feuerbefehl geben, wenn die Lage es erforderte. Diese Botschaft wurde uns in dem schon vorher verwendeten Schlüssel mitgeteilt.

Yu Xinye war sehr erregt. Er war ungewöhnlich blaß. Er schien weder am Tage noch in der Nacht zur Ruhe zu kommen. Er fürchtete, unsere Ausrüstung könnte irgendwie versagen. Für den Fall, daß die elektronischen Geräte versagten, installierte er daher an beiden Enden der Brücke normale Entfernungsmesser und testete das System, indem er selbst Entfernung und Geschwindigkeiten des Zuges schätzte und die Schätzungen mit den Daten des Meßgerätes verglich.

Als er einige Soldaten von der Militärregion Nanjing bei einem Kontrollgang auf den Schienen sah, blieb er ganz ruhig. Da er sie persönlich kannte, glaubte er nicht, daß sie uns Schwierigkeiten machen würden.

Am frühen Morgen des 8. September kam ein Bericht aus Hangzhou. Am Tag zuvor hatte Mao Tse-tung angeordnet, der Zug sollte den Flughafen Xianqiao verlassen und in südlicher Richtung nach Shaoxing fahren. Am Morgen des 8. fuhr der Zug ab.

Yu Xinye glaubte, Mao könnte jetzt nach Shanghai zurückkommen, und sagte, wir sollten uns auf den Angriff vorbereiten. Er saß unbeweglich da, beobachtete aufmerksam den Schienenverkehr und wartete auf weitere Meldungen. Er fürchtete, die Leute auf dem anderen Beobachtungsposten könnten es sich zu gemütlich machen und unaufmerksam werden.

Am 8. September und am Morgen des 9. blieb alles ruhig. Am 9. September um 15 Uhr kam eine verschlüsselte Botschaft von Chen Liyun an die Shanghai-Gruppe. Er und andere Spitzenpolitiker in Zhejiang waren eben aus Hangzhou zurückgekommen, wo sie den Vorsitzenden verabschiedet hatten. Sein Zug war in Richtung Shanghai abgefahren.

Anschließend erhielten wir ständig neue Meldungen über den Zug. Der Vorsitzende kam uns immer näher. Sein Sonderzug hatte jetzt eine Geschwindigkeit von 95 Stundenkilometern erreicht.

Yu Xinye sah schrecklich aus. Er hatte ein Mikrophon in der Hand und sorgte dafür, die telefonischen und Funkverbindungen aufrechtzuerhalten. Dabei sprach er immer wieder mit Wang Fei auf der Kommandostelle der Raketenbasis und mit Lin Liguo, der eben aus Beidaihe zur Raketenbasis zurückgekommen war. Die Gespräche beschränkten sich auf einfache Mitteilungen und Angaben darüber, wie viele Kilometer der Sonderzug des Vorsitzenden noch von der Brücke entfernt sei.

Zwei andere Züge fuhren zur Sicherung der Strecke dem Sonderzug Maos voraus. Sie erreichten die Brücke. Zwei Minuten später tauchte der Sonderzug Maos in unserem

Blickfeld auf (auf dem Fernsehschirm und auch direkt). Er fuhr mit hoher Geschwindigkeit. Es war ein spannender Augenblick, als wir mit weit aufgerissenen Augen dastanden und den Zug auf uns zurasen sahen.

Yu Xinye flüsterte: ›Da ist er.‹ Der Zug hatte sich uns jetzt bis auf einen Kilometer genähert. Die elektronischen Meßgeräte hatten die Daten genau registriert. Die Nachrichtenverbindungen zwischen uns, Lin Liguo und Wang Fei waren nicht unterbrochen.

Die sechs Wagen mit den zwei Lokomotiven würden bald auf der Brücke sein. Es waren höchstens noch 19 oder 20 Sekunden bis dahin, als uns Wang Fei von der Kommandostelle aus anrief: ›Brücke! Der Befehl ist zurückgenommen!‹

Wir waren schockiert. Yu Xinye schrie wütend: ›Schießt! Ihr seid verrückt. Beeilt euch und schießt!‹

Während Yu wie ein Wahnsinniger brüllte, fuhr der Zug weiter über die Brücke.

Ich konnte sehen, wie der Zug die Brücke unversehrt hinter sich ließ. Bald war er außer Sichtweite. Wieder schrie Yu Xinye: ›Es ist alles vorbei, verdammt!‹

Jetzt hörten wir die Stimme Lin Liguos in den Kopfhörern: ›Ich befehle: Brücke abgesagt!‹ Dann gab er das geheime Losungswort, das bedeutete, daß die Pläne geändert worden waren.

Yu Xinye riß an dem Mikrophonkabel. Er fluchte und schlug mit der Faust gegen die Wand. Erschöpft und verzweifelt setzte er sich mit Jiang Guozhang in den Jeep und fuhr zur Raketenbasis, um mit Lin Liguo zu sprechen.

Um 20 Uhr rief uns Yu Xinye telefonisch an (ich weiß nicht, von wo) und sagte: ›Nehmt den ganzen Verband aus dem Zielgebiet und geht zur Nr. 1 Basis Neues China in Shanghai. Wartet dort auf neue Befehle.‹

Unmittelbar nach unserem Eintreffen in Shanghai am folgenden Tag kamen auch Yu Xinye und Jiang Guozhang dorthin. Yu Xinye sagte, Jiang Guozhang werde uns zu einem Versteck an der Eisenbahnlinie Shanghai–Peking etwa 185 Kilometer nördlich von Shanghai führen. Dort sollten wir einen Beobachtungsposten einrichten und den gleichen Anweisungen folgen, die uns im ersten Zielgebiet gegeben worden waren. Augenscheinlich sollten wir den Vorsitzenden Mao und seinen Sonderzug auf der Fahrt von Shanghai nach Peking angreifen.

Als uns Yu Xinye den neuen Befehl übermittelt hatte, fragte ich ihn, weshalb der erste Angriff abgeblasen worden sei. Yu erwiderte nur: ›Wir haben beschlossen, Mao erst während des letzten Abschnitts seiner Reise nach Peking zu liquidieren.‹

Nun erläuterte er uns die Einzelheiten dieses neuen Unternehmens. ›Wir werden an einem Punkt 185 Kilometer diesseits von Shanghai zuschlagen. Dazu werden wir ferngelenkte Bodenraketen einsetzen. An zwei Punkten, 50 und 100 Kilometer vom Ziel entfernt, werden wir elektronische Meßgeräte aufstellen, um die Bewegungen des Zuges zu vermessen und aufzunehmen. 30 Kilometer nördlich und 30 Kilometer südlich des Ziels werden ferngelenkte Abschußvorrichtungen aufgestellt. Wenn der Zug sich so weit genähert hat, sollten die Raketen in der Lage sein, ihr Ziel zu treffen.‹

Um ganz sicherzugehen, hatte Yu zwei Fachleute mitgebracht, deren Aufgabe es war, 30 Kilometer vom Ziel entfernt weitere Meßgeräte zu installieren, die eingesetzt werden sollten, wenn die elektronischen Geräte versagten. Damit verfügten wir über ein System, mit dem die bereits bestehenden Nachrichtennetze der Eisenbahn und der Kommandostelle miteinander verbunden werden konnten, die für den Abschuß der Raketen verantwortlich war.

Von den technischen Einzelheiten verstand ich nichts. Unsere Aufgabe bestand nur darin, die hochempfindlichen Geräte zu bewachen und nach dem Abschuß der Raketen mit der Stoßbrigade zusammenzuarbeiten. Die Stoßbrigade hatte sich in einem Waffendepot anderthalb Kilometer vom Kilometer 185 auf der Eisenbahnstrecke entfernt versteckt.

So weit ich es begriffen hatte, sollte die technische Ausrüstung von der Kommandostelle an der Raketenbasis aus über Funk getestet und auf das Ziel gerichtet werden.

Wie Yu Xinye sagte, waren die bereitgestellten Raketen fünfmal stärker, als es für die Sprengung des Zuges notwendig gewesen wäre. Sie sollten nacheinander und nicht wie bei der Brücke geplant gleichzeitig eingesetzt werden. Mit der ersten Salve sollten fünfzehn auf das Ziel gerichtete Raketen abgefeuert werden. Eine zweite Salve sollte die Schienen 80 Kilometer nördlich und 80 Kilometer südlich des Ziels zerstören, um zu verhindern, daß Hilfstruppen herangeführt wurden.

Yu Xinye befand sich in einem Versteck in der Nähe des Ziels an der Eisenbahnlinie Peking–Shanghai, als der vor ihm liegende Beobachtungsposten meldete, der Zug Mao Tse-tungs näherte sich dem Kilometer 185. Es war am 11. September um die Mittagszeit.

Yu Xinye hatte von Wang Weiguo (der bestätigen sollte, ob sich Mao noch in dem Zug befand) noch nichts aus Shanghai gehört und versuchte verzweifelt, ihn telefonisch oder über Funk zu erreichen.

Indessen näherte sich der Zug dem Kilometer 185. Immer noch keine Nachricht von Wang Weiguo. Yu war verständlicherweise verzweifelt.

Nun versuchte Yu Xinye, die Verbindung zu Lin Liguo herzustellen, der wieder nach Beidaihe zurückgekehrt war. Als das schließlich gelang, meldete Li Wenpu, der Sekretär von Ye Qun, Lin telefoniere gerade mit Wang Fei in der Befehlsstelle der Raketenbasis.

Yu Xinye fluchte wie ein Wahnsinniger. Er befahl uns, alles nur mögliche zu tun, um die Verbindung zur Shanghai-Gruppe herzustellen. Als das schließlich gelungen war, sagte man uns, man wisse nicht genau, ob sich Mao in seinem Sonderzug befände. Wang Weiguo sei nirgends zu finden.

In etwa 20 Minuten würde der Zug den Kilometer 185 erreicht haben. Nun rief uns Wang Fei an und sagte, er habe eben mit Lin Liguo gesprochen, der befohlen habe, die Aktion einzustellen. Die Leute aus Shanghai sollten nach Shanghai und die Leute aus Peking nach Peking zurückkehren und weitere Befehle abwarten.

Yu Xinye sagte, er wolle die Telefonverbindung zu Wang Fei halten und außerdem persönlich mit Lin Liguo sprechen. Gerade als wir versuchten, nach Beidaihe durchzukommen, rief uns Wang Weiguo an. Er sagte, der Vorsitzende Mao befände sich mit Sicherheit in seinem Zug.

Yu Xinye befahl uns, alles vorzubereiten. Jiang Guozhang, Wang Fei, Xi Zhuxian und ich sollten untereinander die Verbindung halten.

Yu Xinye forderte uns auf, alle Nachrichtenverbindungen der Luftstreitkräfte, der Marine und der Militärregion Nanjing zu benutzen, um Beidaihe zu erreichen. Als mich die Vermittlung aufforderte, ihr meinen Dienstgrad, Namen und meine Dienststellung zu nennen, sagte ich: ›Ich bin der Sekretär des stellvertretenden Vorsitzenden Lin, Yu Yunshen, Nummer 09109.‹

Yu Xinye befahl uns auch, mit dem Funkgerät die Dienststelle der Luftstreitkräfte auf dem Hubschrauberflugplatz in den westlichen Bergen von Beidaihe anzurufen. Als dies schließlich geschehen war, sagte man uns, daß unser Schlüssel dort nicht bekannt sei und unsere Botschaft deshalb nicht aufgenommen werden könnte. Nach einigem Hin und Her erklärte man sich dort schließlich bereit, den Spruch aufzunehmen, aber wir hatten viel Zeit damit verschwendet.

Wir hatten Lin Liguo immer noch nicht erreichen können, als wir den Zug herankommen hörten. Yu Xinye setzte sich mit Wang Fei in Verbindung und sagte ihm, wir sollten auf jeden Fall angreifen und unsere Sorgen der Zukunft überlassen. Aber Wang Fei war nicht bereit, den Befehl zu geben. Yu Xinye schrie wütend ins Telefon.

In diesem Augenblick meldeten Jiang Guozhang und ich Yu, daß wir das Ziel sehen konnten.

Es war derselbe Zug, der vor einigen Tagen über die

Brücke gefahren war. Diesmal fuhr er viel langsamer, wahrscheinlich mit 55 oder 60 Kilometern in der Stunde.

Yu Xinye starrte dem Zug entgegen und schrie weiter ins Telefon. Er sagte Wang Fei: ›Sehen Sie ihn? Sehen Sie ihn dort drüben!‹ Wang Fei antwortete, sein Gerät zeige an, daß die Entfernung vom Zug bis zum Kilometer 185 noch 1600 Meter betrüge.

›Machen Sie sich fertig zum Angriff! Es wäre Selbstmord, wenn wir jetzt nicht zuschlagen wollten. Haben Sie verstanden. Antworten Sie!‹ Wang erwiderte: ›Bereiten Sie sich auf eine Übung vor.‹ Das war das Kennwort Lin Liguos dafür, den Angriff einzustellen. ›Sie sind verrückt! Das ist ein Verbrechen! Es ist Selbstmord! Ich werde Sie persönlich dafür zur Verantwortung ziehen, Wang Fei.‹

Yu Xinye schlug mit dem Kolben seines Gewehrs auf den Tisch. Jiang Guozhang, die anderen und ich beoachteten schweigend den herankommenden Zug. Auch Wang Fei schwieg am anderen Ende der Telefonleitung.

Als der Zug am Kilometer 185 vorbeifuhr, warf Yu Xinye den Telefonhörer auf den Boden und sagte leise: ›Los, fertig zum Angriff!‹

Wir hatten das alles lange vorbereitet. Doch nun warteten wir vergebens, es kam kein weiterer Befehl. Die Raketen wurden nicht abgefeuert. Man hörte nichts als das Vorüberrasseln des Zuges.

Der Sonderzug des Vorsitzenden Mao war zum zweiten Mal sicher durch das Zielgebiet gefahren und hatte es schließlich hinter sich gelassen.

Xi Zhuxian rief uns an und fragte, was bei uns los sei. Er sagte, Wang Fei habe doch schon angerufen und gesagt, wir sollten alle nach Shanghai zurückkehren. Jiang Guozhang bat Yu Xinye, den Hörer zu nehmen und mit ihm zu sprechen. Yu weigerte sich. Er starrte nur mit aschfahlem Gesicht auf die Markierung des Kilometers 185 und zitterte am ganzen Körper.

Etwa 10 oder 15 Minuten später wurden wir endlich aus Beidaihe angerufen. Ich ging ans Telefon. Es war der Se-

6、叶群、吴法宪、李作鹏、邱会作和
林立果在庐山一次密谋后的合影

叶、吴、李、邱等在庐山接触十分频繁，經常在一起秘密策划反革命政变阴谋活动。这是他們在九届二中全会前夕，八月二十一日的一次密谋后，在庐山仙人洞合影留念。

注：右起：林立果、叶群、李作鹏、吴法宪、邱会作。

Von links: Qiu Huizuo, Wu Faxian, Li Zuopeng, Ye Qun und Lin Liguo auf dem Lushan-Plenum von 1970.

7、林彪反党集团在庐山发动的反革命政变失败后，
在九江机场飞机上的合影

一九七〇年九月七日，林彪、黄、吴、李、邱下山到九江机場，由叶群导演，在飞机上合影留念，表示他們要进一步加強反革命勾結，伺机反扑。

注：右起：邱会作、黄永胜、林彪、吴法宪、李作鹏。

Von links: Li Zuopeng, Wu Faxian, Lin Piao, Huang Yongsheng und Qiu Huizuo im September 1970 an Bord eines Flugzeugs auf dem Flughafen Juijiang.

二十四、周宇驰等所乘外逃被我迫降的直升飞机

林彪死党周宇驰、于新野、李伟信等，在得到林立果的电話通知以后，于一九七一年九月十三日凌晨三点多钟，乘直升飞机向蒙古烏兰巴托逃跑，投奔苏修。这架直升飞机被我迫降在怀柔县境内。被騙去駕駛直升飞机的陈修文同志，在机上与叛徒搏斗，光荣牺牲。直升飞机迫降后，周、于二贼自杀，李伟信和另一駕駛員陈士印被我活捉。从直升飞机上缴获了林彪叛国投敌的大量罪证。

注：右下角是林彪死党李伟信。

Der gelandete Skylark-Hubschrauber, mit dem einige Verschwörer zu entkommen versuchten. Unten rechts ist Li Weixin abgebildet.

二十三、林彪、叶群等
叛国投敌所乘三叉戟飞机坠毁的现场

一九七一年九月十三日凌晨二时半，林彪等叛国投敌所乘的256号三叉戟飞机，在蒙古境内温都尔汗附近墜毁。林彪、叶群、林立果等全部烧死，成为死有余辜的叛徒卖国贼。

下面两张照片，是我駐蒙使館人員在现場拍摄的。照片上有蒙方人員和我駐蒙使館人員。下图箭头指示处，是三叉戟飞机的机号256。

Die Trümmer der Trident 256, aufgenommen in der Nähe von Öndörhaan in der Mongolei.

kretär von Ye Qun, Li Wenpu. Li sagte, Lin Piao und Ye Qun seien schon zum Flughafen von Shanhaiguan abgefahren, und Lin Liguo werde sie nach Peking begleiten. Lin Liguo sagte, falls Yu Xinye aus Shanghai anrufen würde, sollten wir ihm sagen: ›Machen Sie sich keine Sorgen.‹

Als ich es Yu Xinye ausrichtete, reagierte er nicht. Nach einiger Zeit schlug er mit seiner Pistole auf den Tisch und sagte: »Ich hätte die Pistole tatsächlich Wang Fei an den Kopf halten sollen. Hätte ich das getan, dann wären wir jetzt die Sieger!«[3]

12

Wenn man verstehen will, weshalb das Unternehmen im letzten Augenblick abgesagt wurde, muß man etwas in die Vergangenheit zurückgehen und die Aktivitäten von Lin Liguo verfolgen.

Als die Verwendung von Raketen der Luftstreitkräfte beim Attentat gegen Mao Tse-tung in der ersten Planungsphase des Projekts 571 zum ersten Mal während eines Gesprächs mit Yu Xinye erörtert wurde, war Lin begeistert gewesen, hatte aber keine konkreten Vorstellungen von der praktischen Durchführung gehabt. Obwohl er in der Operationsabteilung die zweithöchste Stelle innehatte, war er mit den technischen Einzelheiten noch nicht völlig vertraut, über die ihn Lu Min, der Chef dieser Abteilung, hatte unterrichten wollen. Er neigte dazu, sich nur mit Themen zu beschäftigen, die ihn interessierten, und sein Hauptinteresse galt dem Fliegen. Deshalb hatte er die technischen Einzelheiten des ihm von Yu erläuterten Raketenangriffs auch nicht vollständig begriffen.

Doch als er begann, die streng geheimen Berichte genau durchzulesen, die von den Raketenverbänden der Luftstreitkräfte für Wu Faxian und andere hohe Offiziere verfaßt worden waren, kam er zu der Überzeugung, daß der Einsatz von Raketen im Rahmen des Projekts 571 den Erfolg am ehesten garantieren könne.

Die Dokumente enthielten zahllose Details über die Gliederung und Aufstellung der Raketenverbände, ihre Stärke und Leistungsfähigkeit, Anweisungen für die Befehlshaber über die taktische Verwendung von Raketen, die Biographien der Kommandeure auf allen Ebenen und Sonderkommandos für den Einsatz von Notsituationen. Diese Lektüre überzeugte Lin Liguo vollständig von der Durchführbarkeit seines Plans.

Nun beschloß Lin Liguo, ein Übungsschießen mit scharfen Sprengköpfen zu veranstalten. Normalerweise mußte ein solches Übungsschießen vom Oberbefehlshaber genehmigt werden und durfte nur in einem besonders dafür vorgesehenen Gelände stattfinden. Lin setzte sich über diese Bestimmungen hinweg, und der Erfolg der Übung bestätigte seine Erwartungen.[1]

Als Lin Liguo und Wang Fei aus Peking abreisten, um ihre Kommandozentrale in der Raketenbasis bei Shanghai einzurichten, nahmen sie ein streng geheimes Dokument mit, um es dem Kommando des Raketenverbands vorzulegen. Darin hieß es, der Kommandeur des Raketenverbands und sein Stellvertreter hätten bei einer Übung, mit der ein Überraschungsangriff simuliert werden sollte, die Befehle des stellvertretenden Chefs des Stabes Wang Fei und des stellvertretenden Direktors der Operationsabteilung der Luftstreitkräfte, Lin Liguo, entgegenzunehmen.

Der erste Befehlshaber war der Kommandeur und der zweite der stellvertretende Kommandeur des Regiments. Sie gehörten zwar den Luftstreitkräften an, hatten jedoch bis dahin noch nie mit hohen Offizieren des Oberkommandos der Luftstreitkräfte zusammengearbeitet. Nun waren sie aber durchaus bereit, sich Lin und Wang zu unterstellen. Wenn man es ihnen befahl, würden sie ohne zu fragen auf den Knopf drücken und die Raketen abschießen. Lin Liguo war schließlich der Sohn des von allen Offizieren verehrten großen militärischen Führers. Allein dieser Umstand verpflichtete sie bis zu einem gewissen Grad zum Gehorsam. Obwohl es für Lin Liguo ein erhebliches Risiko bedeutete, selbst den Befehl bei einer solchen Aktion zu übernehmen, war seine Teilnahme eine zusätzliche Garantie für das Gelingen.

Der Stab des Raketenverbandes war in einem kleinen

zweistöckigen, aus Beton errichteten Gebäude untergebracht. Die Kommandostelle befand sich vor der automatischen Schalttafel mit einem großen Kontrollschirm auf der einen Seite.

Als Lin Liguo in der Kommandozentrale eintraf, befahl er zunächst, die für die Flugabwehr bestimmten Sprengköpfe von den Raketen abzunehmen und sie gegen stärkere Sprengköpfe auszutauschen, die mit Aufschlagzündern versehen waren. Sie waren auf Anordnung des 5. und des 6. chinesischen Maschinenbauministeriums zum Bekämpfen von Erdzielen hergestellt worden. Obwohl es die Bedienungsmannschaften überraschte, daß sie bei ihrem Übungsschießen Eisenbahnschienen zerstören sollten, schöpften sie keinen Verdacht.

Um die Mittagszeit des 7. September 1971 saß Lin Liguo in der Kommandozentrale, wo es in Ermangelung einer Klimaanlage sehr heiß war. Er trug ein kurzärmeliges Seidenhemd und die blauen Uniformhosen der Luftstreitkräfte. In seiner ledernen Pistolentasche steckte die in China hergestellte Pistole »8-1«. Er wischte sich immer wieder den Schweiß aus dem Gesicht, trank kaltes Wasser und schimpfte über die Hitze.

Neben ihm saß der Offizier vom Dienst, Hou Tingfang. Er war 55 Jahre alt, ein hervorragender Truppenführer mit langjähriger Erfahrung als Kompanie- und Bataillonsführer und ein guter Schütze. Er war Brillenträger, trank gern starken Tee und nahm auch bei dieser Hitze nicht die Mütze ab. Er litt unter Magengeschwüren, hatte ein gelbliches, hageres Gesicht, war aber dennoch ein energischer und tatkräftiger Mann.

Zwischen Lin Liguo und Hou entwickelte sich sofort eine sehr gute persönliche Beziehung. Sobald Lin die Meldung erhielt, daß der Sonderzug des Vorsitzenden nach Shanghai abgefahren war, sollte er die Truppe alarmieren. Hou würde dann seinen Verband in Stellung bringen und die Waffen feuerbereit machen. Wenn sich der Zug Maos dem ersten Ziel, der Brücke zwischen Hangzhou und

Shanghai, näherte, sollte die Geschwindigkeit des Zuges mit einem Meßgerät vom Beobachtungsposten aus ermittelt werden. Wenn diese Daten an der Kommandostelle vorlagen, hatten sie noch 10 bis 15 Sekunden Zeit, die Entscheidung über den Einsatz der Raketen zu treffen.

Wang Fei und ein zweiter Einheitsführer des Raketenverbandes schliefen im Vorzimmer, um Lin Liguo und Hou Tingfang gegebenenfalls abzulösen. Wenn das Herannahen des Sonderzuges gemeldet werden sollte, solange sie Wache hatten, würden sie Lin Liguo wecken, der persönlich den Befehl zum Angriff geben sollte.

Am gleichen Tage um 13.15 Uhr läutete das Telefon Lin Liguos. Als er die Stimme im Hörer erkannte, wußte er, daß es nicht der Anruf war, auf den er gewartet hatte. Es war Zhou Yuchi, der sich aus Peking meldete.

Zhou sagte Lin, seine Mutter, Ye Qun, ließe ihm ausrichten, er solle sofort nach Beidaihe kommen. Lin Piao wolle mit ihm sprechen. Zhou Yuchi habe schon ein Flugzeug für ihn bereitstellen lassen. Zuerst werde ihn ein Hubschrauber nach Shanghai bringen, und dort wartete das Flugzeug auf dem Flughafen Hengqiao.

Lin Liguo fürchtete, sein Vater könnte krank geworden sein, doch Zhou versicherte ihm, daß dies nicht der Fall sei. Trotzdem hatte Lin Liguo das Gefühl, es müßte sich um eine sehr ernste Sache handeln. Telefonisch ließ sich die Angelegenheit wahrscheinlich nicht erledigen. Er sagte Zhou Yuchi, er sollte ihm keinen Hubschrauber schicken, denn es würde zu viel Aufsehen erregen, wenn er jetzt bei der Raketenbasis landete.

Dann rief Lin Liguo seinen Stellvertreter Wang Fei herein und übergab ihm die uneingeschränkte Befehlsvollmacht für alle Operationen der »Vereinigten Flotte« während seiner Abwesenheit.

Begleitet von zwei Leibwächtern bestieg Lin Liguo einen Jeep und fuhr nach Shanghai. Die drei Männer stellten den Jeep auf einem abgelegenen Parkplatz am Flughafen Hengqiao ab, wo eine Transportmaschine des sowjetischen Typs AN-24 auf sie wartete. Das zur 34. Division gehörende Flugzeug war zum Auftanken nach Shanghai geflogen, als es den Befehl erhielt, umzukehren und zum Flughafen Shanhaiguan in der Nähe von Beidaihe zu fliegen.

Um 21.50 Uhr landete die Maschine Lin Liguos in Shanhaiguan. Lin Piao hatte seinem Sohn einen Wagen entgegengeschickt. Er wurde von einem der persönlichen Fahrer Lin Piaos gelenkt.

Die westlichen Berge von Beidaihe, an einem schönen Sandstrand gelegen, sind ein landschaftlich reizvolles und durch eine kühle Meeresbrise begünstigtes Erholungsgebiet für die oberste Führungsschicht in China. Lin Piao bewohnte das zweistöckige graue Gebäude Nummer 69. Der Grundriß des Hauses hatte die Form des großen Buchstabens H und lag in dem mit Bäumen bewachsenen, von großen Rasenflächen unterbrochenen, hügeligen Gelände einer »verbotenen Zone«, die von Lin Piaos persönlicher Leibwache bewacht wurde.

Als Lin Liguo in Beidaihe ankam, war sein Vater schon zu Bett gegangen. Deshalb quartierte er sich für die Nacht in dem Gebäude Nummer 65 ein und versuchte noch zweimal, Wang Fei in der Raketenbasis bei Shanghai telefonisch zu erreichen.

Am Morgen des 8. September traf sich Lin Liguo zum Frühstück mit seinem Vater im Gebäude Nummer 69. Am Nachmittag fuhren sie in ihrer rot beflaggten Limousine an den Strand von Dongshan und betrachteten die Brandung. Erst nach ihrer Rückkehr am Spätnachmittag begannen sie, ernsthaft über die Lage zu sprechen.

Der Sekretär Lin Piaos, Yu Yunshen, der in den Plan »Berg des Jadeturms« eingeweiht war, wurde Zeuge des Gesprächs. Er war für den persönlichen Schutz Lin Piaos verantwortlich, der nicht einmal seinem eigenen Sohn vollständig vertraute. Anders als Mao ging Lin Piao allerdings nicht so weit, alle seine Besucher entwaffnen zu lassen. Die

Waffen seines Sohnes betrachtete er gewissermaßen als Abzeichen seiner Würde.

Yu hat über die an jenem Tag zwischen Vater und Sohn geführten Gespräche ein Protokoll aufgenommen:

»Am Strand fragte Lin Piao seinen Sohn, woran er dächte, wenn er die Wellen auf dem Ozean betrachte. Lin Liguo zögerte. Dann sagte Lin Piao, diese Frage sei ein Test.

Lin Liguo dachte einen Augenblick nach, wußte aber keine Antwort und lächelte verlegen.

Lin Piao sagte, das sei eine sehr gute Antwort.

Der verwirrte Lin Liguo fragte, was das bedeute. Er habe doch gar nichts gesagt.

Lin Piao sagte, das Fehlen einer Antwort sei die richtige Antwort gewesen. Alles, was nicht absolut richtig wäre, sei falsch. Man dürfte nicht so tun, als habe man etwas begriffen, wenn man es in Wirklichkeit nicht begriffen habe.

Sie blieben im Wagen sitzen und beobachteten weiter die heranrollende Brandung. Bis dahin hatte sich Lin Piao immer noch nicht nach den privaten Unternehmungen Lin Liguos erkundigt.

Nachdem sich Lin Piao eine Stunde hingelegt hatte, befahl er mir um 17 Uhr, Lin Liguo in sein Schlafzimmer zu rufen, wo auch Ye Qun auf ihren Sohn wartete.«

Das Schlafzimmer von Lin Piao war nicht luxuriös eingerichtet. Es war recht groß, aber kalt und leer. Mit den darin aufgestellten, für Lin Piao nach Maß angefertigten Sportgeräten sah es fast aus wie eine Turnhalle. Es gab zusammengeschweißte Kletterstangen, die mit gelbgrüner Gase zugedeckt waren. Sie hätten auch auf einem Kinderspielplatz stehen können. Lin Piao kletterte häufig an diesen Stangen hinauf und herunter, um seine Muskeln zu trainieren. In diesem Zimmer herrschte immer die gleiche Temperatur. Die Fenster waren dreifach verglast, die Wände dick und es war so still wie in einem Grab. Da Lin Piao glaubte, zu viel Sonnenlicht sei gesundheitsschädlich, waren die Vorhänge den ganzen Tag zugezogen. Beleuchtet wurde das Zimmer von ultravioletten Lampen, deren Lichtstärke verändert werden konnte.

»Lin Piao wich auch beim Besuch seines Sohnes nicht von seinen täglichen Gewohnheiten ab. In eine braune Decke gehüllt saß er bequem in seinem aus Holz und einem Gewebe aus Palmblättern und Schilf gefertigten Lehnstuhl. Ich stellte das Interferenzgerät ein. (Ye Qun fürchtete, man hätte Abhörvorrichtungen in das Zimmer eingebaut, deshalb verwendete man drei verschiedene Geräte, um das Abhören unmöglich zu machen.)

Neben dem Schlafzimmer lag ein kleineres Zimmer, in dem sich Lin Piao regelmäßig ärztlich untersuchen ließ. Vor dem Eintreffen von Lin Liguo befahl mir Ye Qun, ich sollte mich in diesem Zimmer verstecken und genau beobachten, was nebenan vorging. Dabei sollte ich bereit sein, dem Marschall jederzeit zu Hilfe zu kommen.

Zunächst sprach der junge Lin mit seinem Vater über das Klima in Shanghai, Peking und Beidaihe. Dann sagte Lin Liguo: ›Die Genossen, die mit mir zusammenarbeiten, lassen sich dir empfehlen. Sie wünschen dir ein langes Leben.‹

Lin Piao lachte und antwortete: ›Ein langes Leben! Ein langes Leben! Gibt es denn in diesem Lande nicht nur eine Person, die sich dessen rühmen kann? Wie können sie das dem zweiten Mann wünschen? Was könnte das bedeuten?‹

Lin Liguo antwortete: ›Aber du bist doch der Nachfolger des Vorsitzenden.‹

Lin Piao sagte: ›Nachfolger? Was hältst du von dieser ganzen Nachfolge?‹

Nun konnte Lin Liguo zum zweiten Mal an diesem Tag eine Frage seines Vaters nicht beantworten.

Doch Lin Piao wartete nicht lange, sondern kam sofort auf den Kern der Sache zu sprechen: ›Tiger, du hast mich einmal gefragt, ob der Vorsitzende Mao zu seinem Wort steht. Das war nach der Veröffentlichung der Vorfälle während der Großen Neun.[2] Ich habe damals gesagt: Denke selbst darüber nach. Offensichtlich hast du darüber nachgedacht, und zwar sehr gründlich. Du bist auch sehr tapfer gewesen. Du kannst dir über diesen Mann keine Illusionen machen. Es hat sich immer wieder erwiesen, daß dieser hinterhältige, schlaue Fuchs nicht auf Bosheit und Betrug verzichten kann. Ohne seine Hinterhältigkeiten könnte er keinen Tag weiterleben. Wir müssen ihm seine eigene Medizin zu schmecken geben. Wir müssen seine Pläne zum Scheitern bringen.‹

Lin Liguo erklärte, er stimme hundertprozentig mit seinem Vater überein.

›Aber‹, sagte Lin Piao, ›unsere Methoden unterscheiden sich voneinander. Ich hätte nie an ein so tollkühnes Unternehmen gedacht und versucht, einen Zug mit Raketen in die Luft zu jagen.‹

Lin Liguo wollte seinen Ohren nicht trauen.

›Woher weißt du das?‹ fragte er erschrocken.

Lin Piao lächelte, beantwortete die Frage aber zunächst nicht. Er ließ sich von Ye Qun stützen und zum Sofa führen, das hinter dem Kaffeetisch stand, wo er gewöhnlich seine schriftlichen Arbeiten erledigte. Er setzte die Brille auf und suchte in den Schubladen herum. Dabei sagte er: ›Ich weiß mehr als das.‹

Dann blätterte er einige Schriftstücke durch und reichte sie Lin Liguo. ›Sieh dir das selbst an.‹ Die Hand Lin Liguos zitterte, als er die Dokumente entgegennahm.

Zu dem ersten Aktenstück gehörten, wie ich wußte, auch drei Fotos. Das erste war ein Schnappschuß und zeigte einen Soldaten. Das zweite war ein Polizeifoto desselben Mannes, und das dritte war eine Aufnahme der Leiche dieses Mannes nach dessen Erschießung. An seinem Kopf waren die Einschußlöcher deutlich zu sehen, aber man konnte immer noch erkennen, daß es der Luftwaffenoffizier von der Militärregion Nanjing war, der Wu Faxian gemeldet hatte, er habe etwas von dem bewaffneten Staatsstreich erfahren, den die ›Vereinigte Flotte‹ plante. Der Name des Mannes war Ding Siqi. Zu den Fotos gehörte ein ausführlicher Text.

Das zweite Dokument war ein von Wu Faxian genehmigter und kommentierter Bericht. Die Verfasser des Berichts waren Zhao Shangtian, der Chef des politischen Büros des Raketenregiments in Shanghai, und Bi Ji, der Chef des Stabes des Raketenregiments. Sie lobten darin das Verhalten Lin Liguos in der Raketenbasis und bezeichneten es als beispielhaft für alle Kommandeure. Augenscheinlich hofften sie, Lin Liguo werde diesen hinter seinem Rücken geschriebenen Bericht eines Tages doch zu Gesicht bekommen, und wollten sich damit bei ihm beliebt machen. Doch sie verrieten damit auch das Übungsschießen, das Lin hatte geheimhalten wollen.[3]«

Wu Faxian hatte durch die Vorlage des Berichts die Verantwortung für das Unternehmen von Lin Liguo wieder seinem Vater zuschieben wollen. Nachdem er sich zur Teilnahme am Staatsstreich Lin Piaos bereit erklärt und die Gelegenheit versäumt hatte, das Vorhaben an Mao Tse-tung zu verraten, hatte es augenscheinlich keinen Sinn zu verschweigen, daß er auch in die geheimen Machenschaften von Lin Liguo eingeweiht war. Er wußte jedoch, daß er dabei sehr vorsichtig vorgehen mußte. Die Beziehungen zwischen Lin Piao und seinem Sohn waren so problematisch, daß er es unter allen Umständen vermeiden wollte, sich zwischen die Stühle zu setzen.

Wu behauptete, er sei ganz zufällig auf diesen Bericht gestoßen und wolle Lin Liguo keine Vorwürfe machen, sorge sich aber um ihn. Den Verfassern des Berichts sagte er, sie sollten sich künftig nicht zu dieser Frage äußern, und übergab Ye Qun eine Abschrift des Dokuments.

Ye Qun war entsetzt über seinen Inhalt und bat Wu, die Angelegenheit genauer zu untersuchen. Wu konnte ihr mitteilen, er habe Zhou Yuchi beauftragt, sich eingehender mit dem Fall zu beschäftigen. Zhou leistete ausgezeichnete Arbeit, mußte aber gelegentlich die ihm dienstlich gesetzten Grenzen überschreiten. Er ermöglichte es jedoch Ye Qun und Wu, Lin Liguo vor den schlimmsten Konsequenzen seines Vorgehens zu schützen.[4]

Nach einiger Zeit legte Wu Ye Qun einen großen Teil des Materials vor, das er gesammelt hatte, und empfahl, daß sie und Lin Piao mit ihrem Sohn sprechen sollten. Er bat sie, Lin Liguo nicht zu sagen, woher diese Informationen kamen. Ye Qun und Lin Piao erklärten sich damit einverstanden.

In dem Bericht von Yu Yunshen heißt es weiter:

»Ye Qun wandte sich an Lin Liguo und sagte in sehr scharfem Ton: ›Tigerbaby, siehst du nicht, wie gefährlich das ist? Warum konntest du nicht mit deinem Vater sprechen, bevor du so leichtsinnig dein Leben riskiert hast? Das ist kein Scherz. Wenn du eine Torheit begehst, können wir alle den Kopf verlieren.‹

Darauf erwiderte Lin Liguo: ›Aber was können wir denn tun? Wir können doch nicht länger herumsitzen und darauf warten, daß sie mit der Axt zu uns kommen.‹

Lin Piao unterbrach ihn. ›Beeile dich und sage diesen Leuten in Shanghai, daß sie das Unternehmen sofort abbrechen. Ihr jungen Leute seid immer viel zu rasch mit euren Plänen bei der Hand. Der alte Mann ist doch nicht so senil. Glaubst du wirklich, daß er sein Leben einem Versager wie dir opfern wird? Natürlich müssen wir etwas unternehmen. Aber nicht auf diese Weise. So leicht ist das nicht. Ich habe schon seit einiger Zeit meine Vorbereitungen getroffen.‹

Lin Piao hatte am Anfang an eine ganz ähnliche Methode gedacht wie sein Sohn. Aber er hatte auch in seinem Buch geschrieben, daß man keine Schlacht beginnt, wenn man sich nicht des Sieges sicher ist. Der Erfolg eines Angriffs aus einem Hinterhalt wie diesem hing von der technischen Zuverlässigkeit der Raketen ab. Und Lin Piao verließ sich lieber auf Menschen als auf moderne Waffen.

Lin Liguo wollte sich nicht so rasch überzeugen lassen: ›Du kennst nicht die ganze Geschichte. Er braucht nur durch das Zielgebiet zu fahren, und wir können vollkommen sicher sein, daß wir ihn erledigen.‹

›Wenn aber nun deine Daten nicht stimmen? Woher

willst du so genau wissen, daß sich der Vorsitzende in seinem Sonderzug befindet? Wenn du den falschen Zug angreifst, wäre das nicht so, als schlügest du mit einem Stock in das Gras, um die Schlange zu warnen? Wir hätten keine Rückzugsmöglichkeiten mehr.‹

Lin Piao versuchte, seinen Sohn zu überzeugen, beendete das Gespräch aber dann mit einem Seufzer. ›Es hat keinen Sinn, noch länger darüber zu sprechen. Niemand wird meine Pläne vereiteln, am wenigsten du. Die einzig sichere Methode ist der Plan des Berges mit dem Jadeturm. Auch wenn du ihn erledigen könntest, wäre es nicht der richtige Zeitpunkt. Du mußt auch an die Machtübernahme denken. Es kann sehr unangenehm sein, wenn ein Staatsstreich aussieht wie ein Staatsstreich. Das könnte zum Kriege führen, zu einem blutigen Bürgerkrieg. Was dann? Glaubst du nicht, daß ich in diesem Falle die Schuld auf mich nehmen müßte?‹«[5]

Als Lin Liguo Beidaihe verließ, um nach Shanghai zurückzukehren, hatte ihm sein Vater den Plan des »Berges mit dem Jadeturm« in allen Einzelheiten erläutert. Er wußte jetzt, daß sein Vater dahinterstand und dabei praktisch von allen hohen Militärs unterstützt wurde. Er wußte auch, daß sein Vater nun, da er in das Geheimnis eingeweiht war, mit seiner Teilnahme rechnete. Die Versuchung, selbständig zu handeln, war groß. Der Druck, den sein Vater auf ihn ausübte, war aber noch stärker.

Und doch konnte er sich, als er am 9. September zu seiner Kommandozentrale zurückkehrte, nicht dazu durchringen, das Unternehmen einfach abzusagen. Er hatte erfahren, daß sich Mao wirklich in dem Zug befand. Alles war in Ordnung. Erst in allerletzter Minute ließ er die Gelegenheit zum Angriff vorübergehen.

Da er wußte, wie empört seine Genossen waren, und da es ihm so schwerfiel, auf ein Vorhaben zu verzichten, das er unter solchen Mühen vorbereitet hatte und das so kurz vor dem Erfolg stand, bereitete er den zweiten Anschlag an der Eisenbahnstrecke Shanghai–Peking vor. Dann kehrte er am Abend des 10. September nach Beidaihe zurück und versuchte, seinen Vater noch einmal von der Richtigkeit seiner Pläne zu überzeugen. Aber wieder wollte Lin Piao nichts davon hören, und Lin Liguo mußte das Vorhaben ein für allemal aufgeben.

13

Erst nachdem der Sonderzug Maos sicher die Falle passiert hatte, die die »Vereinigte Flotte« an der ersten Brücke aufgestellt hatte, erfuhr Yu Xinye den wirklichen Grund für den Verzicht auf den Angriff. Er war empört, als er feststellen mußte, daß es nicht an irgendwelchen technischen Schwierigkeiten lag, wie er zunächst angenommen hatte, sondern an »den Leuten da oben« – an Lin Piao.

Lin Liguo erzählte seinen Freunden nicht, daß er sich ohne Wissen seines Vaters auf ihn berufen hatte, um den Einsatz der Raketen zu rechtfertigen. Er teilte auch niemandem mit, daß sein Vater eigene Pläne entwickelte und die der »Vereinigten Flotte« entschieden ablehnte, nachdem er davon erfahren hatte. Yu glaubte zwar, was Lin Liguo ihm sagte, kam aber gar nicht auf den Gedanken, ihn zu fragen, warum Lin Piao so plötzlich seine Meinung geändert hatte.

Er versuchte jetzt, Lin zu überreden, den Einsatz der Raketen nicht endgültig abzusagen, sondern das Unternehmen irgendwo an der Bahnstrecke Shanghai–Peking durchzuführen. Falls Lin Piao doch in letzter Minute zustimmte, ergäbe sich dann noch wenigstens eine Chance. Yu meinte, daß die Grundvoraussetzungen für die erste Version des Angriffplans immer noch gegeben seien – das Kommunikationssystem und die Bereitstellung der Raketen für den Angriff gegen den Sonderzug Maos.

Yu interessierte sich nicht sonderlich für Politik oder Strategie und verstand auch kaum etwas davon. Er war ein Abenteurer und suchte den Nervenkitzel. Sein Glaube an den Erfolg des Raketenangriffs war unerschütterlich. Für ihn war es sowohl ein spektakuläres Ereignis als auch ein Unternehmen, das zu einem erfolgreichen Staatsstreich führen mußte. Er ließ nicht nach, auf die Ausführung des Vorhabens zu drängen, und beschwor Lin Liguo leidenschaftlich, er werde sich eher das Leben nehmen als zulassen, daß das Unternehmen abgesagt werde, wie Lin Piao es verlangte.

Schließlich gab Lin Liguo dem Drängen Yus nach und erklärte sich vorerst damit einverstanden, nach dem zuletzt ins Auge gefaßten Plan vorzugehen. Er glaubte, die Pläne seines Vaters besser kennen zu müssen, bevor er sich daran beteiligte. Zunächst wollte er Zeit gewinnen und wartete auf den ausdrücklichen Befehl Lin Piaos, bevor er selbst die endgültige Entscheidung traf.

Am Abend des 10. Septembers ließ sich Lin Liguo in einer Maschine der Luftstreitkräfte von Shanghai zu dem am westlichen Stadtrand Pekings gelegenen Flughafen fliegen. Im Morgengrauen bestiegen er und Zhou Yuchi einen französischen Skylark-Hubschrauber, der sie zum Hubschrauberlandeplatz in den Westlichen Bergen bei Beidaihe brachte. Auf dem Flug dorthin unterhielten sie sich über vergangene Zeiten, als die »Vereinigte Flotte« noch im Aufbau begriffen war und sie beide unter der Anleitung eines der besten Piloten der 34. Division, Chen Shiyin, gelernt hatten, einen Hubschrauber zu fliegen.

Am 11. September rief Lin Piao seinen Sohn zu einer Besprechung zu sich. Lin Piao trug, was er nur selten tat, seine Uniform und schien bester Laune zu sein. Die Besprechung fand im Büro Lin Piaos im Gebäude Nummer 69 statt. Es war ein großer Raum, aber nicht annähernd so luxuriös eingerichtet wie die Büros vieler anderer hoher Funktionäre. Es hingen keine Karten an den Wänden, und es standen auch keine Sandkästen oder anderes Demonstrationsmaterial im Zimmer.

An der Besprechung nahmen außer dem Leibwächter und Sekretär Lin Piaos, Yu Yunshen, auch die Mitglieder

der »Vereinigten Flotte« Zhou Yuchi und Liu Peifeng teil. Lin Piao hatte einige Zeit darüber nachgedacht, bevor er sich entschloß, die »Vereinigte Flotte« Lin Liguos an seinen Plänen zu beteiligen. Wenn er Lin Liguo nun zu sich rief, dann nicht als seinen Sohn, sondern als Befehlshaber seiner Angriffstruppe.

Lin Piao eröffnete die Sitzung mit der Erläuterung seines Plans »Berg mit dem Jadeturm«, erklärte die Hauptpunkte seiner Taktik und legte die Rolle der »Vereinigten Flotte« fest. Er sagte, Mao werde Ende September von seiner Reise zurück sein und wahrscheinlich bis nach dem Nationalfeiertag am 1. Oktober keine weiteren Reisepläne mehr haben. In der Zwischenzeit – der X-Tag wurde vorläufig auf den 25. September festgelegt – werde es zu einem bewaffneten Konflikt zwischen China und der Sowjetunion kommen. Innerhalb von etwa fünf Tagen werde der Konflikt sich auf das Fünf- bis Sechsfache seines ursprünglichen Umfangs ausweiten (was die Frontbreite und die Stärke der auf beiden Seiten beteiligten Truppen betraf). Die Lage werde bis dahin so kritisch sein, daß die Feiern zum Gründungstag der Volksrepublik China, die normalerweise auf dem Platz des Himmlischen Friedens unter Beteiligung von etwa 650 000 Menschen stattfanden, abgesagt werden müßten. Diese Absage werde die Bevölkerung Chinas psychologisch auf ein epochales Ereignis vorbereiten.

Innerhalb der ersten zwei Wochen nach seinem Ausbruch werde sich der Krieg zumindest auf die Mandschurei und einen großen Teil Nordchinas erstrecken. Dann müßten sich Lin Piao und Mao Tse-tung zusammensetzen, um die Strategie für eine Gegenoffensive zu entwickeln.

Für den Fall, daß die Sowjets Luftlandetruppen zum Angriff gegen Nordchina einsetzten, werde Lin Piao empfehlen, drei Divisionen seiner loyalen Feldarmee in den westlichen Bergen zur Verteidigung Pekings bereitzustellen. Mao und seine wichtigsten Berater sollten sich aus Sicherheitsgründen in die für das Kommandozentrum des Zentralkomitees errichteten unterirdischen Anlagen im »Berg mit dem Jadeturm« zurückziehen. Lin Piao rechnete damit, daß weder Mao noch Tschou En-lai bei Ausbruch eines bewaffneten Konflikts zwischen China und der Sowjetunion sehr genau über die Lage unterrichtet sein würden. So würde Lin keine Schwierigkeiten haben, sie davon zu überzeugen, daß eine ernste Bedrohung bestand und Mao keine andere Wahl habe, als Zuflucht in den interirdischen Anlagen zu suchen.

Während sich Mao in dem »Berg mit dem Jadeturm« aufhielt, wollte sich Lin Piao in die benachbarte »Einrichtung Nummer Null« zurückziehen und den Oberbefehl über die chinesischen Streitkräfte übernehmen.[1]

Beide Anlagen waren nach dem Bruch zwischen China und der Sowjetunion 1959 gebaut worden, als Mao und seine Berater fürchteten, der Krieg und vielleicht sogar ein mit Kernwaffen geführter Krieg werde sich nicht vermeiden lassen. Während der folgenden Jahre wurden Millionen Arbeiter mobilisiert, die in vier Großstädten unterirdische Schutzräume bauten. Für Peking gab es zwei, die Anlage im »Berg mit dem Jadeturm« und die Anlage »Nummer Null« in den westlichen Bergen.

Der »Berg mit dem Jadeturm« am Stadtrand von Peking liegt in einer Gegend, wo die Kaiser aus der Ming- und der Qing-Dynastie in zahlreichen Tempeln ihre Gottesdienste abzuhalten pflegten. Nachdem die Kommunisten an die Macht gekommen waren, wurden viele dieser kaiserlichen Tempel zu Zweitwohnungen für hohe Parteiführer umgebaut. Anfang der 60er Jahre entstand dort auch der unterirdische Schutzraum. Die komplexe Anlage liegt 3 bis 10 Meter unter dem gewachsenen Boden und sollte zunächst als Verwaltungszentrum verwendet werden, in dem die Organe des Zentralkomitees die Aufgaben der Partei, der Streitkräfte und des Staatsrats wahrnehmen konnten. Zur Ausstattung gehörten ein erstklassiges Belüftungssystem, Vorrichtungen zur Desinfektion und bequeme Wohn- und Schlafräume. In den riesigen Vorratsräumen konnten genügend Lebensmittel und Verbrauchsgüter gelagert werden, um die Bewohner wenigstens 3 Jahre zu versorgen. Von den Schutzräumen aus führten große unterirdische Tunnel in verschiedenen Richtungen ins Freie. Der längste Tunnel erstreckte sich über 10 Kilometer, und sein Bau hatte 8 Jahre gedauert. Der Ausgang befand sich am Fuß der Westlichen Berge, und er verband die Anlage im »Berg mit dem Jadeturm« mit der unterirdischen militärischen Kommandozentrale »Nummer Null«.

Der Schutzraum »Nummer Null«, in dem das militärische Oberkommando untergebracht werden sollte, war ähnlich konstruiert wie der im »Berg mit dem Jadeturm«. Er verfügte über ein komplexes Kommunikationssystem, das das militärische Hauptquartier über Draht und Funk in einer Krisensituation mit den untergeordneten Stellen im ganzen Lande verband.

Lin Piao erklärte, er werde in der Anlage »Nummer Null« sowohl das Hauptquartier für das Oberkommando der Streitkräfte als auch eine operative Kommandozentrale einrichten. Das Oberkommando werde die Gesamtleitung übernehmen und alle wichtigen Entscheidungen treffen. Lin Piao übernehme die Aufgaben des Oberbefehlshabers, und seine Frau werde ihn mit vier Assistenten dabei unterstützen. Er werde unter anderem den Zeitpunkt für den Staatsstreich bestimmen, festlegen, welche Zugeständnisse den Sowjets zu machen seien und, wenn notwendig, eine Umbesetzung in den Führungspositionen vornehmen.

In der operativen Kommandozentrale werde Lin Liguo das Kommando übernehmen. Seine Stellvertreter würden Huang Yongsheng, Wu Faxian, Jiang Tengjiao und Zhou Yuchi sein. Das operative Oberkommando werde die Verantwortung dafür übernehmen, daß die an dem Angriff gegen den »Berg mit dem Jadeturm« beteiligten Truppen ihre genauen Befehle erhielten.

Dann erläuterte Lin Piao die Gliederung der im Rahmen des Staatsstreichs zu verwendenden Truppenverbände. Sie würden in einen strategischen und einen taktischen Kampfverband aufgeteilt werden. Der strategische Verband sollte aus drei Divisionen des Feldheeres bestehen, zwei von der 38. und einer von der 40. Feldarmee.

Die 38. Armee war normalerweise entlang der Eisenbahnlinie zwischen den Städten Baoding und Shijiazhuang unweit von Peking in der Provinz Hebei stationiert und bestand zum größten Teil aus Mannschaften, die Lin zu Beginn der Kulturrevolution im Rahmen einer großen Umgliederung von der Mandschurei hierher verlegt hatte. Diese Verbände waren motorisiert und gliederten sich nach dem System »4:4«. Das heißt, es gab vier Divisionen mit jeweils vier Regimentern, jedes Regiment bestand aus vier Bataillonen, und jedes Bataillon aus vier Kompanien. Damit waren diese Verbände sehr viel stärker als die entsprechenden in den meisten anderen Feldarmeen, die nach dem System »3:3« gegliedert waren. Die 38. Armee verfügte über insgesamt 66 000 Mann einschließlich der aus 12 000 Mann bestehenden logistischen Hilfstruppen und über 460 Panzer, darunter 118 des modernsten Typs. Außerdem war diese Armee mit automatischen Geschützen, Boden-Bodenraketen und anderem schweren Gerät ausgerüstet.

Ebenso wie die 38. Armee war auch die 40. voll motorisiert und Lin treu ergeben. Man bezeichnete sie als die »Trumpfkarte« Lins in der Militärregion Shenyang. Die 40. Armee sollte in den Raum Jingzhou-Hanhaiguan verlegt und Huang Yongsheng unterstellt werden.

Die Felddivisionen sollten in den westlichen Bergen bereitgestellt werden. Ihre Aufgabe sollte es sein, die am »Berg mit dem Jadeturm« stationierte Wachtruppe 8341 einzuschließen und zu entwaffnen. Sobald dieses Gebiet in der Hand seiner Truppen sei, würden sie alle Zugänge mit Ausnahme des Durchgangs zum Hauptquartier »Nummer Null« sperren, um – angeblich – Mao Tse-tung zu retten.

Nachdem dies geschehen sei, werde der taktische Verband – die aus Mitgliedern der »Vereinigten Flotte« bestehende Stoßtruppe – durch den einzigen noch offenen Tunnel in den »Berg mit dem Jadeturm« eindringen und Mao sowie die anderen dort in der Falle sitzenden politischen Führer töten.

Lin Liguo meinte, wenn der Schutzraum von allen Seiten abgeriegelt und die Wachverbände Maos ausgeschaltet seien, wäre es vielleicht besser, die hier Eingeschlossenen dadurch zu schwächen, daß man flüssigen Brennstoff und Giftgas in die unterirdische Anlage leitete, bevor die Stoßtruppen eindrangen und die letzten Überlebenden niedermachten. Er sagte: »So können wir vermeiden, daß es noch zu blutigen Kämpfen kommt. Die Vernichtung wird sauberer sein – und sicherer.«

Der Vorschlag gefiel Lin Piao, und er stimmte ihm zu. Da die sehr ausgedehnte und solide gebaute unterirdische Anlage von außen praktisch unangreifbar sei, wäre ein Vorgehen mit Giftgas ein großer Vorteil.

Unmittelbar nach dem Angriff sollten die taktischen Truppen alle öffentlichen Versorgungsanlagen in Peking besetzen und alle Nachrichtenverbindungen mit Ausnahme der von der Kommandozentrale benötigten unterbrechen. Damit würden die Truppen Maos vom Verband 8341 und die in Peking selbst untergebrachten Verbände nicht mehr in der Lage sein, Unterstützung von außerhalb der Stadt anzufordern.

Unmittelbar nach Beginn des Unternehmens würden die staatlichen chinesischen Rundfunksender eine offizielle Verlautbarung des Militärausschusses bekanntgeben. Darin sollte erklärt werden, Mao Tse-tung und Lin Piao seien von einer subversiven Gruppe angegriffen worden. Nun werde die Nation durch die Machtübernahme des Militärs gegen diese hinterhältigen Konterrevolutionäre verteidigt. Erst wenn sich die Lage stabilisiert habe, sollte die Bevölkerung allmählich von den Verfehlungen Maos und davon unterrichtet werden, wie Lin den Vorsitzenden ausgeschaltet hatte. Alle diejenigen, die unter der Tyrannei Mao Tse-tungs zu Schaden gekommen seien, würden die Gelegenheit erhalten, sich zu rechtfertigen.

Dann sollten die Befehlshaber und politischen Kommissare aus allen Militärregionen zu einer Sitzung zusammengerufen werden. Bei dieser Gelegenheit würde Lin viele von ihnen durch seine Gefolgsleute ablösen lassen. Als Lin Piao und Lin Liguo schließlich darüber sprachen, welche verantwortlichen Mitglieder der »Vereinigten Flotte« dem Plan »Berg mit dem Jadeturm« zustimmen würden, meinten sie sich auf folgende Personen verlassen zu können:

Wang Pu, Befehlshaber der Luftstreitkräfte in der Militärregion Guangzhou;

Gu Tongzhou, Chef des Stabes bei den Verbänden der Luftstreitkräfte in der Militärregion Guangzhou;

Liang Jun, politischer Kommissar des zweiten technischen Instituts der Luftstreitkräfte;

Lu Min, Chef der Operationsabteilung der Luftstreitkräfte;

Wang Shaoyuan, Befehlshaber der Luftstreitkräfte in der Militärregion Lanzhou;

Hu Ping, stellvertretender Chef des Stabes der Luftstreitkräfte und Kommandeur der 34. Division;

Liu Jinping, Chef des Büros für die zivile Luftfahrt in der Volksrepublik China;

Wu Dayun, Sicherheitsoffizier im Hauptquartier der Luftstreitkräfte;

Wang Bingzhang, stellvertretender Befehlshaber der Luftstreitkräfte und Chef des 7. chinesischen Maschinenbauministeriums;

Zeng Guohua, stellvertretender Befehlshaber der Luftstreitkräfte;

Shi Niantang, Chef des Büros für die Abfertigung von Flugzeugen der Luftstreitkräfte;

Tan Jingyin, stellvertretender politischer Kommissar und Pilot bei der 34. Division der Luftstreitkräfte;

Zhang Yonggeng, politischer Kommissar bei den Luftstreitkräften in der Militärregion Shenyang;

Li Jitai, Befehlshaber der Luftstreitkräfte in der Militärregion Peking;

Wang Weiguo, politischer Kommissar der 5. Luftflotte;

Bai Chongshan, Befehlshaber der 5. Luftflotte;

Liang Pu, Chef des Stabes der Luftstreitkräfte.

Lin Piao meinte außerdem, um die absolute politische Macht im ganzen Lande zu gewinnen und zu sichern, sollte eine angeblich von Mao unterzeichnete offizielle Erklärung veröffentlicht werden, mit der das Kriegsrecht ausgerufen und Lin Piao zum obersten politischen Führer in China ernannt würde. Mit dieser öffentlichen Erklärung ließe sich eine bewaffnete Erhebung verhindern, und sie werde dafür sorgen, daß die Massen die neue Ordnung bereitwillig hinnähmen. Huang Yongsheng und Wu Faxian hätten schon die notwendigen Dokumente vorbereitet.

Unter der Führung Lins sollten die Streitkräfte und die Polizei ihre Befehle direkt vom Obersten Hauptquartier erhalten. Dazu werde die militärische Kontrollkommission ein Standgericht einsetzen, um diejenigen zu bestrafen, die gegen die geltenden Gesetze und Bestimmungen verstießen.

Lin Liguo fragte Lin Piao, welche Maßnahmen für den Fall vorgesehen seien, daß sich die Lage plötzlich ungünstig entwickle. Lin Piao erwiderte, dafür habe er vier alternative Grundsatzprogramme ausgearbeitet.

Das erste war das »rote Programm« für den Fall, daß Mao sich weigerte, in den »Berg des Jadeturms« umzuziehen. (Die Einzelheiten des Plans – zum Beispiel wie Mao getötet werden sollte – sind dem Verfasser nicht bekannt.)

Das zweite war das »schwarze Programm«. Nach diesem Programm kam es vor dem Staatsstreich zu einem bewaffneten Konflikt zwischen China und der Sowjetunion. Unter dieser Voraussetzung wollte Lin eine Meuterei auslösen, Mao umbringen lassen, »Mao-feindliche« Kräfte für die Meuterei verantwortlich machen und sie niederschlagen.

Der dritte Plan, das Programm »0101 A«, sah vor, daß Mao vor Ausbruch des chinesisch-sowjetischen Konflikts ermordert wurde.

Die vierte und letzte Alternative war das Programm

»0101B«, nach dem das Attentat ohne einen darauffolgenden chinesisch-sowjetischen Konflikt erfolgen sollte.

Außer diesen Alternativplänen gab es auch noch andere Maßnahmen, die ergriffen werden sollten, wenn eine wirklich sehr gefährliche Situation entstand. Hier waren zwei Möglichkeiten vorgesehen, bei denen es zum Bürgerkrieg kommen konnte. Die erste Möglichkeit sah eine militärische Offensive gegen Mao während dessen Abwesenheit von Peking vor. Im zweiten Fall würde Lin Piao Peking verlassen und sich in einer offenen militärischen und politischen Revolte gegen Mao wenden. Sollte Lin dabei zum Rückzug gezwungen und von Mao besiegt werden, würde er entweder in die Sowjetunion oder über Honkong in den Westen fliehen.

Doch nach den späteren Geständnissen von Huang Yongsheng und Wu Faxian waren alle Verschwörer, von Lin Piao bis hinunter zu den Randfiguren, überzeugt, der erste Plan werde den Erfolg bringen. Niemand rechnete damit, daß eine alternative Lösung gefunden werden müßte.

14

Am 11. September 1971 fuhr eine rot beflaggte Limousine in den Hof des Häuserblocks Taijichang am Qian Men Boulevard in Peking. Hinter den streng bewachten Hoftoren lag ein kleines Wohnhaus, in dem Tschou En-lai häufig geheime Konferenzen abhielt.

Die zwei jungen Leute, die aus dem Wagen stiegen, waren ein verlobtes Paar. Das Mädchen war Lin Piaos Tochter Lin Liheng. Ihr Verlobter war der Militärarzt Yang Dingkun, der ehemalige medizinische Berater von Lin Piao.

Einige Quellen berichten, daß Lin Liheng 1941 in der Sowjetunion geboren wurde. (Es gibt auch die Vermutung, daß Lins Frau Ye Qun nicht ihre richtige Mutter sei.) Wie nicht anders zu erwarten, hatte sie in ihrer Kindheit und Jugend alle Privilegien der chinesischen Führungsschicht genossen, war aber trotzdem im Sinne der traditionellen chinesischen Wertbegriffe erzogen worden. Ihre Eltern erwarteten, daß sie eine gute Ehefrau und Mutter in einer angesehenen Familie werden würde.

Die ganze Liebe und Aufmerksamkeit der Eltern galt ihrem jüngeren Bruder Lin Liguo, dem man als dem einzigen Sohn eine Sonderstellung einräumte. Das bedeutete aber auch eine strenge Erziehung. Im Gegensatz dazu durfte Lin Liheng mit Leuten verkehren, die nicht zum offiziellen Bekanntenkreis ihrer Eltern gehörten. Das führte im Laufe der Zeit zu einer gewissen Entfremdung gegenüber der Familie. Lin Linheng lehnte ihren Bruder ab und distanzierte sich von ihrer Mutter. Nur zwischen ihr und Lin Piao scheint eine etwas engere persönliche Beziehung bestanden zu haben.

Lin Liheng erkannte, daß sie sich am leichtesten von ihrer Familie würde lösen können, wenn sie das tat, was man von ihr erwartete; wenn sie heiratete. Aber selbst das war nicht einfach. Die Männer, die sich für sie interessierten, machten auf sie einen oberflächlichen Eindruck. Sie konnte sich nicht für sie begeistern, und die jungen Leute ihrerseits hatten Schwierigkeiten, sich den vornehmen Gewohnheiten der Familie Lin anzupassen. Die Männer aber, die ihr wirklich gefielen, waren in den meisten Fällen starke, eigenwillige Persönlichkeiten, die sich ihren Wünschen trotz ihres hohen gesellschaftlichen Ranges nicht beugten. Yu Boke, Wang Yuanyuan, Hu Xiaodong und Din Xin gehörten zu denen, deren Namen in Verbindung mit dem Lin Lihengs genannt wurden.

Es hatte den Anschein, daß ihr jüngerer Bruder, der sehr viel mehr romantische Abenteuer erlebte als sie, viel besser mit diesen Leuten auskam. Die Beziehungen, die Lin Liheng anknüpfte, endeten oft tragisch, manchmal sogar mit dem Tode des jungen Mannes. Yu Boke starb während der Kulturrevolution, nachdem er sich geweigert hatte, ein anderes Mädchen um ihretwillen aufzugeben. Andere Freunde ertranken im Meer, kamen bei Autounfällen ums Leben, wurden plötzlich todkrank oder starben aus anderen Ursachen, die niemals vollkommen aufgeklärt werden konnten.

Nach all diesen frustrierenden Versuchen, mitunter sogar mit erpresserischen Methoden, den richtigen Mann zu finden, lernte sie schließlich den Bewerber kennen, der ihren Erwartungen entsprach. Yang Dingkun war 29 Jahre alt, hatte an der besten chinesischen Universität Medizin studiert und war der jüngste Arzt in dem Team, das Lin Piao medizinisch beriet und versorgte.

Yang Dingkun war einer der ersten jungen Männer gewesen, die sich um Li Liheng beworben hatten. Deshalb war ihre Familie so überrascht, als sie, nachdem sie inzwischen engere Beziehungen zu einer Reihe anderer Männer gehabt hatte, plötzlich erklärte, sie habe sich mit Yang verlobt.

Natürlich ließ Lin Piao über das mögliche neue Familienmitglied Yang genaue Erkundigungen einziehen. Nachdem die Hochzeit vereinbart war, wurde seine Personalakte von der Kaderabteilung des Allgemeinen Politischen Büros an die Organisationsabteilung des Zentralkomitees geschickt. Daraufhin ordnete der für die organisatorische Arbeit im Zentralkomitee verantwortliche oberste Verwaltungsbeamte, Kang Sheng, eine besondere politische Untersuchung an.

Schon sehr bald wurde Yang in das Gästehaus der Organisationsabteilung des Zentralkomitees in Donghuamen befohlen, das in der Nähe des Einkaufszentrums von Peking, Wangfujing, liegt. Dieser vor der Öffentlichkeit abgeschirmte Gebäudekomplex hinter einem rot lackierten Tor ist hohen Funktionären vorbehalten, die dort wohnen, arbeiten und ihre Gäste empfangen. Auch Kang Sheng war häufig hier anzutreffen.

Yang wurde schon von einem Schützling Kang Shengs erwartet, dem Offizier Guo Yufeng. Guo hatte sich während der Kulturrevolution einen Namen gemacht. Er hatte das Glück gehabt, mit Kang Sheng zusammenzuarbeiten und beeindruckte ihn durch sein Geschick im »Umgang mit Leuten«. Kang Sheng ließ ihn daraufhin in sein Büro versetzen. Zunächst unterstützte er die Frau von Kang Sheng, Cao Yi-ou, deren besondere Aufgabe es war, fiktive Beweise für die angeblichen Verbrechen hochgestellter chinesischer Persönlichkeiten zu fabrizieren. Bei dieser Arbeit erwies sich Guo als sehr tüchtig und rücksichtslos, dazu aber auch als unbedingt zuverlässiger und treuer Mitarbeiter von Kang Sheng. Sehr bald nahm er in der Organisationsabteilung eine wichtige Stelle ein, und Kang Sheng beteiligte ihn an fast allen seinen Vorhaben.

Während dieses Gesprächs, mit dem Tschou En-lai, der die Untersuchungen leitete, Yang eine Falle gestellt hatte, zeigte ihm Guo ein Dokument, das etwas mit seiner politischen Überprüfung zu tun hatte. Es enthielt Angaben über sein Vorleben, die Yang bisher erfolgreich hatte verschleiern können.[1]

Der wirkliche Vater von Yang Dingkun, Chen Shou, war zur Zeit der Eroberung des chinesischen Festlandes Subalternoffizier in der nationalistischen Armee gewesen. Außerdem war er ein reicher Gutsbesitzer, der zu verschiedenen Zeiten Bürochef der Polizeipräfektur und Leiter dieser Präfektur gewesen war. Seit seiner Kindheit hatte Yang aus unbekannten Gründen bei seinem Stiefvater Yang Jida gelebt. Yang Jida war Offizier im Divisionsstab eines örtlichen Verbandes einer Militärregion in der Provinz. Eines Tages erzählte Yang Jida seinem Stiefsohn, welche Vergangenheit sein wirklicher Vater hatte, ließ ihn aber schwören, das Geheimnis nicht zu verraten. Yang Jida wußte, daß es sehr gefährlich sein könnte, wenn die Herkunft seines Stiefsohnes bekannt würde, während seine eigene revolutionäre militärische Vergangenheit für jeden, der im modernen China aufwuchs, nur Vorteile bringen konnte.

Am Ende seiner Vernehmung gestand Yang Dingkun bereitwillig die verabscheuungswürdigen Verbrechen seines wirklichen Vaters und mußte Guo Yufeng auch bekennen, daß er selbst und seine Familie durch das Verschweigen seiner richtigen Herkunft ein Verbrechen begangen hatten.

Guo Yufeng erklärte ihm, daß er auf Grund der politischen Überprüfung nicht Lin Piaos Schwiegersohn werden könnte, darüber hinaus aber auch mit einer schweren Bestrafung rechnen müßte, vielleicht sogar mit der Todesstrafe, weil er so enge Beziehungen zur Familie Lin angeknüpft hatte. Guo sagte, er sei ermächtigt, ihn einsperren zu lassen, habe jedoch an Maßnahmen gedacht, die nicht ganz so weit gingen. Er sei bereit, Yang Dingkun zu helfen – wenn Yang auf gewisse Bedingungen einginge.

Nach drei Stunden psychischer Folter gab Yang Dingkun nach und erklärte sich mit Tränen der Dankbarkeit in den Augen bereit, alles zu tun, was Guo von ihm verlangte.

Damit lieferte er sich einem der geschicktesten und bedenkenlosesten Drahtzieher aus.

Anschließend wurde Yang Dingkun im Speisesaal des Peking-Hotels Tschou En-lai und Kang Sheng vorgestellt. Tschou zeigte sich von seiner charmantesten Seite, und das Essen war hervorragend, aber Yang spürte bereits den Strick, den man ihm um den Hals gelegt hatte.

Unter der Leitung von Kang Sheng und mit Zustimmung von Tschou En-lai hatte die Organisationsabteilung des Zentralkomitees schon viele Menschen wie Yang Dingkun für ihre Zwecke mißbraucht. Kang bezeichnete die Art, wie er mit solchen Leuten umging, als »transparente Beziehung«. Sobald Kang Sheng zu irgend jemandem eine »transparente Beziehung« hergestellt hatte, konnte es Jahre oder sogar Jahrzehnte dauern, bis er praktischen Gebrauch davon machte. In anderen Fällen verpflichtete er den Betreffenden sofort zur Zusammenarbeit mit ihm.

Yang Dingkun erhielt zunächst keinen besonderen Auftrag. Es vergingen Wochen, vielleicht Monate, bevor Kang ihn wieder kommen ließ, um ihm präzise Anweisungen zu geben. Er erhielt nun die Aufgabe, sich mit der ganzen Familie Lin zu befreunden, genau festzustellen, wie Lin Liheng zu den anderen Familienmitgliedern stand, und ihr Interesse für die Aktivitäten der anderen zu wecken.

Kang behauptete, das alles geschehe im Rahmen einer auf den direkten Befehl Maos durchgeführten »Routineüberprüfung« mehrerer Spitzenfunktionäre. Für Yang war es undenkbar, sich den Befehlen Kangs zu widersetzen. Wenn er das tat, dann würde der von der Organisationsabteilung des Zentralkomitees gegen ihn gefällte politische Urteilsspruch sofort vollstreckt werden. Solange Kang Sheng und Guo Yufeng etwas mit der Sache zu tun hatten, mußte jeder Versuch, sich gegenüber Lin Piao loyal zu verhalten, mit größter Wahrscheinlichkeit zu seiner eigenen Vernichtung führen.

So ging er mit großen Eifer ans Werk und begann das

Verhalten und den Charakter von Lin Liheng möglichst objektiv zu analysieren. Gelegentlich war es nicht einfach, ihr nachzuspionieren, ohne ihren Verdacht zu erregen. Sonst war sie im allgemeinen durchaus bereit, auf seine Vorschläge einzugehen.

So wünschte ihre Mutter, Ye Qun, zum Beispiel, daß Lin Liheng nach Shanghai, Kanton und Shunchun (in der Nähe von Hongkong) fuhr, um dort ihre Aussteuer zu kaufen. Ye Qun hatte dafür ein Sonderflugzeug bereitstellen lassen und einige Mitglieder der Abteilung für Logistik, die in Hongkong lebten, sowie Funktionäre aus dem Militärausschuß des Zentralkomitees zur Begleitung ihrer Tochter angefordert. Doch Lin Liheng behauptete, ernstlich an Blutarmut erkrankt zu sein, und blieb in Beidaihe oder Peking in der Nähe von Lin Liguo. Sie faßte diesen Entschluß auf Betreiben von Yang Dingkun.

Am 11. September 1971 wurde Yang Dingkun von Kang Sheng nach Diaoyutai befohlen. Das war eine aus Gästehäusern der Regierung bestehende Anlage in Peking. Hier, wo Kang Sheng ein ganzes Gebäude zur Verfügung stand, wollte er Yang mit dem Leibwächter und Sekretär Tschou En-lais, Yang Dechong, bekannt machen, der ihm nähere Anweisungen geben sollte.

Auf Ersuchen von Yang Dechong rief Yang Dingkun seine Verlobte im Armeelazarett Nummer 301 an, wo sie sich gründlich untersuchen ließ, und teilte ihr mit, er werde sie abholen. Von dort fuhren Yang Dingkun, Lin Liheng und Yang Dechong nach Taijichang zu einem Treffen mit Tschou En-lai.

Tschou war so höflich und zuvorkommend wie immer und blieb auch der vornehme Chinese mit den vorzüglichen Manieren und der Autorität eines hohen politischen Führers, als er Lin Liheng eröffnete, Mao werde es jetzt auf eine offene Konfrontation mit ihrem Vater ankommen lassen. Er sagte ihr, das politische Büro des Zentralkomitees sei in einen Dialog mit den Vereinigten Staaten eingetreten, um sich mit den gegen die Sowjetunion gerichteten Kräften zu verbünden. Lin Piao habe, obwohl er das wisse, die Kühnheit besessen, geheime Kontakte mit der Sowjetunion aufnehmen zu wollen. Aus diesem Grund habe sich Mao entschlossen, gegen ihn eine Untersuchung einzuleiten.

Tschou En-lai sagte, er hoffe, Lin Liheng werde freiwillig sagen, was sie über die innere Einstellung ihres Vaters gegenüber Mao wisse. Von diesem Augenblick an dürfe sie nicht mehr mit ihren nächsten Familienangehörigen zusammenkommen. Sie stünde unter einem besonderen »Schutz« und werde nach Tianjin geschickt werden, von wo aus sie zu Hause anrufen sollte, um zu sagen, sie sei damit beschäftigt, Einkäufe für ihre Aussteuer zu machen.

Dann ließ Tschou En-lai die Brautleute für zwei Stunden allein. Anschließend war Lin Liheng innerlich erregt, aber bereit, alles zu sagen, was sie wußte. Tschou En-lai hatte sein Ziel erreicht.

Lin Liheng sagte zwar nichts Negatives über ihren Vater, wußte aber einiges über ihren Bruder und ihre Mutter zu berichten. Erstens habe Ye Qun tatsächlich ein Attentat gegen den Vorsitzenden vorbereitet. Sie kenne zwar nicht die Einzelheiten, wisse aber genau, daß mit dem Attentat auch ein militärischer Staatsstreich vorgesehen sei. Außerdem berichtete sie, daß Lin Liguo das Telefon seiner Mutter habe abhören lassen. Nachdem Ye Qun das herausbekommen habe, hätte sich Lin Liguo bei seiner Schwester darüber beschwert. Er habe ihr gesagt, es sei bedauerlich, daß sie nicht als Junge geboren sei, denn dann hätte sie seinen politischen und militärischen Aufstieg persönlich miterleben und vielleicht sogar an den Unternehmungen der »Vereinigten Flotte« teilnehmen können. Auf die Fragen seiner Schwester habe Lin Liguo zugegeben, daß er den Ehrgeiz besäße, selbst China zu beherrschen, und auf dem Wege sei, seine ehrgeizigen Pläne zu verwirklichen. Lin Liguo habe ihr das Versprechen abgenommen, niemandem etwas zu sagen.

Erst kürzlich habe Lin Liguo zu Hause angerufen, um

mit Ye Qun zu sprechen, die jedoch ausgegangen war. Dann habe er eine Zeitlang mit seiner Schwester gesprochen. Zunächst ging es um ihre Heiratspläne. Dann habe Lin Liheng ihren Bruder gefragt, wo er sei und was er täte. Lin Liguo habe vermieden, ihre Frage direkt zu beantworten, aber zugegeben, daß der Tag, auf den er sich vorbereitete, nicht mehr fern sei.

Nun setzte Tschou En-lai die Befragung von Lin Liheng und Yang Dingkun über die Familie Lin fort. Er interessierte sich für die Stimmung Lin Piaos, seinen Appetit, wann er zu Bett ginge und wie viele Telefongespräche er zu welchen Zeiten führte. Ganz besonders interessierte sich Tschou jedoch für die Zusammenarbeit Lins mit Huang Yongsheng, Wu Faxian und anderen in den letzten Tagen.

Als sich der Sonderzug Maos von Shanghai kommend Tianjin näherte, nachdem er ohne angegriffen worden zu sein an dem zweiten von Lin Liguo gelegten Hinterhalt vorübergefahren war, empfing der Vorsitzende die letzte Meldung von Tschou En-lai vor seinem Eintreffen in Peking. Darin teilte Tschou dem Vorsitzenden mit, die Geheimnisse Lin Piaos (die Tschou zum Teil schon vorher erraten hatte) seien ihm von Lins Tochter offenbart worden. Außerdem machte er Mao die unerwartete Mitteilung, Lin Piao habe plötzlich beschlossen, von Beidaihe nach Peking zurückzukehren, und nach seinem Eintreffen dort eine geheime Sitzung mit seinen militärischen Gefolgsleuten anberaumt.

Der letzte Teil des Telegramms enthielt die Antwort auf eine Frage, die Mao im Hinblick auf seine persönliche Sicherheit bei der Ankunft in Peking an Tschou gerichtet hatte. Die Antwort lautete: »Ich habe bereits bekanntgegeben, daß der Vorsitzende übermorgen in Peking eintreffen wird. Es besteht kein Anlaß zur Besorgnis, wenn Sie morgen eintreffen.«

15

Am Abend des 10. September rief Lin Piao, der sich mit seinem Sohn noch in Beidaihe befand, Premierminister Tschou En-lai an. Er erkundigte sich nach den Reiseplänen Maos und fragte, wann der Vorsitzende nach Peking zurückkehren werde.

Tschou antwortete, er wisse nicht genau, wann man mit dem Eintreffen Maos rechnen könne, Wang Dongxing habe jedoch versprochen, Lin zu benachrichtigen, sobald Mao die Rückreise aus dem Süden angetreten habe.

Darauf bat Lin den Premierminister, alles vorzubereiten, damit er Mao bei seiner Ankunft in Peking begrüßen könne.

Tschou versuchte es Lin auszureden, nur aus diesem Anlaß von Beidaihe nach Peking zu kommen. Er sagte, es wäre wichtiger, daß er sich jetzt ausruhte, um am Nationalfeiertag frisch zu sein.

Gegen 23 Uhr rief Lin den Premierminister noch einmal an und sagte ihm, er wolle sofort nach Peking kommen, um den Vorsitzenden gebührend zu empfangen.

Etwa um Mitternacht meldete der Oberbefehlshaber der Luftstreitkräfte, Wu Faxian, dem Premierminister, das Sonderflugzeug Lins werde am 11. September gegen 15 Uhr in Peking landen.

Lin Piao hatte mit Tschou En-lai nur gesprochen, um den Eindruck zu erwecken, er unternehme die Reise nach Peking einzig und allein, um Mao seine Loyalität zu demonstrieren. In Wirklichkeit flog er nach Peking, um die letzten Vorbereitungen für den Staatsstreich zu treffen. Die

Vorbereitungen für das Unternehmen »Berg mit dem Jadeturm« hatten etwa einen Monat in Anspruch genommen, und bis jetzt schien sich alles nach Wunsch zu entwickeln. Mit der Rückkehr Maos war der richtige Zeitpunkt gekommen, die Feindseligkeiten gegen die Sowjetunion zu eröffnen.

Am 11. September um 8.10 Uhr – Lin Piao und Lin Liguo besprachen immer noch ihre Pläne für den Staatsstreich – startete eine Trident mit der Nummer 256 auf dem Flughafen am westlichen Stadtrand von Peking, um die Familie Lin auf dem Flughafen Shanhaiguan bei Beidaihe abzuholen. Der Kapitän, Pan Jingyin, war der beste Pilot der 34. Luftdivision, ein wohlbeleibter Mann Mitte der Fünfzig. Er war der Lieblingspilot der obersten chinesischen Führungsschicht.

Als Lin Piao, Lin Liguo und Ye Qun zum Flughafen aufbrechen wollten, erhielt Lin Liguo eine Meldung der »Vereinigten Flotte«, mit der ihm mitgeteilt wurde, daß Mao in Kürze von Shanghai nach Peking abreisen werde. Das überraschte Lin Piao, und er sagte: »Fast hätte ich mich verspätet und wäre nach ihm in Peking angekommen.«[1]

Wenige Minuten darauf rief Wang Fei an und drängte Lin Liguo, jetzt den Befehl zum Angriff gegen den Sonderzug Maos zu geben. Lin erwiderte, er habe sich entschlossen, den Raketenangriff abzusagen. Er befahl den Mitgliedern der »Vereinigten Flotte«, an ihre Posten in Peking und Shanghai zurückzukehren. Wang Fei gab er den Auftrag, das Unternehmen der »Vereinigten Flotte« abzubrechen.

Wu Faxian und Li Zuopeng kamen als erste zum Flughafen am westlichen Stadtrand von Peking, um Lin Piao zu begrüßen. Huang Yongsheng und Qiu Hiuzuo trafen etwas später ein. Am Flughafen war es sehr ruhig. Die Sicherheitsposten bewachten das Rollfeld in Streifenfahrzeugen und zu Fuß. Kurz nach 14 Uhr landete die Trident 256, rollte aus und kam zum Stehen.

Wu, Li, Huang und Qiu standen zur Begrüßung des Marschalls auf dem Rollfeld. Als Lin die Gangway herunterkam, wurde kaum ein Wort gesprochen. Die Männer folgten ihm schweigend zu den wartenden Limousinen.

Nach kurzer Zeit hielt die Wagenkolonne vor dem Hause von Lin Piao. Das war ein festungsartiges Gebäude, das früher Gao Gang gehört hatte und inzwischen renoviert worden war. Es war von einer hohen, grauen Mauer umgeben, an der eine elektronische Alarmanlage angebracht war. Man begab sich sofort in das kleine Konferenzzimmer Lins. Lin Piao und Huang setzten sich an die gegenüberliegenden Enden des langen Konferenztisches, während Ye Qun, Li, Wu, Qiu, Lin Liguo, Yu Yunshen und Li Wenpu, die Sekretärin von Ye Qun, an den Längsseiten Platz nahmen. Später kamen auch Jiang Tengjiao, Zhou Yuchi und Liu Peifeng hinzu.

Huang Yongsheng ergriff als erster das Wort und äußerte sich zu der Frage, wann die chinesisch-sowjetische Konfrontation auszulösen sei. Mit Zustimmung von Lin hatte Huang über den Nachrichtendienst des Generalstabs besondere Vorkehrungen getroffen, um in das später so bezeichnete »Dokument 1577« falsche Informationen einfließen zu lassen. Dieses Dokument sollte den Ausbruch der Feindseligkeiten im Grenzgebiet auslösen. Lin erklärte sich mit dem von Huang vorgeschlagenen Verfahren einverstanden. Man beschloß, die hier einzusetzenden strategischen Verbände auf sechs Grenzregimenter und vier Felddivisionen zu verstärken. Unter dem Vorwand, an die Sowjetunion verlorengegangene Gebiete »zurückzugewinnen«, sollten diese Kräfte fünf sowjetische Grenzverteidigungsabschnitte einschließen und dann das Feuer mit Geschützen, Raketen und Granatwerfern eröffnen. Unterseeboote sollten in der Nähe des sowjetischen Hafens Wladiwostok einen Überraschungsangriff führen und die Sowjets zum Gegenangriff zwingen. Der sowjetischen Gegenoffensive sollten sich zwei weitere Feldarmeen und Panzerdivisionen entgegenstellen.

Der Chef des Stabes rechnete damit, daß die sowjetischen Luftstreitkräfte und die sowjetische Kriegsmarine den Truppen des Heeres innerhalb von zwei bis drei Wochen zu Hilfe kommen würden. Damit hätte die Lage die notwendige und von den Verschwörern gewünschte Intensität erreicht. Jetzt würde dem Vorsitzenden gemeldet werden, daß die Sowjets starke Verbände an der Nordgrenze Chinas und in der Mandschurei bereitgestellt hätten, um nach Nordchina vorzustoßen.

Als nächster sprach Wu Faxian. Er hatte für die sieben höchsten Führungspersönlichkeiten, zu denen auch Lin Piao gehörte, wichtiges Informationsmaterial zusammengestellt. Dazu gehörten Karten über die Verteidigungssysteme in den Militärbezirken, bildliche Darstellungen der geographischen Gegebenheiten in den großen Militärregionen, eine Liste aller militärischen Bezeichnungen, Decknamen und Querverweise, eine Namensliste der Kader bei den Feldarmeen und deren vorgesetzten Dienststellen, die Bezeichnungen von Konten, Adressen, Nummern und geheimen Kennworten für alle Konten, welche die Volksrepublik China bei ausländischen Banken unterhielt, und ein Handbuch über die Verwendung von Kernwaffen, das zum Gebrauch der Offiziere des Generalstabs bestimmt war.

Wu Faxian legte Lin Piao außerdem eine Liste führender Funktionäre vor, die im Raum Peking lebten. Diese Liste wurde vom Verwaltungsbüro der Organisationsabteilung des Zentralkomitees und von der Pekinger Garnison des Zentralkomitees verwendet und enthielt die Telefonnummern, Adressen und Angaben über die militärischen Einheiten, die die Wachen zum Schutz dieser Personen stellten.

Anschließend beschrieben Huang Yongsheng und Li Zuopeng den »Berg mit dem Jadeturm« von außen und seine unterirdischen Anlagen und erläuterten – besonders mit Rücksicht auf Lin Liguo – die taktischen und disziplinären Maßnahmen, die in der Vorbereitungsphase vom 13. September bis zum Tage des Staatsstreichs am 25. September ergriffen werden sollten.

Die Besprechung wurde durch einen telefonischen Anruf von Tschou En-lai unterbrochen. Tschou äußerte den Wunsch, Lin noch am gleichen Abend zu besuchen, falls ihm dies recht sei. Dann machte Tschou ihm die überraschende Mitteilung, daß Mao unterwegs nach Peking sei und am folgenden Tage eintreffen werde. Er sagte, es sei nicht notwendig, daß Lin den Vorsitzenden auf dem Bahnhof empfing, Mao werde ihn aber sicher nach seiner Ankunft sprechen wollen.

Dieser Anruf veranlaßte Lin Piao und seine Gäste, das Thema zu wechseln. Die Frage, die sie jetzt beschäftigte, war, was der Anruf von Tschou zu bedeuten habe. Der Versuch des Premierministers, die genaue Ankunftszeit Maos geheimzuhalten, beunruhigte Lin Piao.

Als Lin Piao am folgenden Tag, dem 12. September, erfahren hatte, daß Mao tatsächlich nach Peking zurückgekehrt war, beschloß er, ihm einen demonstrativen Höflichkeitsbesuch zu machen. Er fuhr mit Ye Qun und zwei Leibwächtern zu Maos Wohnung in Zhongnanhai und nahm als Geschenk einige frische Muscheln und Krebse mit, die er von Beidaihe mitgebracht hatte. Er wurde jedoch nicht vom Vorsitzenden empfangen, sondern nur von Wang Dongxing, der ihm sagte, Mao habe sich schlafen gelegt und werde in vier oder fünf Stunden aufstehen. Dann sprach Wang über den Gesundheitszustand des Vorsitzenden auf dieser Reise. Als Lin nach 20 Minuten aufstand, um zu gehen, lud ihn Wang im Namen des Vorsitzenden für den Abend zum Essen ein. Das Bankett würde im »Berg mit dem Jadeturm« stattfinden, wo der Vorsitzende bis zum Abschluß der Feierlichkeiten zum nationalen Gedenktag am 1. Oktober bleiben wollte. Wang habe vorgehabt, ihm die Einladung auf ausdrücklichen Wunsch Maos etwas später persönlich zu überbringen. Er fügte hinzu, Lin werde wahrscheinlich von Maos Frau, Jiang Qing, angerufen werden, die ihm das gleiche sagen würde. Sie und Tschou En-lai seien auch zu diesem Essen gebeten worden.

Nachdem Lin nach Maojiawan zurückgekehrt war, erhielt er zunächst einen Anruf von Huang Yongsheng. Dann meldete sich Wu am Telefon. Lin berichtete besorgt, was er im Hause Maos erfahren hatte, und sagte, der Vorsitzende selbst habe ihn nicht empfangen. Die neue Lage mußte sofort besprochen werden, deshalb fuhren Huang, Wu, Li und Qiu nach Maojiawan, wo sie schon von Ye Qun, Lin Liguo, Yu Yunshen und Li Wenpu erwartet wurden.

Wu Faxian hat über die Ereignisse dieses Tages die folgenden Aufzeichnungen niedergeschrieben:

»Ich kam als letzter (der vier). Die Atmosphäre im Hause Lins war entsetzlich. Huang Yongsheng und Li Zuopeng sprachen kein Wort. Qiu Huizuo war völlig niedergeschlagen. Ye Qun machte ein verzweifeltes Gesicht und rief: ›Sie müssen sich etwas einfallen lassen. Vielleicht hat er (Mao) irgend etwas vor.‹

Mir kam es seltsam vor, daß Lin Piao nicht im Zimmer war. Lin Liguo blieb eine Zeitlang bei uns und machte einen ganz ruhigen Eindruck. Er blickte uns nachdenklich an, verließ den Raum und kam dann mit Zhou Yuchi und Liu Peifeng zurück. Das war das siebente geheime Zusammentreffen mit ihnen in dieser äußerst gespannten Lage.

Ye Qun wurde einige Male von ihrer Sekretärin Li Wenpu in ein anderes Zimmer gerufen, um Telefongespräche anzunehmen. Eines davon kam von ihrer Tochter. Sie sagte: ›Dou-Dou ist wirklich unmöglich. Ohne uns auch nur ein Wort zu sagen, ist sie mit Yang Dingkun nach Tianjin gefahren, um Einkäufe für die Hochzeit zu machen und importierte Möbel zu bestellen. Sie sind schon in Tianjin und rufen mich erst jetzt an.‹

Das Gespräch wendete sich nun dem Besuch Lins in Zhongnanhai zu.

Huang Yongsheng und ich glaubten, der Vorsitzende habe Lin Piao nicht empfangen, weil er wirklich müde war und sich ausruhen wollte, bevor die Gäste eintrafen, die er zum Essen eingeladen hatte. Mehr hatte es nach unserer Ansicht nicht zu bedeuten.

Aber Li Zuopeng widersprach uns: ›Wenn sich der Vorsitzende wirklich für eine so lange Zeit hingelegt hatte, dann hätte Wang Dongxing keinen Grund gehabt, in Maos Wohnung zu bleiben. Wang selbst lebt ganz in der Nähe, und es hätte ihm nichts ausgemacht, ein paarmal hin- und herzugehen. Was könnte er dort fünf Stunden lang zu tun gehabt haben?‹

›Premierminister Tschou hat dem Chef Lin mitgeteilt, er solle Mao nicht einmal vom Bahnhof abholen. Ist das nicht eigenartig? Es paßt nicht zu einem Mann, der so viel Vergnügen an großen Zeremonien hat, nach Peking zurückzukommen, ohne sich feiern zu lassen. Das ist nicht normal.‹

Ye Qun machte sich, nachdem sie das gehört hatte, noch größere Sorgen. Auch Huang Yongsheng und ich hatten das Gefühl, die Sache unter Umständen zu leicht genommen zu haben. Während Qiu Huizuo meinte, wir dürften nicht zu mißtrauisch sein, denn das könnte uns zu falschen Reaktionen verleiten. Li Zuopeng solle sich beruhigen und sich keine zu großen Sorgen machen.

Li Zuopeng wehrte sich gegen diesen Beschwichtigungsversuch. Er sagte, er habe von den Kontrollorganen der Flotte, die alle Telefonleitungen überwachten, die Meldung erhalten, sie hätten festgestellt, daß das Zentralkomitee in Peking seit drei Tagen einen neuen Geheimschlüssel verwendete. Dieser neue Schlüssel war in keinem offiziellen Dokument registriert, und das ließ entweder auf Spionage oder geheime interne Aktivitäten schließen. Er hatte mit Wang Hongkun von der Nachrichtentruppe gesprochen und dabei festgestellt, daß der Geheimschlüssel nicht zu Spionagezwecken benutzt wurde. Er wurde jedoch tatsächlich zum ersten Mal vom Zentralkomitee verwendet.

Dann fragte mich Li Zuopeng: ›Was, zum Teufel, halten Sie davon?‹

Ich war sehr nervös, denn der Abhördienst der Luftstreitkräfte hatte mir die gleichen Feststellungen über den neuen Geheimschlüssel gemeldet. Diese Meldung war auch in einem ›besonderen Tagesbulletin‹ enthalten, das mir der

Chef des Stabes der Luftstreitkräfte, Liang Pu, vorgelegt hatte. Ich hatte im Gegensatz zu Li Zuopeng die Angelegenheit jedoch zunächst nicht mit dem Vorsitzenden in Verbindung gebracht. Jetzt begann ich zu fürchten, es bestünde wirklich die Möglichkeit, daß Mao während seiner Abwesenheit im geheimen die Verbindung zu Peking aufgenommen hatte.

Wir befanden uns in einer ganz ungewöhnlichen Lage. Vielleicht hatte Mao die Absicht, gegen gewisse führende Leute aus seiner eigenen engeren Umgebung vorzugehen. Aber diese ›gewissen Leute‹ konnten auch wir sein.

Qiu Huizuo schien immer noch verwirrt zu sein. ›Die Personen, mit denen er in Peking den Kontakt aufgenommen hat, müssen hochgestellte Persönlichkeiten sein‹, sagte er. Er überlegte einen Augenblick und fragte dann zögernd: ›Könnte es der Premierminister sein?‹

Li Zuopeng nickte zustimmend. ›Richtig. Genau das habe auch ich gedacht.‹

Dann wandte sich Yongsheng an Ye Qun und fragte: »Halten Sie das alles für möglich? Worüber könnten sie sich im geheimen verständigen wollen? Könnte das etwas mit uns zu tun haben?«

Wir alle schwiegen nachdenklich. Lin Liguo, Zhou Yuchi und Liu Peifeng hatten unser Gespräch angehört, ohne ein Wort zu sagen.

Ich war ungeduldig geworden und fragte Ye Qun: ›Was tut Chef Lin? Wie denkt er über die Sache?‹

Ye Qun erwiderte: ›Er hat sich hingelegt und möchte nicht gestört werden. Wir lassen ihn jetzt am besten in Ruhe.‹

Sie hatte den Satz kaum beendet, als Lin Piao ins Zimmer kam. Sein grauer Anzug war zerknittert. Er hatte sich ein Handtuch um den Kopf gewickelt und hatte nur ein paar dicke Wollsocken an den Füßen, machte sonst aber einen ganz ruhigen Eindruck und zeigte keine Erregung. Ye Qun ging ihm entgegen, um ihn beim Gehen zu stützen, aber er wollte es nicht zulassen und schob ihre Hände fort.

Mitten im Zimmer blieb er stehen, hielt die Hände hinter dem Rücken, nickte nachdenklich mit dem Kopf, und dann sah er jeden von uns mit einem feinen Lächeln an. Ich kann nicht sagen, wie oft er zum Sprechen ansetzte, aber jedesmal versagte ihm die Stimme, und er brachte keinen Ton heraus.

Schließlich gelang es ihm, zusammenhängend zu sprechen: ›Liu Shaoqi und der alte Deng (Deng Xiaoping) haben schon 1966 dran glauben müssen. Der alte Mann kam damals vom Westsee nach Zhongnanhai zurück. Liu Shaoqi wollte ihn aufsuchen, um ihm über seine Arbeit zu berichten. Mao wollte ihn aber nicht empfangen und ließ ihm ausrichten, er sei schon zu Bett gegangen. Doch was tat er in Wirklichkeit? Er hatte sieben bis acht Leute bei sich versammelt, um mit ihnen zu besprechen, wie er Liu Shaoqi ausschalten könnte. Ich war auch dabei. Ebenso der Premierminister. Außerdem Jiang Qing, Kang Sheng, Zhang Chunqiao und Wang Dongxing. Aber der eigentliche Unruhestifter war Mao; er hatte alle anderen in die Sache hineingezogen.

Wenn er jetzt nicht schläft, dann bereitet er ein neues Unternehmen vor. Ich habe das Gefühl, er will uns hinter verschlossenen Türen einen Streich spielen. Ich wette, vor mir sind schon andere Leute zu ihm gekommen, mit denen er jetzt zusammensitzt.‹

Nun erzählte ihm Ye Qun, was Li Zuopeng über den Geheimschlüssel berichtet hatte. Lin Piao hörte aufmerksam zu, reagierte aber nicht darauf.

Dann fuhr er fort: ›Diese Einladung zum Abendessen – will er uns damit die Möglichkeit geben, ihm wieder die Hand zu reichen, oder hat er eine Falle für seine Gäste aufgestellt? Was meinen Sie dazu? Wie soll ich mich verhalten?‹

Lin Piao setzte sich auf das Sofa.

Lin Liguo, der sich bis jetzt nicht an unserem Gespräch beteiligt hatte, sagte: ›Ich denke, es ist wichtig, daß wir die Initiative ergreifen. Die Anzeichen sind eindeutig. Der alte

Mann ist viel verschlagener, als wir geglaubt haben. Offensichtlich hat er irgend etwas vor. Was können wir unternehmen, wenn er den ersten Schritt tut?‹

Dann meldete sich Huang Yongsheng zu Wort. Er sagte: »Wir müssen unseren Zeitplan korrigieren. Aber wenn wir an dem Plan ›Berg mit dem Jadeturm‹ festhalten, können wir die Sache nur um wenige Tage vorverlegen.‹ Nach seiner Meinung gab es keine schwerwiegenden Gründe dafür, unsere Vorbereitungen für dieses Unternehmen abzubrechen und auf einen Alternativplan auszuweichen.

Huang meinte, im Augenblick müsse vor allem entschieden werden, ob Lin an diesem Abend zum Vorsitzenden Mao gehen sollte oder nicht. Er war dafür, daß Lin nicht hingehen sollte, wenn wir den Staatsstreich nicht sofort in Szene setzten.

Ye Qun fragte mich nach meiner Meinung. Ich hatte mir noch kein endgültiges Urteil gebildet. Wir hatten einerseits keine schlüssigen Beweise dafür, daß Mao etwas gegen uns unternehmen wollte, andererseits gab es jedoch beunruhigende Anzeichen.

Immerhin würden bis zu dem für den Staatsstreich festgelegten Termin am 25. September noch zwei Wochen vergehen. Huang Yongsheng hatte dieses Datum bestimmt, nachdem Premierminister Tschou gesagt hatte, Mao werde dann von seiner Reise nach Peking zurückkehren. Da wir nicht mit seiner früheren, so plötzlichen Rückkehr gerechnet hatten, waren wir nicht darauf vorbereitet, sofort etwas zu unternehmen. Ich hielt den Besuch Lin Piaos beim Vorsitzenden am heutigen Abend für gefährlich; wenn etwas geschehen sollte, dann hatten wir keine Auffangstellung, auf die wir uns zurückziehen konnten. Es war aber auch unvorstellbar, daß Lin Piao seinen Besuch auf einen sehr viel späteren Zeitpunkt verlegte, wenn er der heutigen Einladung nicht folgte. Vielleicht wäre es das beste, wenn er erklärte, er sei plötzlich erkrankt. Auf die Frage von Ye Qun sagte ich daher: ›Chef Lin kann sich entschuldigen und behaupten, krank geworden zu sein.‹

Ye Qun ging sofort darauf ein: ›Er kann immer behaupten, er habe sich erkältet und könne die Beine nicht bewegen. Er hat schon 1957 einen solchen Anfall gehabt, und ich habe mir damals große Sorgen um ihn gemacht. Man könnte aber auch etwas anderes erfinden.‹

Lin Piao sträubte sich dagegen, eine Krankheit vorzutäuschen.

Qiu Huizuo ließ nicht locker: ›Ich denke, wir müssen jetzt entscheiden, ob er gehen soll oder nicht. Wenn er der Einladung nicht folgt, dann hat, glaube ich, Liguo recht, wenn er sagt, wir müßten den ersten Schlag führen!‹

›Wir dürfen es nicht zulassen, daß der Vorsitzende zuerst die Initiative ergreift‹, sagte Lin Liguo. ›Wir können nur auf einen Erfolg hoffen, wenn wir die Angreifer sind. Wenn wir das Vorhaben am ‚Berg mit dem Jadeturm' aufgeben müssen, dann müssen wir uns zu einem direkteren Unternehmen entschließen.‹

Huang Yongsheng erklärte, wenn sich Mao schon auf einen Kampf vorbereitet habe, würden wir uns nur unter großen Schwierigkeiten verteidigen können. Das Unternehmen ›Berg mit dem Jadeturm‹ werde ihn zumindest verwirren, und deshalb könnte es zum Erfolg führen.

Lin Piao äußerte sich nicht. Er saß mit geschlossenen Augen auf dem Sofa und hörte uns zu.

Schließlich fragte ihn Ye Qun nach seiner Meinung. Er schüttelte den Kopf und sagte, er und Lin Liguo hätten bisher noch niemals gemeinsam Krieg geführt. Aber wir anderen hätten gekämpft und verdankten unsere gegenwärtigen Positionen diesem Kampf. Wir sollten daher aus Erfahrung wissen, daß es falsch ist, unvorbereitet in die Schlacht zu gehen. Er wiederholte seinen Grundsatz, daß man niemals einen Krieg beginnen dürfe, wenn man nicht die absolute Gewißheit habe zu siegen.

Das Abendessen im ›Berg mit dem Jadeturm‹ werde ihm die Möglichkeit geben, zu erfahren, was gespielt werde und welche geheimen Absichten der Vorsitzende verfolge. Dann könnte er entscheiden, ob es richtig sei, das Vorhaben ›Berg mit dem Jadeturm‹ vorzuverlegen, oder ob es vernünftiger sei, es auf einen späteren Zeitpunkt zu verschieben. Er könne vielleicht auch erfahren, was der Vorsitzende in den nächsten Tagen und Wochen tun werde.

Er sagte, auch Ye Qun werde an dem Essen bei Mao teilnehmen müssen, doch wenigstens zwei von uns vier (Huang, Wu, Li und Qiu) sollten sich zur Anlage ›Nummer Null‹ in den Westlichen Bergen begeben, um alle notwendigen Vorbereitungen für einen eventuellen Einsatz zu treffen.

Man beschloß, Huang und mich in die Westlichen Berge zu schicken. Li Zuopeng, Qiu Huizuo und Lin Liguo sollten die Verbindung zu uns halten. Dabei übernahm jeder von uns besondere Aufgaben. Lin Liguo sollte beobachten, was mit Lin Piao und Ye Qun geschah. Li Zuopeng sollte alle Vorbereitungen für die Einrichtung einer Befehlsstelle in der Stadt treffen, Qiu die Aktivitäten von Huang und Li koordinieren. Wir sollten uns bereithalten, unter dem Oberbefehl von Huang Yongsheng zu kämpfen.

Gegen 15 Uhr rief mich meine Frau, Chen Suiqi, an. Ich ging ins Nebenzimmer, um den Anruf entgegenzunehmen. Sie sagte, Premierminister Tschou habe angerufen und nach mir gefragt. Sie wußte nicht, was er von mir wollte. Er hatte im Hauptquartier der Luftstreitkräfte die Anweisung hinterlassen, man solle versuchen, mich aufzufinden, und mir sagen, ich möge zurückrufen.

Ich konnte ihn nicht gut vom Hause Lin Piaos aus anrufen, denn ich hätte nicht sagen dürfen, wo ich mich befand, aber er konnte es durch die Vermittlung feststellen lassen. Andererseits mußte ich natürlich wissen, weshalb er mich sprechen wollte. Deshalb beschloß ich, zum Hauptquartier der Luftstreitkräfte zu fahren und ihn von dort aus anzurufen.

Als ich in das Konferenzzimmer zurückkam, erfuhr ich, daß Lin Piao inzwischen von Jiang Qing angerufen worden war. Sie hatte ihn mit besonders freundlichen Worten zum Abendessen bei Mao eingeladen. Dann hatte sie eine Zeitlang mit Ye Qun über die bevorstehende Hochzeit von Lin Liheng gesprochen. Aus dem Ton, mit dem diese Gespräche geführt wurden, ließ sich nicht entnehmen, daß irgend etwas nicht in Ordnung sei.

Ye Qun war erleichtert. Sie bat ihre Sekretärin, Li Wenpu, irgendwelche Geschenke für Mao zu besorgen. Dann befahl sie, einen Masseur für Lin Piao kommen zu lassen.

Ich sagte, ich müßte ins Hauptquartier der Luftstreitkräfte fahren, um Premier Tschou En-lai anzurufen, und versprach Ye Qun, ihr sofort mitzuteilen, was er von mir gewollt habe.

Ich brach als erster auf. Die anderen blieben alle noch im Hause von Lin Piao.

Im Hauptquartier angekommen, versuchte ich sofort, Tschou En-lai anzurufen, konnte ihn aber nicht erreichen. Ich vermutete, daß er schon bei Mao war. Sein Sekretär, Yang Dezhong, sagte mir, er sei nicht im Büro, und bat mich, ein paar Minuten auf seinen Anruf zu warten. Als er mich schließlich zurückrief, fragte er mich, ob ich an diesem Abend noch etwas vorhätte. Er wolle einige Dinge mit mir besprechen, wie die Produktionspläne des Dritten Maschinenbauministeriums und die Lieferung chinesischer Flugzeuge für die Luftstreitkräfte bestimmter Länder der Dritten Welt. Wir vereinbarten, etwas später noch einmal miteinander zu sprechen, um ein Zusammentreffen zu einer uns beiden passenden Zeit am späten Abend zu vereinbaren.

Dann unterrichtete ich Ye Qun telefonisch vom Inhalt des Gesprächs mit dem Premierminister. Nachdem sie mit Lin Piao gesprochen hatte, sagte sie mir, ich sollte mich mit Tschou En-lai verabreden und nicht, wie vorgesehen, zur Anlage ›Nummer Null‹ fahren. Gegen 23 Uhr würden wir sicher wissen, ob irgend etwas nicht in Ordnung sei. Wenn es sich als notwendig erweisen sollte, daß sich nach dieser Zeit noch irgend jemand in der Anlage ›Nummer Null‹ bereithielt, könnte das Qiu Huizuo übernehmen. Sie teilte mir auch mit, daß Huang Yongsheng und Qiu Huizuo schon gegangen seien und ich sie von meinen Plänen in Kenntnis setzen sollte.

Gegen 17 Uhr war ich in der Anlage ›Nummer Null‹. Huang Yongsheng erwartete mich schon. Wir inspizierten die Posten am Eingang und im Inneren des unterirdischen Bunkers. Dann ließen wir die Wachhabenden eine Alarmübung durchführen.

Um 17.45 Uhr meldete Liu Quanjue von der Befehlsstelle, daß die Übungen außerhalb und im Inneren der Anlage begonnen hätten.

Dann beendeten Huang Yongsheng und ich die Alarmübung als Vorgesetzte des hier stationierten Kommandos. Wir hatten dabei zwei verschlüsselte Einsatzbefehle gegeben, mit denen alle Verbände der gesamten Streitkräfte in Alarmbereitschaft versetzt wurden und sich auf den Ausbruch von Feindseligkeiten vorbereiten mußten. (Mit Ausnahme der Wachtruppe 8341 und des 7. technischen Korps, das für den Einsatz der Wasserstoffbombe verantwortlich war, unterstanden uns alle chinesischen Streitkräfte.)

Wenn Mao erfuhr, was wir hier taten, würde er höchstwahrscheinlich vermuten, wir bereiteten einen Staatsstreich vor. Ich war sehr nervös und erinnerte Huang Yongsheng noch einmal daran, daß unser Leben von der absoluten Geheimhaltung abhing. Er sagte mir, es bestünde kein Grund zur Sorge. Er sei befugt, in dieser Anlage den schriftlichen Befehl für eine Alarmübung zu erteilen. Wenn wir alle fünf dieses Dokument unterzeichneten, dann seien wir berechtigt, die Kommandostelle zu besetzen, und Mao werde keinen Verdacht schöpfen. (Die fünf Personen, von denen er sprach, waren er selbst, Ye Qun, Li Zuopeng, Qiu Huizuo und ich.)

Um 18.27 Uhr rief Ye Qun uns an. Sie teilte uns mit, Lin Piao und sie würden jetzt sofort zu den Westlichen Bergen aufbrechen. Ich sollte keine weiteren Fragen stellen; sie werde mir die Sache später erklären.

Huang Yongsheng und ich waren zutiefst beunruhigt. Wir hatten nicht die leiseste Ahnung, was geschehen war. Ich versuchte, Li Zuopeng und Qiu Huizuo anzurufen, um festzustellen, ob sie etwas wußten. Li Zuopeng war aus irgendwelchen Gründen nicht im Hauptquartier der Kriegsmarine zu erreichen. Die Frau von Qiu Huizuo, Hu Min, sagte mir, ihr Mann sei schon auf dem Wege zu den Westlichen Bergen.

Huang Yongsheng hielt es für möglich, daß irgend etwas schiefgegangen sei. Vielleicht hatte Lin Piao seine Meinung geändert und beschlossen, jetzt zu handeln.

Ich ging hinaus, setzte mich in den Wagen und wartete nervös auf Lin Piao. Huang Yongsheng blieb im Büro des diensthabenden Offiziers.

Schon sehr bald sah ich eine rot beflaggte Limousine herankommen. Es war Li Zuopeng. Ich fragte ihn, was geschehen sei. Er sagte, Lin Piao habe sich vielleicht entschlossen, nicht in den ›Berg mit dem Jadeturm‹ zu gehen.

Ich fragte: ›Heißt das, daß er seinen Plan nicht weiterverfolgen will, oder will er nur nicht an diesem Essen teilnehmen?‹

›Vielleicht beides.‹

Dann ging Li zur Kommandozentrale und überprüfte unsere Maßnahmen.

Jetzt erschien auch Qiu Huizuo, der augenscheinlich auch nichts wußte. Li Zuopeng hatte ihn herbestellt.

Während wir zu dritt auf Lin Piao warteten, sagte Li Zuopeng: ›Wir befinden uns in einer sehr schwierigen Lage. Unter Umständen müssen wir uns einen Vorsprung sichern. Es ist schlimm, daß wir so wenig Zeit haben.‹

Inzwischen waren drei weitere Kraftfahrzeuge angekommen. Sie brachten Lin Piao, Ye Qun, Lin Liguo, Yu Yunshen, Li Wenpu, Zhou Yuchi und Liu Peifeng.

Lin Piao stieg aus und sah sich um. Er verzog keine Miene, kümmerte sich nicht um uns und ging sofort zur Kommandozentrale. Wir folgten ihm voller Nervosität.

Huang Yongsheng und Liu Quanjue schalteten die elektronische Abschirmanlage ein, die den Raum gegen mögliche Abhörvorrichtungen schützen sollte.

Lin Piao forderte Huang Yongsheng auf, ihm noch einmal den ganzen Ablauf des Unternehmens ›Berg mit dem Jadeturm‹ vorzutragen. Li Zuopeng sollte seine Ausführungen ergänzen.

Lin Piao unterbrach plötzlich den Vortrag von Huang Yongsheng und fragte: ›Wenn ich die Sowjetunion jetzt angreifen wollte, wäre das möglich? Wenn der Befehl jetzt hinausginge, wie viele Minuten würde es dauern, bis meine Anweisungen befolgt werden?‹

Huang Yongsheng wußte nicht, was er antworten sollte. Er sah mich an. Auch ich war nicht auf diese Frage vorbereitet. Dann blickte er zu Li Zuopeng hinüber. Li sagte: ›Der Nachrichtendienstliche Bericht Nummer 1577‹ (die von Huang verfaßte Fehlinformation, mit welcher der Angriff gegen die Sowjetunion gerechtfertigt werden sollte, eine angeblich aus dem Grenzgebiet im Büro für die Analyse von Nachrichten des Generalstabs telefonisch eingetroffene Meldung) behauptet, daß die Sowjetunion die Verteidigungsanlagen an der chinesischen Grenze ernsthaft bedrohte. Darauf setzen wir uns telefonisch mit Ihnen (Huang) in Verbindung. Sie empfehlen die Eröffnung der Feindseligkeiten. Das Gespräch wird protokolliert und von einer anderen Person mit ihrem Namen unterzeichnet. Dieses unterzeichnete Dokument können wir innerhalb von 20 oder 30 Minuten, vielleicht sogar noch schneller, dem Chef vorlegen.‹

Nun wandte sich Li Zupeng an Huang Yongsheng und sagte: ›Nachdem der Befehl zum Gegenangriff gegeben ist, werden, glaube ich, nicht mehr als eine oder zwei Stunden vergehen, bis wir in Regimentsstärke angreifen können. Acht Stunden später könnte der Angriff in Divisionsstärke beginnen. Es ist aber durchaus möglich, daß unser Vorgehen nach einiger Zeit aufgedeckt wird. Wenn das geschieht, brauchen wir nur gewissen Leuten die Schuld in die Schuhe zu schieben, die dann geopfert werden müssen.‹

Nun wollte Lin Piao noch einmal den ›Nachrichtendienstlichen Bericht Nummer 1577‹ sehen.

Während wir darauf warteten, fragten Huang Yongsheng und ich ihn, ob sich die Lage geändert habe.

Lin Piao bestritt das. Er sagte, er habe noch einmal gründlich darüber nachgedacht und sei zu der Überzeugung gekommen, daß es am besten wäre, sofort zu handeln. Es sei vielleicht doch zu gefährlich, zum ›Berg mit dem Jadeturm‹ zu gehen. Er könne in den 10 Minuten, die er für den Weg dorthin brauchte, alles verlieren.

Lin Piao trug Uniform, und seine linke Hand steckte aus irgendeinem Grund in einem weißen Handschuh, der die Finger frei ließ. Außerdem hatte er eine kleine Aktentasche bei sich, die alles enthielt, was ein Oberbefehlshaber im Notfall brauchte. Ye Qun hatte seine größere schwarze Aktentasche unter dem Arm, und auch ihre beiden Sekretärinnen trugen Aktentaschen. Die drei medizinischen Berater Lin Piaos waren ebenfalls in die Westlichen Berge gekommen und warteten in seinem Haus auf weitere Befehle.

Schließlich brachte uns Liu Quanje den ›Nachrichtendienstlichen Bericht Nummer 1577‹. Huang Yongsheng hatte darauf notiert: ›Sofortige Vorlage bei Faxian, Zuopeng und Huizuo zur Kenntnisnahme; ebenso dem Chef des Verwaltungsbüros Ye; dem stellvertretenden Vorsitzenden Lin zur weiteren Veranlassung.‹

In die für die Anmerkungen des Chefs des Stabes freigelassene Rubrik hatte Huang geschrieben: ›Organisieren Sie sofort einen Gegenangriff in Regimentsstärke. Artillerievorbereitung auf Armee- und Divisionsebene.[2] Bereitstellung von wenigstens 5 Regimentern in den günstigsten Räumen. Zwei Stunden nach Beginn des Gegenangriffs in Regimentsstärke Mobilmachung der Divisionen. Lassen Sie wenigstens 4 Divisionen vorrücken. Die in Shenyang stationierten Luftstreitkräfte werden die Operationen unterstützen. Der Operationsplan wird von Li Zuopeng und Yan Zhongchuan (dem Stabschef der Militärregion Kanton) überprüft werden.‹

Der ›Nachrichtendienstliche Bericht Nummer 1577‹ wirkte vollkommen glaubwürdig und erweckte den Eindruck, daß es sich um eine echte militärische Konfrontation handelte. Er enthielt zahlreiche Einzelheiten, Namen, Orte, Zahlen und Daten und war so verfaßt, daß eine Überprüfung seiner Richtigkeit sehr schwierig war. Er vermittelte den überzeugenden Eindruck, Lin Piao habe die ihm vorliegenden Meldungen, auf die sich seine Befehle stützten, gewissenhaft überprüft. Zugleich erschwerte der Bericht es dem Vorsitzenden Mao, dem Premierminister Tschou und den Befehlshabern in den Militärregionen von Shenyang, den Wahrheitsgehalt der Meldungen zu überprüfen oder die Lage an der Front zu erkunden.

Lin Piao verlangte, wir sollten sofort mit dem Angriff gegen die sowjetische Grenze beginnen. Wir hatten jedoch noch nicht die Einsatzbefehle für den Generalstab und die Militärregion Shenyang formuliert, und wir hatten allem Anschein nach auch nicht mehr die Zeit, es jetzt zu tun. Deshalb war es sehr riskant, sofort loszuschlagen. Li Zuopeng nahm eine ganz sachliche Haltung ein. Augenscheinlich machte es ihm nichts aus, hohe Verluste an Menschenleben hinzunehmen, um den Zwischenfall auszulösen. Ich selbst war nicht fähig, die Angelegenheit in so kurzer Zeit gründlich zu überdenken, aber ich hielt es immer noch für einen Wahnsinn, den Staatsstreich sofort einzuleiten.

Huang Yongsheng reichte mir den ›Bericht 1577‹. Ich las es nicht genau durch, schrieb jedoch an den Anfang der ersten Seite: ›Ich stimme den Vorschlägen des Chefs zu. Es geht um die Ehre der Armee und der Nation. Deshalb schlage ich vor, für diesen Kampf die in Shenyang stationierten Angriffsverbände unserer Luftstreitkräfte und die Truppen der zweiten Artillerie-Raketenbasis einzusetzen.‹[3]

Anschließend unterzeichneten Li Zuopeng und Qiu Huizuo das Dokument.

Ye Qun schrieb dem Sinne nach: ›Der stellvertretende Vorsitzende Lin möge die Sache überprüfen.‹

Lin Piao nahm das Schriftstück in die Hand, legte es auf

den Tisch und schlug mit den Knöcheln darauf. ›Welches Datum sollen wir einsetzen?‹

Li Zuopeng meinte, wir sollten das Dokument mit dem heutigen oder morgigen Datum versehen. Huang Yongsheng wollte das Schriftstück eben an sich nehmen, um das zu tun, als Lin Piao sagte: ›Wir wollen uns jetzt darüber noch keine Gedanken machen.‹

Er überlegte einen Augenblick und schrieb dann mit Kursivschrift an den oberen Rand: ›Ich stimme der Stellungnahme von Stabschef Yongsheng, Faxian, Zuopeng und Huizuo zu. Wenn die sowjetischen Revisionisten uns übervorteilen wollen, dann werden wir unter der Führung des Vorsitzenden so gut kämpfen, wie wir es können. Wir werden uns nicht demütigen lassen. Hiermit befehle ich dem Chef des Stabes, der Operationsabteilung, den Befehl zur Mobilmachung der Militärregion Shenyang und zur Inkraftsetzung des Operationsplans Nummer 1 gegen die Sowjetunion zu übermitteln.

Befehlshaber und Soldaten aller Rangstufen haben dem Oberkommando absoluten Gehorsam zu leisten. Alle Verstöße werden streng bestraft. Kein Opfer ist zu groß, wenn es darum geht, die Eindringlinge abzuwehren.

Die Militärregionen von Peking, Xinjiang und Lanzhou werden in die höchste Alarmstufe versetzt und bereiten sich für den Kriegsfall vor.

Um die Sicherheit des großen Führers und Vorsitzenden Mao Tse-tung zu gewährleisten, müssen wir die blutige Schlacht bis zu ihrem Ende und bis wir den Sieg errungen haben durchstehen.‹

Nachdem wir alle den von Lin Piao verfaßten Text gelesen hatten, sagte Huang Yongsheng, er sei jetzt bereit, den Operationsbefehl verschlüsselt über die Kommandozentrale durchzugeben. Dieser Befehl war schon im voraus von Huang Yongsheng, Li Zuopeng und mir verfaßt worden, und zwar auf Grund eines Entwurfs für das Unternehmen ›Berg mit dem Jadeturm‹, den Lin Piao genehmigt hatte. Der erste Entwurf stammte von Li Zuopeng.

Nun drängte Lin Liguo seinen Vater, sich endgültig zu entscheiden. ›Es ist schon fast 6 Uhr. Wir haben nicht mehr viel Zeit.‹

Mit einem Funksprechgerät rief Huang Yongsheng jetzt Liu Quanjue von der Kommandozentrale an und befahl ihm, hereinzukommen. Er erschien mit dem Leiter der Nachrichtenvermittlung, dem Stabsoffizier vom Dienst im Sicherheitsbüro und dem Leiter des Rundfunksenders. Die Männer warteten in dem durch eine schalldichte Doppeltür von uns getrennten Nachbarzimmer.

Plötzlich rief Lin Piao laut: ›Ruhe!‹

Er blickte auf die Uhr, nahm den Einsatzbefehl in die Hand und sah ihn noch einmal durch. ›Ich schwitze‹, sagte er, ›ich schwitze.‹

Ye Qun und Yu Yunshen liefen zu ihm hinüber, um ihm das Gesicht abzuwischen und ihn zu einem Stuhl zu führen. Er fuchtelte mit dem Arm in der Luft umher und rief fast hysterisch: ›Zum Teufel! Was machen diese Leute hier? Würde es Ihnen etwas ausmachen, mich zur Abwechslung einmal in Ruhe zu lassen?‹

Lin Liguo und seine Männer zogen sich in das zweite Empfangszimmer zurück. Li Zuopeng, Qiu Huizuo und ich gingen in den für die höheren Offiziere reservierten Salon, und etwas später kamen auch Ye Qun und Huang Yongsheng nach.

Wir hatten uns nicht mehr viel zu sagen. Ich wußte nicht, was man tun sollte, und ich glaube, auch die anderen wußten es nicht. Die Atmosphäre war äußerst gespannt.

Lin Piao blieb noch etwa eine halbe Stunde allein im Büro der Operationsabteilung. Wir warteten, ohne ein Wort zu sagen, wie die Idioten in dem anderen Zimmer.

Schließlich stieß Lin Piao die Tür zu unserem Zimmer auf. Er war jetzt ganz ruhig und freundlich.

Er schüttelte jedem von uns die Hand. Sehr selbstsicher sagte er: ›Wir dürfen nicht zu mißtrauisch werden. Wir sollten die Dinge nicht übertreiben. Wir haben seit Jahren jede Sekunde und jede Minute darauf verwendet, unsere Kräfte zu sammeln. Wir dürfen nicht alles, was wir an Blut und Schweiß besitzen, auf einmal verbrauchen. Was wir sorgfältig vorbereitet haben, darf nicht nutzlos verschleudert werden. Es gibt nicht genügend Beweise dafür, daß er im ›Berg mit dem Jadeturm‹ darauf wartet, mir einen Dolchstoß in den Rücken zu versetzen. Noch kann ich die Lage nicht richtig beurteilen. Wir werden warten, bis alles geklärt ist, und am 17. oder 18. dieses Monats etwas unternehmen.‹

Mit einem Seufzer der Erleichterung stimmten wir dem Vorschlag Lins zu.

Als wir in das Büro der Operationsabteilung zurückkehrten, sahen wir im Spucknapf die verbrannten Überreste des Papiers. Lin Piao zeigte mit dem Finger auf die Asche und sagte zu Huang Yongsheng: ›Beseitigen Sie das. Ich habe das Ding verbrannt.‹

Er hatte den ›Nachrichtendienstlichen Bericht Nummer 1577‹ verbrannt und Huang Yongsheng das Telegramm mit dem Einsatzbefehl zurückgegeben. Er sagte: ›Jetzt ist es Ihre Aufgabe, einen sofort zu realisierenden Aktionsplan zu entwerfen, falls mir heute abend etwas zustößt. Sie werden das auf der Basis des taktischen und strategischen Modells ›Berg mit dem Jadeturm‹ tun und sich ganz einfach darauf einstellen müssen, eher zuzuschlagen als ursprünglich geplant.‹[4]

Was Wu Faxian und andere verwirrte, war das eigenartige Verhalten Lin Piaos während der letzten drei oder vier Stunden. Nach langen und schwierigen Überlegungen war Lin Piao augenscheinlich bereit gewesen, der Einladung Maos zum Abendessen zu folgen. Dann war er zur Anlage »Nummer Null« gekommen und bereit gewesen, das Unternehmen »Berg mit dem Jadeturm« sofort in Szene zu setzen. Und schließlich hatte er eine vollständige Kehrtwendung vollzogen und war zu seinem ersten Entschluß zurückgekehrt.

Der plötzliche Sinneswandel Lin Piaos war zum Teil

Ausdruck seines unsteten Geistes, vor allem aber der Reaktion auf die verzweifelten Appelle seines Sohnes Lin Liguo, der auf Drängen der Mitglieder der »Vereinigten Flotte«, besonders seines Chefs des Stabes, Zhou Yuchi, mit seinem Vater gesprochen hatte.

Nachdem sich die »Vereinigte Flotte« mit den beim Staatsstreich einzusetzenden Kräften Lin Piaos zusammengeschlossen hatte und besonders nach dem Abbruch des Raketenunternehmens durch Lin Liguo fühlte sich Zhou Yuchi seinen Kameraden von der »Vereinigten Flotte« noch stärker verbunden als vorher. Andererseits distanzierte er sich innerlich von Wu und einigen Gefolgsleuten Lin Piaos. Der Altersunterschied, die Dienststellung, die Herkunft und der Status dieser Persönlichkeiten trugen sehr wesentlich zu dieser Entfremdung bei, die man in einzelnen Fällen sogar als Gegnerschaft bezeichnen könnte. Aber noch wichtiger war vielleicht der Umstand, daß Zhou sich inzwischen davon überzeugt hatte, daß die »Vereinigte Flotte« auf dem richtigen Wege war, wenn sie aggressiver gegen Mao vorgehen wollte. Zunächst war Zhou nur zu dem Unternehmen »kommandiert« worden, doch als sich die Gegnerschaft zwischen Lin und Mao verschärfte, wurde er zum überzeugten Befürworter des Staatsstreichs. Außerdem hatte ihn Jiang Tengijao mit seinen Argumenten überzeugt, die sich für ein sofortiges Vorgehen mit Gewalt aussprachen.

Zhou Yuchi hatte sich in Maojiawan nicht an der Diskussion über die Frage beteiligt, ob Lin Piao der Einladung Maos folgen sollte oder nicht. Er war auch nicht nach seiner Meinung gefragt worden.

Doch als sich Lin Piao entschlossen hatte, zu Mao zu gehen, versuchten Zhou Yuchi, Yu Xinye und Liu Peifeng Lin Liguo zu überreden, sofort etwas zu unternehmen. Auf diese Weise unter Druck gesetzt, wußte Lin Liguo nicht mehr recht, was er tun sollte, und bat Jiang Tengjiao und Wang Fei um ihren Rat. Sie stimmten beide den Auffassungen von Zhou zu.

Schließlich sprach Lin Liguo noch einmal mit seinem Vater und vertrat dabei seinen Standpunkt mit noch größerer Leidenschaft. Yu Yunshen berichtet: »Zunächst waren Lin Piao und Ye Qun sehr beeindruckt von seinen verzweifelten Bemühungen, sie zu überzeugen. Sie ließen Zhou Yuchi und Liu Peifeng kommen, um ihre Meinung zu hören. Lin Piao erklärte sich bereit, noch einmal in die Anlage ›Nummer Null‹ zu gehen, um dort darüber zu beraten, ob er der Einladung des Vorsitzenden folgen sollte oder nicht. In der Anlage kam es zu einem leidenschaftlich geführten Streitgespräch zwischen Lin Piao, Lin Liguo und Ye Qun. Am Schluß gelang es Lin Liguo aber doch nicht, seinen Vater davon zu überzeugen, daß es falsch wäre, an dem Essen teilzunehmen.«[5]

Die endgültige Entscheidung Lin Piaos war für Lin Liguo und die »Vereinigte Flotte« eine große Enttäuschung und erregte Zorn. Yu Xinye hatte jetzt die unangenehme Pflicht, den Mitgliedern der »Vereinigten Flotte« in Peking mitzuteilen, daß auch die letzte Chance, das Vorhaben 571 durchzuführen, verspielt war. Zhou Yuchi fügte sich diesem Entschluß erst, als Lin Liguo in seiner Gegenwart erklärte: »Wir haben länger als eine Stunde miteinander gerungen. Ich werde einen Nervenzusammenbruch erleiden, wenn das so weitergeht. Er will auf niemanden hören. Ich glaube, wir müssen ihm vertrauen, denn er ist erfahrener als wir.«

Als Vorsichtsmaßnahme gab Lin Liguo seiner Mutter eine Armbanduhr mit einer eingebauten Alarmvorrichtung, die sie während des Essens im Hause Maos tragen sollte. Die Uhr löste automatisch ein Warnsignal über Funk aus, wenn der Puls des Trägers zu schlagen aufhörte. Außerdem konnte Ye Qun die Uhr auch dazu benutzen, ihren Sohn im Falle der Gefahr zu alarmieren, der eingebaute Sender konnte aber auch alle fünf Minuten ein Signal aussenden, das besagte, daß alles normal sei.

Die Funksignale wurden von zwei besonderen Streifenwagen aufgenommen, die sich 500 bis 800 Meter vom

Hause Maos entfernt aufgestellt hatten und ihre Wahrnehmungen an Lin Liguo weitergaben. Um nicht von der Radioüberwachungsstation in Peking entdeckt zu werden, verwendete Lin Liguo die Frequenzen, die für die Navigation der Maschinen der Luftstreitkräfte reserviert waren.

Am 12. September 1971 gegen 20.10 Uhr traf Lin Piao im Hause Maos ein. Die bewaffneten Posten, die die Gäste an der Einfahrt zum Innenhof erwarteten, erwiesen dem Marschall Lin Piao als dem stellvertretenden Vorsitzenden, Verteidigungsminister und Nachfolger Maos die ihm zustehende militärische Ehrenbezeigung.

16

Die Villen am »Berg mit dem Jadeturm« liegen hinter einer hohen grauen Mauer, die den ganzen Berg umschließt. Der dichte Baumwuchs tarnt die Anlage so gut, daß man nur hier und dort ein Hausdach durchschimmern sieht. Früher hatten Mao Tse-tung, Zhu De, Liu Shaoqi und Tschou En-lai ihre Villen in diesem abgeschirmten Bezirk.

1964 wurde auch Lin Piao eine solche Villa zur Verfügung gestellt, und 1967 übernahm er die am luxuriösesten eingerichtete Villa von Liu Shaoqi, nachdem dieser in Ungnade gefallen war. Doch schon nach sieben Monaten stellte er das Gebäude wieder dem Staat zur Verfügung. Das tragische Schicksal Lius, dessen Auseinandersetzungen mit Mao wesentlich dazu beigetragen hatten, daß die Nation in die Wirren und Gewalttaten der Kulturrevolution gestürzt wurde, belastete ihn.

Als Lin Piao auszog und seinen Namen aus der Liste der ehemaligen Eigentümer tilgte, übernahmen die führend an der Kulturrevolution beteiligten Persönlichkeiten zeitweilig die frühere Residenz von Liu Shaoqi. Das waren Jiang Qing, Kang Sheng, Zhang Chunqiao und Chen Boda. Doch die neuen Bewohner der Villa nahmen nicht mehr das ganze Gebäude für sich in Anspruch, sondern jeweils nur einen Teil.

Einmal hatte Lin Piao vergeblich versucht, seine Villa gegen die des Vorsitzenden Mao auszutauschen. Mao Tsetungs Villa nahm die Hälfte der Südostecke des Berges ein und war von hohen Bäumen, einem weiten Rasenplatz und einer Ziegelmauer umgeben. In dem Villenkomplex gab es mehrere Innenhöfe, Blumen- und Bambusgärten, alte Steintafeln und Brunnen, nach alter Tradition und modern eingerichtete Wohnräume, Büros und Repräsentationsräume.

Mao Tse-tung benutzte diese Unterkunft nur sporadisch im Sommer und im Herbst. In einem kleinen Gemüsegarten in der Ecke eines Innenhofs legte er gelegentlich eigenhändig Samenkörner in die Erde. Oft wurde der Samen zur falschen Jahreszeit ausgesät – als eigenartige symbolische Geste. Zur Erntezeit pflegte er seine Freunde mit grünen Bohnen oder Paprika zu beschenken und scherzte dabei gutmütig über die »magische Heilwirkung« dieser besonderen Gabe.

Lin Piao und Ye Qun hatten keine Mühe gescheut, für den Vorsitzenden Mao zu der Einladung am 12. September schöne Geschenke zu besorgen. Wu Faxian hatte mit einem Militärflugzeug lebendige Hummer und Lachs einfliegen lassen, und eine Gruppe von Vermessungstechnikern hatte wilden Gin-seng gepflückt. Außerdem brachte Lin einen Brief der Bewohner von Beidaihe mit, in dem diese dem Vorsitzenden ihre Verehrung und Ergebenheit versicherten.

Lin Piao wußte, daß es ihm das Protokoll nicht erlaubte, irgendwelche Sekretäre oder Assistenten zum Abendessen mitzubringen, aber sein Sicherheitschef, Zhu Bingliang, hatte ihm eine aus 15 Mann bestehende Begleitung mitgegeben. Das waren Sicherheitsbeamte, Fahrer und vier Leibwächter.

Als die Wagenkolonne am Tor des Villengrundstücks von Mao ankam, wurde nur Lin Piaos Limousine bis zum Innenhof der Residenz durchgelassen. Hier wurden Lin Piao und Ye Qun von den Sekretären und Mitarbeitern Maos in Empfang genommen. Der Fahrer Yang Zhengang und der Sicherheitschef Zhu Bingliang übergaben dem Bedienungspersonal die für Mao bestimmten Geschenke Lin

Piaos und fuhren dann auf einen Parkplatz am Tor, wo sie von den Wachtposten Maos eingewiesen wurden.

Am Ende des Parkweges warteten Jiang Qing, Tschou En-lai, Kang Sheng und Wang Dongxing auf die Gäste. Mit höflichen Worten erkundigte sich Lin Piao nach der Gesundheit des Vorsitzenden und sagte, er selbst fühle sich nach dem Erholungsaufenthalt in Beidaihe sehr viel besser.

Mao Tse-tung erwartete seine Gäste im Blumengarten vor seinem Arbeitszimmer. Mit strahlendem Lächeln schüttelte er Lin Piao und Ye Qun die Hand. In bester Laune erklärte er, Lin Piao sehe aus, als sei er zehn Jahre jünger geworden. Der Urlaub in Beidaihe, den er auf Anraten von Ye Qun angetreten hatte, habe offensichtlich Wunder gewirkt.

Lin Liguo, der im Stabsquartier des 34. Luftwaffenregiments auf dem Flughafen am westlichen Stadtrand von Peking auf die Rückkehr seiner Eltern wartete, hatte indessen die erste Meldung erhalten, die bestätigte, daß sich Lin Piao und Ye Qun bei Mao befanden. Seinen Freunden Zhou Yuchi und Liu Shiying sagte er: »Ich hoffe nur, diese plötzliche Einladung zum Essen war nichts weiter als ein falscher Alarm.«[1]

Zeugen der Ereignisse dieses Abend waren außer den Gästen auch die Angehörigen der Leibwache von Mao, des Wachverbandes 8341. Wang Dongxing bezeichnete diesen Eliteverband treffend als »Expertentruppe«.

Wollte man diese Leute als Soldaten bezeichnen, täte man ihnen Unrecht. Sie waren zwar uniformiert, aber keine gewöhnlichen Soldaten, sondern Angehörige einer intellektuellen Elite, die eine hervorragende militärische Ausbildung genossen hatten und einer strengen Disziplin unterworfen waren. Diese energischen, wohlerzogenen, dynamischen Leute waren Spezialisten auf den verschiedensten Wissensgebieten. Was sie zusammenschweißte, war die blinde Ergebenheit, die sie Mao Tse-tung entgegenbrachten. Um ihm zu dienen, waren sie zu allem bereit und absolut verschwiegen. Man erwartete von ihnen paradoxerweise zugleich Unwissenheit und Verständnis für alles, was ihren Herrn und Meister anging. Die Gliederung des Wachverbandes war die einer Division in der Volksbefreiungsarmee. Der Verband war jedoch stärker als eine normale Division. Er bestand aus 18 Truppenteilen in Bataillonsstärke mit jeweils 500 bis 870 Mann. Jedes Bataillon gliederte sich in 4 bis 5 Schwadronen, die ihrerseits in Züge aufgeteilt waren. Jeder Zugführer war Wang Dongxing direkt unterstellt. Die kleinste Einheit war die Gruppe.

Neben diesen Truppenteilen gab es noch andere Bataillone, die Sonderaufgaben zu erfüllen hatten oder den Ersatz für Bataillone darstellten, die zur weiteren Ausbildung abkommandiert waren. Eine starke Abteilung beschäftigte sich mit Spionage und Spionageabwehr. Dazu gab es zahlreiche »Büroangestellte« und eine logistische Abteilung, die fast halb so stark war wie der ganze Verband 8341. Sie war für die Ausrüstung, die Bewaffnung, die Nachrichtenverbindungen, den Fahrzeugpark und die Nachschublager verantwortlich.

Der folgende Abschnitt aus den Memoiren von Zhao Yanji gründet sich auf Gespräche mit Wang Dongxing.

»Wang Dongxing seufzte, als er über die Ereignisse am Abend jenes 12. September und die letzte Begegnung zwischen Lin Piao und Mao Tse-tung sprach. Er sagte, der Vorsitzende und Lin Piao hätten sich im Zeitraum Dutzender von Jahren ungezählte Male getroffen. Doch am letzten Abend, den die beiden Männer zusammen verbrachten, sprachen sie trotz der besonderen Bedeutung dieses Ereignisses nur über ganz banale Dinge.

Mao Tse-tung erzählte zunächst vom Süden, aus dem er eben zurückgekehrt war, und von den Freuden des Reisens. Das nächste Thema war ein wissenschaftlicher Bericht über die Langlebigkeit, den Mao vor einiger Zeit gelesen hatte. Man sprach über die Langlebigkeit in China, Japan und anderen Ländern.

Vom Empfangszimmer neben Maos Arbeitszimmer gingen sie in den Bankettsaal, um ›das letzte Abendmahl‹ einzunehmen, wie Tschou En-lai es später genannt hat.

Mao Tse-tung leitete die Feier damit ein, daß er eine Flasche kaiserlichen Weins öffnete, der sich noch in dem aus der Ming-Dynastie stammenden Porzellangefäß befand, das vor 482 Jahren verschlossen worden war. Dann zündete er Räucherstäbchen an.

Es wurden ausgesuchte Speisen gereicht – Seegurken und andere Delikatessen wie Wild und Meerestiere, die noch am selben Tag gefangen oder erbeutet und mit dem Flugzeug hergebracht worden waren. Mao Tse-tung nahm seine Eßstäbchen und legte Lin Piao die köstlich zubereitete Sehnen eines Tigers auf den Teller, der erst kürzlich in der Mandschurei geschossen worden war. Lin Piao erwiderte die Geste. Die Atmosphäre war während des ganzen Banketts besonders herzlich.

Später hat Wang Dongxing über diesen Abend gesagt: ›Ich hatte zunächst angenommen, das letzte zu Ehren von Lin Piao gegebene Essen werde eine sehr steife Angelegenheit sein. Es zeigte sich aber, daß es nicht notwendig gewesen wäre, alle diese Vorsichtsmaßnahmen zu treffen. Natürlich waren unsere Gefühle sehr gemischt, aber es gelang uns, sie unter dem Firnis vollkommener Gelassenheit zu verbergen.‹

Gegen 22 Uhr forderte Mao Tse-tung seine Gäste auf, mit ihm in einen zweiten Bankettsaal zu gehen, wo frisches Obst aus Südchina gereicht wurde. Nach einiger Zeit sagte Ye Qun, man sollte es dem Vorsitzenden vielleicht erlauben, sich jetzt von seiner langen und anstrengenden Reise zu erholen. Lin Piao und der Premierminister stimmten ihr zu. Doch auf Drängen von Mao Tse-tung blieben sie noch eine halbe Stunde da.

Zuerst verabschiedeten sich Premierminister Tschou Enlai, Kang Sheng und Jiang Qing. Lin Piao und Ye Qun blieben noch weitere 20 Minuten, um sich mit dem Vorsitzenden Mao zu unterhalten. Um 22.54 Uhr gingen auch sie.

Wang Dongxing und Mao Tse-tung begleiteten sie bis zu ihrem Wagen, der vor der Tür des Bankettsaals auf sie wartete.

Um 23 Uhr hörte man in der ganzen Villa das Krachen von Detonationen. Der Vorsitzende wandte sich an Premierminister Tschou En-lai und Wang Dongxing und sagte: ›Was die Schuldfrage betrifft, so ist es gleichgültig, was man sagt. Mich kümmert das einen Dreck.‹

Als der Premierminister zurückkehrte, nachdem er den Tod von Lin Piao und Ye Qun festgestellt hatte, sagte er dem Vorsitzenden: ›Zum ersten Mal, seit wir in die Hauptstadt gekommen sind, haben wir etwas Derartiges tun müssen. Wir müssen eine angemessene Erklärung finden und dafür sorgen, daß er nicht noch als Held gefeiert wird.‹

Der Vorsitzende erwiderte: ›Ich bin überzeugt, daß Sie alles Notwendige veranlassen werden.‹«[2]

Unter den Angehörigen des Verbandes 8341, die am 12. September in der Villa Mao Tse-tungs Dienst taten, befand sich auch der Kraftfahrzeugsachverständige Tao Shu. Im Verlauf seiner Untersuchung der Affäre Lin Piao stieß Zhao Yanji auch auf die Erinnerungen von Tao Shu. Im folgenden beschreibt Tao Shu seine Rolle bei dem Unternehmen und die Vorbereitungen dafür.

»Bald nachdem Mao Tse-tung nach Peking zurückgekehrt war, befahl Wang Dongxing mehrere Angehörige des Verbandes 8341 zu einer Besprechung zu sich. Wir sollten innerhalb einer Stunde einen Plan ausarbeiten. Unser Auftrag war einfach. Wir sollten an der ersten Kurve der von der Villa des Vorsitzenden Mao ins Tal führenden Purpurweidenstraße ein Kraftfahrzeug zerstören und die Insassen töten.

Mein Spezialgebiet ist die Verkehrssicherheit von Kraftfahrzeugen. Ich brauchte deshalb nicht viel Zeit, eine Methode zu entwickeln, mit der ein solcher Wagen, von dem ich annahm, daß er gepanzert und schußsicher sei, zerstört werden konnte.

Ich gehörte zu einer kleinen aus technischen Experten bestehenden Gruppe. Der Führer dieser Gruppe war der Sprengstoffachmann Wang Rongyuan. Ich war sein Stellvertreter. Daneben gab es einen aus 60 Mann bestehenden Stoßtrupp. Nachdem wir unsere Vorbereitungen innerhalb der uns befohlenen Zeit getroffen hatten, erhielt Wang Zigang von Wang Dongxing den Befehl, uns vor dem Sicherheitsbüro am Osttor von Zhongnanhai zu versammeln, wo wir vor dem Ausrücken aus dem ›Berg mit dem Jadeturm‹ auf weitere Anweisungen warten sollten.

Nach anderthalb Stunden kam Wang Dongxing zuerst zu uns, den elf Technikern, und ging dann zum Stoßtrupp. Er billigte meinen Plan bis auf den Vorschlag, aus Sicherheitsgründen die Straße zu verminen. Dann ließ er uns an die vorher bezeichnete Stelle abrücken, wo wir uns in einen Hinterhalt legen sollten. Er sagte, vor unserem Eintreffen dort würden die regulären Posten am ›Berg mit dem Jadeturm‹ von Leuten aus unserem Verband abgelöst werden.

Der Überfall sollte nach dem folgenden Plan durchgeführt werden: Ein Kraftfahrzeug sollte in der Linkskurve der Purpurweidenstraße quergestellt werden. Wenn das anzugreifende Fahrzeug herunterkam, standen zwei unserer Raketengruppen bereit, eine vor dem quergestellten Wagen, die zweite dahinter. Nach meiner Schätzung würden alle Insassen des Wagens durch einen Volltreffer mit einer 40-mm-Rakete getötet werden. Um jedoch ganz sicherzugehen, stellten wir vier 40-mm-Raketen und drei 60-mm-Panzerabwehrraketen bereit. Die Feuerstellungen waren jeweils 15,7 Meter vom Ziel entfernt.

Die meisten Angehörigen des Stoßtrupps lagen etwas weiter unten beiderseits der Straße im Hinterhalt. Einige von ihnen warteten in zwei offenen Fahrzeugen. Sie waren mit leichten Maschinengewehren und Maschinenpistolen bewaffnet, um die vom Zielgebiet bergauf führende Straße für den Fall zu sperren, daß der Wagen wendete.

Die Straße war durch Straßenlaternen so gut beleuchtet, daß die Abschußvorrichtungen keine besonderen Zielgeräte brauchten, um das Fahrzeug auf so kurze Entfernung zu treffen.

Wir waren durch Feldtelefone und Sprechfunkgeräte miteinander verbunden. An meinem Posten befand sich auch Wang Zigang mit einer Leuchtpistole.

Während wir den Überfall übten, kam Wang Dongxing viermal zu uns, um noch einmal alles zu überprüfen. Gegen 19.10 Uhr kam er an die Stelle, wo ich im Hinterhalt lag. Er zeigte auf die Stelle weiter unten, wo der Stoßtrupp in Stellung gegangen war. ›Könnten sie etwas abbekommen? Es ist nicht sehr weit bis dort hin.‹

Ich antwortete: ›Die 60-mm-Rakete hat eine sehr starke Sprengwirkung. Diese Männer sind nur 5 Meter vom Ziel entfernt. Es könnte Tote und Verletzte geben.‹

Wang Dongxing erwiderte rasch: ›Wir müssen bereit sein, Opfer zu bringen. Wir sind dem Vorsitzenden Mao treu ergeben. Es wäre eine Ehre, für ihn zu sterben. Daran muß jeder denken.‹

Wenige Minuten vor 23 Uhr kam das Alarmsignal. Wir hörten den Wagen und sahen seine Scheinwerfer. Es war unser Ziel. Wir machten uns feuerbereit.

Es war eine rot beflaggte Limousine. Der Wagen fuhr mit einer Geschwindigkeit von etwa 15 Stundenkilometern. In der Karosserie spiegelte sich das helle Licht der Straßenlaternen. Als der Wagen an die Kurve kam, wurde er abgebremst, rutschte ein Stück weiter und blieb 7 oder 8 Meter vor der Straßensperre stehen. Ich hörte das betäubende Krachen von Detonationen und sah, wie eine Rakete den rückwärtigen Teil des Wagens traf. Jetzt stand das ganze Fahrzeug in Flammen.

Eine zweite Rakete wurde auf die Mitte des Wagens abgefeuert, ich konnte die Detonation beim Auftreffen jedoch nicht von der ersten unterscheiden. Die Männer mit den Feuerlöschern sprangen aus der Deckung.

Wang Zigang, Wang Rongyuan und ich liefen auf das Wrack zu. Der Rahmen des Wagens war völlig verbogen. Die Türen waren herausgefallen, und alle Scheiben waren zersplittert. Die Chemikalien aus den Feuerlöschern hatten die bereits völlig zerfetzten, blutigen vier Leichen ganz unkenntlich gemacht.

Die beiden Personen auf den Vordersitzen waren vollkommen deformiert, die Frau auf dem Rücksitz war von der Gürtellinie aufwärts nur noch ein Haufen Lumpen und Knochen. Bei dem Mann neben ihr waren nur noch eine Körperhälfte und eine Seite des Kopfes teilweise intakt.

Die blutigen Leichenteile wurden in ein klimatisiertes Zimmer gebracht, bevor Wang Dongxing und Premierminister Tschou En-lai kamen, um sie anzusehen. Premierminister Tschou fragte nach den Namen der im Zimmer Anwesenden. Er sagte uns: ›Sie haben sich als Beschützer des Vorsitzenden Mao große Verdienste erworben. Sie sind alle Helden.‹

Wang Dongxing zeigte auf die beiden Leichen, die noch vor einer Minute auf dem Rücksitz des Wagens gesessen hatten, und fragte: ›Wissen Sie, wer das ist? Das war Lin Piao, der den Vorsitzenden verraten hat. Und das war seine stinkende Frau Ye Qun.‹

Wir waren zutiefst erschrocken. Der Mann, den wir eben getötet hatten, war der Nachfolger des Vorsitzenden Mao, Lin Piao.«[3]

Aufnahmen aller Personen, die im Zusammenhang mit der Affäre Lin Piao ums Leben gekommen waren (und zu ihnen gehörten auch einige Techniker und Angehörige des Stoßtrupps), wurden im Untersuchungsbüro von Zhao Yanji zu den Akten genommen. Wie Zhao berichtet, war Lin Piao, dem man das Blut aus dem Gesicht gewischt hatte, auf den Fotos an seinem rechten Auge (das intakt geblieben war), an seinen Augenbrauen (die nur angesengt waren) und an der sehr runzeligen Augenpartie zu erkennen.

Diese Fotos unterscheiden sich ganz wesentlich von denen, die das Hauptbüro des Zentralkomitees später hohen Funktionären im Jingxi-Hotel vorgelegt hat. Die letzteren waren angeblich von Angehörigen der chinesischen Botschaft in der Mongolei am frühen Morgen des 13. September an der Stelle aufgenommen worden, wo ein Flugzeug abgestürzt war. Natürlich waren die Aufnahmen von Lin Piao, Ye Qun und Lin Liguo in den Trümmern der Maschine gefälscht.

17

Als Lin Piao sich am Abend des 12. September schließlich bereit erklärte, der Einladung des Vorsitzenden Mao zu einem Essen in seiner Villa zu folgen, hatte Lin Liguo folgende Vorkehrungen getroffen:

1. Wang Fei, Xu Xinye, Li Weixin, Wang Yongkui und andere wurden angewiesen, sich im Hauptquartier der Luftstreitkräfte in dem Gebäude, dessen Grundriß die Form eines großen Ypsilon hatte, bereitzuhalten und auf die Anweisungen Lin Liguos zu warten. Jiang Tengjiao blieb auf Befehl Lins zu Hause, um die Verbindung zu den Stäben der Luftwaffen-Militärregionen in Shanghai, Hangzhou und Guangzhou zu halten. Eine Geliebte von Lin Liguo, eine zu den Luftstreitkräften gehörende Schauspielerin, und Cheng Hongzhen blieben bei Lin Liguo.

2. Lin Liguo, Zhou Yuchi, Liu Peifeng, Liu Shiying und andere beobachteten die Vorgänge am »Berg mit dem Jadeturm« vom Flughafen am westlichen Stadtrand von Peking aus und hielten dabei die Verbindung zur Gruppe von Huang Yongsheng.

3. Der persönliche Fahrer von Lin Liguo, Wang Zhuo, zugleich der stellvertretende Leiter der Fahrbereitschaft im Hauptquartier der Luftstreitkräfte, war für die Bereitstellung von Kraftfahrzeugen verantwortlich.

4. Wenn Lin Piao oder Ye Qun in Schwierigkeiten gerieten, sollte Huang Yongsheng sofort den militärischen Staatsstreich einleiten und öffentlich bekanntgeben, konterrevolutionäre Kräfte hätten den Vorsitzenden Mao entführt, den stellvertretenden Vorsitzenden Lin festgenom-

men und einen bewaffneten Aufstand begonnen. Als Chef des Stabes der Streitkräfte sollte er die Abriegelung der Befehlszentrale in den westlichen Bergen befehlen. Dann sollten die Militärregionen Peking und Shenyang den Befehl erhalten, die unter ihrem Kommando stehenden Verbände, insbesondere die 38. Armee, zur Einschließung von Peking zur Verfügung zu stellen.

5. Alle Truppenteile in Peking und die Militärregionen im ganzen Lande sollten von dem Staatsstreich des Militärs unterrichtet werden. Die in Peking selbst stationierten Einheiten sollten den Befehl erhalten, den Wachverband 8341 des Vorsitzenden Mao zu isolieren und dafür zu sorgen, daß die Befehle der Kommandozentrale befolgt wurden. Truppen der Marine und der Luftwaffe sollten für die Abriegelung des »Berges mit dem Jadeturm«, des staatlichen Gästehauses und von Zhongnanhai eingesetzt werden. Der Ausbildungsverband der Luftstreitkräfte (das Kontingent der »Vereinigten Flotte«) sollte unmittelbar nach seinem Eintreffen aus Shanghai auf dem Flughafen am westlichen Stadtrand von Peking als Stoßtrupp eingesetzt werden, um Lin Piao und Ye Qun zu befreien und Mao Tse-tung, Wang Dongxing und andere wichtige Mitarbeiter Maos zu töten.

6. Innerhalb von vier Stunden sollten die drei Luftlandedivisionen der Luftstreitkräfte in Peking eintreffen, um die gegen Mao eingesetzten Kräfte zu verstärken.

Nachdem er alle notwendigen Vorbereitungen getroffen hatte, beobachtete Lin Liguo aufmerksam die Signale, die ihn aus der Armbanduhr Ye Quns erreichten. Das Gerät war gründlich getestet worden, doch jetzt stellte er fest, daß es nicht mehr sendete. Er glaubte zunächst, der kleine Sender sei wegen eines technischen Fehlers ausgefallen. Noch wußte er nicht, daß die Armbanduhr beim Raketenbeschuß, bei dem auch seine Mutter getötet wurde, zerstört worden war.

Während er sich noch über das Ausbleiben der Signale Gedanken machte, erreichte Lin Liguo eine Meldung der am »Berg mit dem Jadeturm« abgestellten Streifenwagen, es seien zwei unerklärliche Detonationen zu hören gewesen. Sonst sei nichts Ungewöhnliches festgestellt worden, auch habe man kein Gewehrfeuer gehört. Lin Liguo und seine Kollegen von der »Vereinigten Flotte« waren sofort überzeugt, Lin Piao sei in einen Hinterhalt geraten.

Lin Liguo teilte Huang Yongsheng den Inhalt der Meldung mit, der jedoch zunächst annahm, der Sender in der Armbanduhr habe versagt. Als Lin ihn zu überreden versuchte, den Einsatzbefehl für das Unternehmen »Berg mit dem Jadeturm« zu geben, sagte Huang, wenn der Staatsstreich auf Grund unzutreffender Meldungen in Gang gesetzt würde, gefährdete das die Sicherheit von Lin Piao und Ye Qun.

Zhou Yuchi, der neben Lin Liguo stand, hörte das Gespräch mit. Er war empört über das unbegreifliche Verhalten von Huang und überzeugt, daß alles verloren sei.

Zhou stand plötzlich kommentarlos auf, rief Pan Jingyin an und sagte ihm, er solle eine Düsenmaschine vom Typ Trident für einen Langstreckenflug bereitstellen. Dann rief er seinen Hubschrauberfluglehrer Chen Shiyin in der Akademie der Luftstreitkräfte an und bat ihn, sich für einen Sondereinsatz bereitzuhalten.

Das ehemalige Mitglied der »Vereinigten Flotte«, Liu Shiyin, hat die Ereignisse dieses Tages in seinem Geständnis später wie folgt geschildert:

»Lin Liguo ging aus dem Zimmer und befahl dem Führer der Shanghai-Gruppe des Ausbildungsverbandes der Luftstreitkräfte, auf weitere Anweisungen zu warten. Zhou Yuchi ging in ein anderes Zimmer. Ich folgte ihm und stellte fest, daß er mit Pan Jingyin telefonierte.

Dann wandte sich Zhou Yuchi an mich: ›Beeilen Sie sich und sagen Sie Li Weixin, er soll mein Büro aufräumen und alle meine Sachen in einen Koffer packen. Es sieht so aus, als müßten wir heute abend alle Brücken hinter uns abbrechen. Wenn man nicht siegen kann, muß man fliehen, bevor man gefangen wird!‹

Zhou Yuchi sagte mir, ich sollte ganz ruhig bleiben und niemandem sagen, daß wir versuchten zu entkommen. Wenn Lin Liguo nicht freiwillig fliehen wollte, solange es Zeit war, würden wir ihn mit Gewalt ins Flugzeug zerren müssen. ›Wir dürfen es nicht zulassen, daß er hier bleibt und getötet wird‹, sagte Zhou.

Lin Liguo rief in seinem Haus in Maojiawan an. Yu Yunshen war am Apparat. Er ging nicht auf die Fragen ein, die Lin Liguo ihm stellte, sondern fragte selbst: Ob Lin Liguo noch immer im Flughafengebäude am westlichen Stadtrand von Peking sei, wie es Lin Piao ginge und was Huang Yongsheng unternehmen wolle?

Das kam Lin Liguo verdächtig vor, er hatte den Eindruck, Yu Yunshen könne am Telefon nicht offen sprechen. Auch Zhou Yuchi und die anderen, die das Gespräch mit anhörten, überraschte sein Verhalten.

Schließlich fragte Lin Liguo, ob bei ihm irgend etwas nicht in Ordnung sei. Darauf wurde das Gespräch plötzlich unterbrochen.

Lin Liguo wählte die Nummer noch einmal. Aber die Verbindung kam nicht mehr zustande. Er versuchte es immer wieder, bekam aber keinen Kontakt.

Plötzlich rief Zhou Yuchi: ›Verdammt! Maojiawan muß besetzt sein. Wahrscheinlich bedrohen sie Yu Yunshen mit einem Revolver.‹

Jetzt bekamen es alle mit der Angst zu tun. Nach einiger Zeit rief Huang Yongsheng an. Er sagte, er habe unter einem Vorwand versucht, Lin Piao im Hause Maos anzurufen. Tschou En-lai sei ans Telefon gekommen und habe gesagt, Lin unterhielte sich gerade mit dem Vorsitzenden, es sei möglich, daß auch Huang Yongsheng später dazugebeten würde, und er möge sich bereithalten, zu einem Gespräch herüberzukommen.

Huang meinte, vielleicht sei die Lage nicht so ernst, wie Lin Liguo es sich vorstellte.

Lin Liguo sagte ihm, in Maojiawan könne irgend etwas nicht in Ordnung sein. Er forderte Huang auf, sofort einen

Aufstand in Gang zu setzen. Huang Yongsheng erwiderte, er werde sich telefonisch mit Wu Faxian, Li Zuopeng und Qiu Huizuo beraten. Nachdem er den Hörer hingelegt hatte, schimpfte Lin Liguo: ›Ich bedaure es wirklich, daß ich diesen alten Kerlen nicht die Pistole an den Kopf gehalten und sie gezwungen habe, auf mich zu hören.‹

Irgend jemand hat mir gesagt, das seien auch die Worte von Yu Xinye gewesen.

Nach etwa 10 Minuten rief uns Huang Yongsheng noch einmal an und sagte, er müsse zum ›Berg mit dem Jadeturm‹ gehen. Er werde zu einer verabredeten Zeit die Verbindung zu Wu Faxian aufnehmen, wenn er das nicht täte, dann könnten die anderen daraus schließen, daß irgend etwas nicht in Ordnung sei. In diesem Fall würden Wu Faxian, Li Zuopeng und Qiu Huizuo das Kommando bei dem Staatsstreich übernehmen.

Lin Liguo stimmte dem Vorhaben von Huang Yongsheng nicht zu, konnte ihn aber nicht mehr von seinem Entschluß abbringen. Dann sagte er: ›Begleiten Sie mich alle zur Kommandostelle am westlichen Stadtrand. Wir werden Huang Yongsheng herholen und ihn wieder zur Vernunft bringen. Wenn er seine Meinung nicht ändern will, werden wir Wu Faxian mit vorgehaltener Pistole zum Handeln zwingen.‹

Alle waren einverstanden, besonders Zhou Yuchi. Doch jetzt meldete ein Streifenwagen, daß ihm auf der Rückfahrt zum Flughafen am westlichen Stadtrand ein Militärfahrzeug begegnet sei. Die Besatzung des Streifenwagens meldete, dieses Militärfahrzeug habe bewaffnete Soldaten befördert, die den Flughafen am westlichen Stadtrand besetzen sollten.

Zugleich meldete der zweite Streifenwagen, daß die zum Flughafen am westlichen Stadtrand führende Straße von einem Militärfahrzeug gesperrt worden sei. Offenbar wurden alle zum Flughafen führenden Straßen bewacht.

Zhou Yuchi sagte: ›Jetzt greifen sie uns an. Sie haben uns eingeschlossen.‹«[1]

In einem anderen Vernehmungsprotokoll beschreibt Liu Shiying im einzelnen die Vorgänge im weiteren Verlauf des gleichen Tages:

»Lin Liguo, der die ganze Zeit als unser Oberbefehlshaber die Entscheidungen getroffen hatte, wußte plötzlich nicht mehr, was er tun sollte.

Zhou Yuchi wollte den Ausbildungsverband der 4. Luftflotte die Verteidigungsstellungen für die bevorstehende Schlacht einnehmen lassen. Er forderte Pan Jingyin auf, mit einer Besatzung an Bord eines Flugzeugs zu gehen, dann den Flughafen auf Befehl des Oberbefehlshabers der Luftstreitkräfte, Wu Faxian, anzurufen, die Triebwerke der Trident zu starten und alles für den sofortigen Abflug vorzubereiten.

Lin Liguo fragte ihn, was das bedeuten solle.

Er antwortete, sie seien eingeschlossen und auch die Kommandozentrale in den westlichen Bergen sei umzingelt. Jetzt könnten sie noch entkommen, aber wenn sie länger warteten, werde es zu spät sein.

Lin Liguo fragte ihn, wohin sie fliehen könnten.

Zhou Yuchi meinte, in die Sowjetunion.

Lin Liguo blickte jeden einzelnen von uns an und fragte: ›Was denken sie?‹

Wir alle waren der Meinung, daß die alten Krieger versagt hätten. Die Militärregionen würden uns nicht unterstützen, und wir hatten keine Möglichkeit, sie dazu zu zwingen. Der einzige Ausweg schien eine Flucht ins Ausland zu sein.

Zhou Yuchi schlug vor, Liu Peifeng und ich sollten Lin Liguo im ersten Flugzeug begleiten. Er werde sich mit Wang Fei und anderen Offizieren der Luftstreitkräfte in Verbindung setzen, um noch in letzter Minute alles Notwendige zu regeln und sich danach uns anzuschließen.

Liu Peifeng und ich begleiteten Lin Liguo in einem von Wang Zhou gelenkten Fahrzeug zu dem Abstellplatz für die Flugzeuge auf dem Flughafen.

Die Trident stand schon abflugbereit da. Ich habe ihre Seriennummer vergessen.

An Bord der Maschine teilte uns Pan Jingyin mit, daß die Besatzung vollzählig sei. Die Maschine war voll aufgetankt, und er scherzte, wir könnten praktisch ewig in der Luft bleiben, ohne irgendwo landen zu müssen. Er wußte nicht, wie nahe er mit diesem Scherz der Wahrheit kam.

Soweit ich mich erinnere, bestand die Besatzung aus sieben Personen. Der eine Funkoffizier war eine Frau mittleren Alters, die anderen waren Männer; zwei Piloten (einer davon war Pan Jingyin), ein Navigationsoffizier, ein Chefmechaniker und zwei technische Assistenten.

Vom Flugzeug aus sprachen wir telefonisch mit Zhou Yuchi. Pan Jingyin sagte ihm, der Kontrollturm kenne noch nicht die Flugroute und die Nummer der Maschine. Zhou Yuchi sagte, er habe schon mit dem stellvertretenden Chef des Stabes, Wang Fei, gesprochen, und es sei für alles gesorgt. Er bat Pan Jingyin, die Befehle des stellvertretenden Chefs Lin zu befolgen.

Dann ging Lin Liguo ans Telefon, und Zhou Yuchi sagte, er werde in wenigen Minuten etwa 100 Mann zum Flughafen bringen, die ebenfalls an Bord des Flugzeugs gehen würden. Er sagte Lin, ich (Liu Shiying) sollte ihm bei der Führung dieser Truppe helfen.

Als ich aus der Maschine stieg, bat mich Wang Zhuo, mit anzufassen und mehrere Maschinengewehre aus einem Auto in das Flugzeug zu bringen.

Wir hatten eine Leiter an das Flugzeug gestellt, und plötzlich rutschte ich aus, fiel von der Leiter und verletzte mir das Bein recht erheblich. Lin Liguo fragte mich, ob alles in Ordnung sei, er und Pan Jingyin kamen herüber, um nach mir zu sehen.

Bei dieser Gelegenheit wandte sich Pan Jingyin an Lin Liguo und fragte ihn im Flüsterton, wohin wir fliegen würden.

Statt zu antworteten, fragte Lin Liguo: ›Wird die Besatzung Ihnen gehorchen?‹

Pan Jingyin erwiderte: ›Solange der stellvertretende Chef an Bord ist, dürfte es keine Schwierigkeiten geben.‹

Darauf sagte Lin Liguo: ›Wer heute abend nicht gehorcht, bekommt es damit zu tun.‹ Dabei klopfte er auf Pan Jingyins Pistolentasche.

Whang Zhuo und ich stiegen in den Wagen, um Zhou Yuchi zu suchen. Als wir am Kontrollturm vorüberfuhren, hörten wir, wie die Motoren mehrerer Kraftfahrzeuge angelassen wurden. Bevor wir die Kommandozentrale erreicht hatten, sahen wir eine haltende Wagenkolonne und bewaffnete Soldaten, die aus den Fahrzeugen sprangen.

Wang Zhuo sagte: ›Verdammt! Da kommen wir nicht durch.‹

Dann fuhren drei Jeeps von der Kommandozentrale auf den Flughafen zu. Ich glaubte, Zhou Yuchi säße in einem der Jeeps, und sagte Wang Zhuo, er solle die Fahrzeuge überholen. Als wir näher kamen, erkannten wir, daß es Militärfahrzeuge waren. Die Männer in den Wagen sprangen heraus, richteten ihre Gewehre auf uns und riefen uns zu, wir sollten anhalten.

Wir wendeten und fuhren zum Flugplatz zurück. Wang Zhuo schrie immer wieder: ›Verdammt! Verdammt!‹

Nun sah ich auch, daß die Suchscheinwerfer am Kontrollturm die Rollbahn ableuchteten. Eine Gruppe Soldaten lief auf die Trident zu. Aber die Maschine hatte schon zum Start angesetzt und erhöhte die Geschwindigkeit.

Zhuo versuchte, sie einzuholen, während ich ihm zurief, er sollte wenden. Das tat er schließlich auch. Wir machten einen Umweg über einen Wohnbezirk und verließen den Flughafen durch ein Seitentor. Dann fuhren wir zurück zur Akademie der Luftstreitkräfte, um dort Zuflucht zu suchen.«[2]

Nachdem Lin Liguo an Bord des Flugzeuges gegangen war, sprach Zhou Yuchi mit Wang Fei und sagte ihm, er sollte alle Beteiligten versammeln und sich mit ihnen über eine einheitliche und glaubwürdige Darstellung der Ereignisse einigen. Man kam überein, bei der bevorstehenden Untersuchung zu erklären, niemand habe etwas von den Absichten Lin Liguos und der »Vereinigten Flotte« gewußt.

Zhou ließ Wang Fei und Li Weixin alle Mitglieder der »Vereinigten Flotte« in den jeweiligen Dienststellen anweisen, sie sollten alle Dokumente verbrennen und alle Beweismittel vernichten, die auf ihre Zugehörigkeit zu diesem Verband hinweisen könnten, und sie sollten ihre Kräfte schonen.

Er sagte: »Wir haben einen Rückschlag erlitten, aber noch keine Niederlage. Am Ende wird die ›Vereinigte Flotte‹ siegen.«

Während Liu Shiying auf dem Wege zu Zhou Yuchi war, erhielt Zhou die Meldung, daß Soldaten des Heeres in das Gelände des Flughafens eingedrungen waren und sich den dort abgestellten Maschinen näherten. Der Ausbildungsverband konnte die Soldaten von seinen Stellungen aus beobachten.

Nachdem Zhou Yuchi erkannt hatte, daß er die Gelegenheit verpaßt hatte, mitzufliegen, rief er Lin Liguo über Sprechfunk an und drängte ihn, sofort zu starten.

Der für die Nachrichtenverbindungen verantwortliche Offizier der »Vereinigten Flotte«, Xu Limin, schreibt in seinem Geständnis:

»Zhou Yuchi sagte Lin Liguo, er dürfe keine Sekunde mehr warten. Nur wenn er sofort startete, könne er sich in Sicherheit bringen. Er sagte, Lin Liguo sollte die Besatzung mit vorgehaltener Maschinenpistole entwaffnen, ebenso auch Pan Jingyin.

Lin Liguo fragte ihn, was er selbst tun werde. Zhou sagte, er werde im Hubschrauber fliehen. Sie würden sich an vereinbarter Stelle treffen. Er beendete das Gespräch mit dem Ruf: ›Lang lebe Lin Piao! Lang lebe Lin Liguo!‹

Ohne den Ausbildungsverband zu benachrichtigen, brachte er mich, den Fahrer Lin Jianping, den Sekretär Xu Xiuxu und zwei Soldaten, die den Raum in der Akademie der Luftstreitkräfte bewacht hatten, zu einem Elektrokarren und fuhr mit uns von der Werkstatt auf dem Flughafen durch die Felder auf eine schmale Straße und auf Umwegen zu dem geheimen Versammlungsort in der Akademie der Luftstreitkräfte.

Dort wartete Chen Shiyin auf uns.

Zhou Yuchi befahl uns, alle schriftlichen Unterlagen zu sammeln und in zwei Kategorien einzuteilen. Der eine Aktenberg sollte in Koffern verpackt, der andere verbrannt werden.

Ich tauchte einige Aktenstücke in Alkohol und verbrannte sie in einem Waschbecken auf der Toilette. Bald kamen auch Liu Shiying und Wang Zhuo herein.«[3]

Der Angehörige der »Vereinigten Flotte« Li Weixin schildert in seinem Geständnis die Aktivitäten von Zhou Yuchi:

»Ich kam am 13. September gegen 1 Uhr morgens zum geheimen Versammlungsort in der Akademie der Luftstreitkräfte. Ich benutzte dazu ein Kraftfahrzeug und brachte zwei Koffer mit, die von Zhou Yuchi ausgewählte Papiere enthielten. Es handelte sich bei diesen Papieren vor allem um wichtige Akten der ›Vereinigten Flotte‹. Dazu gehörten streng geheime Dokumente, Dienstvorschriften, Karten, magnetische Tonbänder und Mikrofilme, die Lin Liguo von Lin Piao bekommen hatte. Zum Teil waren es Originale, zum Teil aber auch Kopien der Originale. Das gesamte Material war streng geheim und behandelte militärische und die nationale Sicherheit betreffende Fragen. Außerdem gehörten 30000 Dollar, die Sowjetunion betreffendes nachrichtendienstliches Material, Karten über Flugrouten, Medikamente, Narkotika und eine Leuchtpistole dazu.

Auf Verlangen von Zhou Yuchi suchte ich, bevor ich den Gebäudekomplex der Luftstreitkräfte verließ, seine Familie auf. Mit einem verschlüsselten Losungswort teilte ich seinen Angehörigen mit, daß er sich auf einen ›Testflug‹ begeben werde.

Zhou Yuchi sah sich alles an, was ich mitgebracht hatte. Er erkundigte sich nach Wang Fei, Jiang Tengjiao und anderen und sagte seinen Leuten, sie sollten ihre Aussagen mit denen von Wang Fei abstimmen.

Er sagte: ›Shanghai (damit meinte er die Shanghai-Gruppe) hat schwer gelitten.‹ Mich beauftragte er, die Shanghai-Gruppe anzurufen und ihren Mitgliedern zu sagen, daß sie selbst alle notwendigen Verteidigungsmaßnahmen treffen sollten.

Er schimpfte unaufhörlich auf Huang Yongsheng und bezeichnete ihn als einen furchtbaren Dickschädel und Verbrecher. Wenn er könnte, würde er ihn umbringen, um seine Wut zu stillen. Er sagte, die Sache sei einer Gruppe nutzloser, verkommener Subjekte in die Hände gefallen. Wäre man den Vorstellungen der ›Vereinigten Flotte‹ gefolgt, dann sähe die Lage jetzt ganz anders aus.

Zhou Yuchi nahm die Verbindung zu den geheimen Verstecken der ›Vereinigten Flotte‹ im technischen Institut an der Fandi-Straße 5 und im Gebäudekomplex der Luftstreitkräfte auf. Er veranlaßte unsere dort stationierten Leute bis auf wenige, die die Stellung halten sollten, sich zu zerstreuen. Am Ende des Telefongesprächs benutzte er ein Losungswort, mit dem er sagen wollte, daß er die Verbindung nicht mehr aufnehmen werde.

Als wir das Versteck verlassen wollten, erschienen Yu Xinye, Liu Shiying und Wang Zhuo. Zhou Yuchi war sehr wütend und begann zu fluchen. Wir waren alle den Tränen nahe und folgten Zhou Yuchi, während er mit seiner Pistole rhythmisch gegen Tisch und Wände hämmerte und den Treueeid der ›Vereinigten Flotte‹ rezitierte.

Wir haben die Akademie der Luftstreitkräfte wahrscheinlich gegen 2 Uhr morgens verlassen. Zhou Yuchi, Yu Xinye, Liu Shiying, Wang Zhuo, Chen Shiyin und ich fuhren im Kraftfahrzeug zum Hubschrauberlandeplatz Shahe.

Auf dem Wege dorthin hatte unser Wagen eine Panne, und wir brauchten einige Zeit, um sie zu beheben. Ich weiß daher nicht genau, wann wir angekommen sind. Es muß gegen 4 oder 5 Uhr gewesen sein.

Wir kamen zum 101. Regiment der 34. Division. Auf Befehl von Zhou Yuchi ließ Chen Shiyin den Hubschrauberpiloten Chen Xiuwen aus seiner Wohnung in der Stadt herholen. Zhou Yuchi und ich sagten Chen Xiuwen, wir hätten einen dringenden Sonderauftrag erhalten.

Chen Xiuwen fragte, ob er das seiner Familie mitteilen dürfe. Liu Shiying erklärte, die Sache werde nur bis zum nächsten Tage dauern, er sollte es nicht seiner Familie sagen.

Als wir im Wagen saßen, erkundigte sich Chen Xiuwen nach der Flugroute. Zhou Yuchi erzählte ihm, wir müßten an die chinesisch-sowjetische Grenze fliegen, um jemanden abzuholen. Ein Angehöriger unseres geheimen Nachrichtendienstes und der Vertreter einer Breschnew-feindlichen sowjetischen Organisation würden unmittelbar jenseits der Grenze auf uns warten.

Da Chen Xiuwen schon früher ähnliche Aufträge hatte ausführen müssen, hielt er das nicht für ungewöhnlich. Er erkundigte sich nur nach der Flugroute. Zhou Yuchi sagte, er werde ihm unterwegs seine Anweisungen geben. Er wolle jetzt noch nicht auf die Einzelheiten eingehen.

Zhou Yuchi schickte den Fahrer zuerst mit Chen Xiuwen, Chen Shiyin und Liu Shiying zum Flugplatz. Er, Yu Xinye und ich begaben uns auf die Suche nach einem Elektrokarren. Als wir in der Unterkunft der militärischen Wachen auf dem Flugplatz Shahe ankamen, weckte Chen Shiyin den Führer dieser Gruppe.

Zhou Yuchi fragte ihn: ›Sind Sie dem stellvertretenden Vorsitzenden Lin treu ergeben?‹

Ohne zu antworten, ging der Einheitsführer zu seinem Schreibtisch, um etwas herauszuholen. Da wir fürchteten, er wollte sich eine Waffe holen, richteten Liu Shiying und ich unsere Pistolen auf ihn.

Er zog die ›Worte des Vorsitzenden Mao‹ aus der Schublade, stellte sich aufrecht vor uns hin, schwenkte das Büchlein in der Luft und rief: ›Es lebe der stellvertretende Vorsitzende Lin! Ich wünsche ihm immer gute Gesundheit!‹

Nun fuhren wir mit dem Elektrokarren zum Flugfeld hinaus. Der Einheitsführer saß am Steuer. Ich übergab der Wache die Ausweise, die ich im Hauptquartier der Luftstreitkräfte vorbereitet hatte, und nach denen wir berechtigt waren, den Hubschrauber Nummer 3685 zu benutzen.

Der Posten sagte jedoch, wir brauchten die Genehmigung des Kommandeurs des 101. Regiments oder des Standortkommandanten.

Zhou Yuchi wurde wütend und schrie die beiden Posten an. Nun widersprachen sie nicht mehr.

Später sah ich, wie einer der Posten zu dem etwa 150 Meter entfernten Wachlokal am Tor ging. Wahrscheinlich wollte er telefonieren.

In aller Eile machten wir den Hubschrauber klar. In wenigen Minuten war er startbereit.

Nun kam der Posten wieder aus dem Wachlokal und lief auf uns zu. Liu Shiying und Wang Zhuo sprangen aus dem Hubschrauber und fuhren im Elektrokarren davon.

Wir anderen starteten, und Zhou Yuchi befahl dem Piloten, in nordwestlicher Richtung zu fliegen und die Positionslichter auszuschalten.

Nachdem wir etwa 20 Minuten geflogen waren, sahen wir eine kleine schnelle Maschine, die uns auf der rechten Seite quer zu unserer Flugrichtung überholte. Yu Xinye und ich hielten sie für einen Jäger.

Ich sagte zu Zhou Yuchi: ›Vielleicht verfolgt uns eine Maschine.‹

Zhou Yuchi erwiderte: ›Halten Sie den Mund!‹

Yu Xinye sagte, ohne die Gegensprechanlage zu benutzen: ›Man kann Sie hören.‹

Zhou Yuchi fragte Xiuwen: ›Haben Sie irgend etwas gehört?‹

Chen Xiuwen verneinte dies.

Dann sagte Zhou Yuchi: ›Fürchten Sie sich nicht. Da ist eine Maschine, die uns abfangen will. Sie müssen etwas niedriger fliegen, gehen Sie näher an diesen Bergrücken heran. Wir befinden uns jetzt in der Feuerlinie. Jenseits der Grenze werden wir sicher sein.‹

›Tun wir nicht nur unsere Pflicht? Weshalb sollten wir abgefangen werden? Das verstehe ich nicht.‹ Chen Xiuwen war sichtlich verwirrt.

Nun sagte ihm Zhou Yuchi endlich die Wahrheit über unsere Flucht. Er fragte Chen, was er darüber dächte. Chen antwortete: ›Ich habe für den stellvertretenden Vorsitzenden Lin gelebt. Ich würde auch für den stellvertretenden Vorsitzenden Lin sterben.‹

Zhou Yuchi lobte seine Haltung und dankte ihm.

Nach diesem Gespräch legte ich die Kopfhörer nicht mehr an. Ich hatte keine Ahnung, was vorn in der Kabine vorging.

Wir waren wohl etwa eine Stunde geflogen, als die Maschine anfing zu schwanken. Erst jetzt legte ich wieder die Kopfhörer an. Ich hörte, wie Zhou Yuchi Chen Xiuwen anschrie und ihm sagte, er habe an dem automatischen Navigationssystem herumgespielt, um ihn zu täuschen.

Ich wurde sehr nervös und sagte Yu Xinye, was geschehen war.«[4]

Chen Shiyin hat den Vorgang in seinem Geständnis wie folgt beschrieben:

»Als ich feststellte, daß die Maschine nicht in der richtigen Richtung flog, wagte ich nicht gleich, etwas zu sagen, weil ich fürchtete, es könnte zu einer Schießerei kommen. Ich wußte, wenn ich die Sowjetunion erreichen sollte, dann könnte niemand sagen, wann ich meine Familie wiedersehen oder wieder heimatlichen Boden betreten würde. Ich war zutiefst verzweifelt.

Zhou Yuchi hatte einige Erfahrungen als Pilot von Hubschraubern. Er war zusammen mit mir an der Skylark ausgebildet worden. Er merkte, daß wir nicht in die richtige Richtung flogen, als er unter uns eine große beleuchtete Fläche erblickte. Nach einem Blick auf die Instrumententafel glaubte er, der Kompaß sei kaputt. In diesem Augenblick saß er mit der Pistole in der Hand hinter Chen Xiuwen und mir.

Er deutete auf die Lichter und fragte Chen Xiuwen: ›Ist das nicht Peking? Sie fliegen im Kreis, habe ich recht?‹

Chen Xiuwen meinte, vielleicht sei die automatische Steuerung nicht in Ordnung. Er drehte an den Knöpfen des elektrischen und des magnetischen Kompaß und tat so, als betätige er einen Schalter hinter sich (obwohl dort gar kein Schalter war).

Im gleichen Augenblick als Zhou Yuchi mir zurief, ich sollte den Piloten ablösen, entriß Chen Xiuwen Zhou Yuchi die Waffe, warf sie zur Seite und zog mit der anderen Hand die Pistole aus Zhous Gürtel. Dann stieß er mit dem Kopf gegen das Kinn von Zhou, der zurücktaumelte und hinfiel. Zhou versuchte, wieder auf die Beine zu kommen, und dabei kam es zu einem kurzen Ringkampf zwischen den beiden.

Chen Xiuwen saß immer noch auf dem Pilotensitz, und der Hubschrauber schwankte bedenklich hin und her. Ich versuchte, die Maschine wieder ins Gleichgewicht zu bringen, wagte aber nicht, mehr zu tun.

Zhou Yuchi rief mir zu, ich solle ihm helfen, Chen Xiuwen zu beruhigen. Ich versuchte, ihm gut zuzureden: ›Wenn etwas nicht in Ordnung ist, sollten wir in Ruhe darüber sprechen. Aber veranstalten Sie hier doch keinen Ringkampf!‹

Chen Xiuwen schrie mich an: ›Glauben Sie, Sie können mich zum Narren halten? Sie können mich nicht täuschen. Sie wollten, daß ich Ihnen blind gehorche und dabei ebenso wie Sie zum Verräter werde.‹

Er bespuckte mich, und jetzt wurde auch ich wütend.

Zhou Yuchi schrie mich an: ›Chen Shiyin, Sie verdammter Narr, wollen Sie denn sterben? Warum stehen Sie da herum wie ein Idiot? Nehmen Sie die Maschinenpistole und schlagen Sie ihm den Kopf ein.‹

Ich hatte keine Maschinenpistole. Deshalb ergriff ich

von hinten eine Hand von Chen Xiuwen. Zhou Yuchi bekam eine Hand frei, stieß Chen Xiuwen von sich und gegen die Kabinenwand. Dann nahm er seine Maschinenpistole und schoß auf ihn. Chen Xiuwen war auf der Stelle tot.

Unmittelbar bevor er starb, drehte Chen Xiuwen die Kraftstoffzufuhr ab und löste Feueralarm aus. Der Motor des Hubschraubers blieb stehen, die Maschine schwankte in der Luft hin und her und glitt allmählich immer tiefer.

Ich bemühte mich, den Hubschrauber sicher zu landen.

Hinter mir hörte ich zwei Schüsse, die die Kabinenwände durchschlugen. Ein Schuß traf Zhou Yuchi in den Arm und zerfetzte seinen Ärmel und das Fleisch. Er fing an zu fluchen. Als wir aus dem Hubschrauber sprangen, fragte er, wer diese Schüsse abgefeuert habe.

Dann sah er, wie Li Weixin humpelnd davonlief. Zhou Yuchi rief ihn an, aber er kümmerte sich nicht darum. Zhou fragte Yu Xinye, was Li Weixin tun wolle. Yu Xinye schüttelte nur den Kopf und sagte, er wisse es nicht. Li Weixin habe nur gesagt, nachdem wir zur Landung gezwungen worden seien, sei alles verloren.

Nach kurzer Zeit war Li Weixin verschwunden.

Nun fragte mich Zhou Yuchi, ob sich der Hubschrauber wieder starten ließe. Er sagte, wir könnten doch die Reservebatterien verwenden, die jede Maschine mitführte.

Ich stieg wieder in die Kabine und sah, daß die automatische Feuerlöschanlage den Motor unbrauchbar gemacht hatte. Es war jetzt nicht mehr möglich, den Hubschrauber wieder in die Luft zu bringen. Dann sah ich die blutüberströmte Leiche von Chen Xiuwen und fühlte mich schuldig an seinem Tod.

Chen Xiuwen war lange Zeit mein Vorgesetzter, Kamerad und Fluglehrer gewesen. Er hatte mich immer anständig behandelt.

Jetzt würden wir nicht mehr in die Sowjetunion entkommen können. Wenn ich mir nicht das Leben nahm, würde ich entweder von Zhou Yuchi erschossen werden oder als Verbrecher ins Gefängnis kommen.

Ich wollte eigentlich nicht Selbstmord begehen und mich noch weniger von irgend jemandem erschießen lassen. Wenn ich ins Gefängnis kam, konnte ich meine Verbrechen vielleicht durch harte Arbeit wiedergutmachen. Aber solange ich mit Zhou Yuchi zusammenblieb, würde ich meine Loyalität gegenüber Lin Piao wahrscheinlich mit dem Tode besiegeln müssen.

Während ich mir den Hubschrauber näher ansah, faßte ich einen Entschluß. Ich sagte, die Maschine ließe sich starten. Dann bat ich Zhou Yuchi und Yu Xinye, mir zu helfen, die Leiche von Chen Xiuwen aus der Kabine herauszuschaffen. Als sie die Leiche aufgehoben hatten, stellte ich mich mit der Pistole hinter sie. Als Yu Xinye sich aufrichtete, schoß ich ihm mitten durch die Stirn. Er fiel auf Zhou Yuchi.

Zhou versuchte, den fallenden Yu mit dem Arm aufzufangen. Ehe er begriff, was geschah, schoß ich ihm viermal in den Hinterkopf und tötete ihn.

Dann stieg ich aus dem Hubschrauber und wollte auch Li Weixin erschießen, konnte ihn aber nicht finden.

Heute morgen habe ich in meinem Geständnis gelogen, als ich behauptete, drei Menschen erschossen zu haben: Zhou Yuchi, Chen Xiuwen und Yu Xinye. Der Verräter Li Weixin war entkommen.

Als ich später erfuhr, daß Li Weixin festgenommen worden war und auch vernommen werden würde, beschloß ich, die ganze Wahrheit zu sagen. In Wirklichkeit habe ich nur zwei Menschen getötet.«[5]

Die beiden überlebenden Insassen des Hubschraubers wurden in einem Vorort von Peking von der örtlichen Miliz und Soldaten festgenommen.

Das Wrack des Hubschraubers ZHI-5[6] wurde von der Behörde für öffentliche Sicherheit als Beweisstück für die Verbrechen von Lin Piao, Lin Liguo und der »Vereinigten Flotte» sichergestellt. Der Chef der Abteilung für öffentliche Sicherheit, Li Zhen, seine Frau und seine engsten Mitarbeiter brachten die ganze Nacht damit zu, die in dem Hubschrauber gefundenen Gegenstände zu prüfen.

Hier fanden sie nicht nur streng geheime schriftliche Unterlagen zu Fragen der nationalen Sicherheit, sondern auch Informationen über geheime Machenschaften und Vergeltungsmaßnahmen von Personen wie Mao Tse-tung, Tschou En-lai, Jiang Qing, Zhang Chunqiao, Kang Sheng, Wang Dongxing, Xie Fuzhi und anderen einschließlich von Li Zhen selbst.

18

Im Umgang mit den überlebenden Gefolgsleuten Lin Piaos erwies Tschou En-lai wiederum seine Intelligenz und Verschlagenheit.

Als Huang Yongsheng zum »Berg mit dem Jadeturm« kam, führte Tschou En-lai ein »freimütiges« Gespräch mit ihm. Er sagte Huang, Lin Piao habe sich zu seinen geheimen subversiven Machenschaften bekannt und sich verpflichtet, das von ihm geplante Unternehmen aufzugeben. Er sei jetzt bereit, Befehle zu befolgen und sich vernehmen zu lassen.

Dann forderte Tschou En-lai Huang Yongsheng auf, dazu Stellung zu nehmen. Huang wußte, daß er keinen großen Handlungsspielraum mehr hatte. Wenn Lin Piao kapituliert hatte, dann mußte er das gleiche tun.

Nach der Aussprache ließ Tschou En-lai ihn zu den Westlichen Bergen zurückbringen und unter Hausarrest stellen.

Doch vorher befahl ihm Tschou, Wu Faxian, Li Zuopeng und Qiu Huizuo telefonisch von seinem Geständnis zu unterrichten. Tschou En-lai sprach auch selbst ganz offen mit den drei Männern und sagte ihnen, was er von ihnen erwartete. Auch sie mußten sich seinen Wünschen fügen. Da Lin Piao und Huang kapituliert hatten, blieb ihnen nichts anderes übrig, als ihre Schuld einzugestehen und sich zur uneingeschränkten Zusammenarbeit zur Verfügung zu stellen.

Zur Überraschung aller Eingeweihten einschließlich von Mao Tse-tung hat keiner der Verschwörer versucht, sich das Leben zu nehmen. Statt dessen haben sie in der kurzen Zeit, die ihnen vor ihrer Festnahme noch zur Verfügung stand, möglichst viel belastendes Material vernichtet.

So fuhr Wu Faxian sofort zu seiner Wohnung im Gebäudekomplex der Luftstreitkräfte und befahl seinem Sekretär, alle Akten und Briefe aus seinem Büro zu ihm nach Hause zu bringen. Wu, sein Sekretär und seine Frau Chen Suiqi verbrannten dort alles, was auf seine geheimen Beziehungen zu Lin Piao, Lin Liguo, Ye Qun, Huang Yongsheng, Li Zuopeng und Qiu Huizuo schließen ließ.

In seinem schriftlichen Geständnis beschreibt Wu Faxian diese letzten Stunden:

»Während ich meine Akten und anderes Material verbrannte, setzte ich mich telefonisch mit Li Zuopeng und Qiu Huizuo in Verbindung. Li Zuopeng sagte mir, er habe über geheime telegraphische und telefonische Verbindungen allen Mitverschwörern in den Militärregionen Shenyang, Xinjiang und Peking die Anweisung gegeben, alle schriftlichen Unterlagen zu vernichten, die etwas mit der von uns geplanten chinesisch-sowjetischen militärischen Konfrontation zu tun hatten.

Er fügte hinzu, dies bedeute das endgültige Scheitern des Unternehmens. Von einem solchen Sturz könne sich niemand erholen. Er machte, um das mindeste zu sagen, einen sehr niedergeschlagenen Eindruck.

Qiu Huizuo sagte, er werde Schlaftabletten nehmen und einen langen Schlaf tun.

Ich fragte ihn, ob er sich das Leben nehmen wolle. Er sagte, das werde er nicht tun, er sei jedoch zu erschöpft, um noch länger zu sprechen. Seine Frau, Hu Min, hatte ihm gesagt, er solle so tun, als wisse er nicht, was in der vergangenen Nacht geschehen sei.

Qiu Huizuo sagte außerdem, er hätte nie geglaubt, daß Lin Piao so leicht aufgeben werde. Er sei immer noch ganz schwindelig. Wir alle müßten damit rechnen, degradiert und mit Gefängnis bestraft zu werden.

Wir versuchten, uns dadurch vor dem Schlimmsten zu

bewahren, daß wir unser Verhalten möglichst glaubwürdig begründeten, und versprachen einander, nicht mehr zu gestehen als unbedingt notwendig.

Gegen Mitternacht teilte mir das Oberkommando der Luftstreitkräfte mit, daß ein Flugzeug in Peking gestartet sei, ohne seine Flugroute zu melden oder Anrufe der Luftüberwachungsstation zu beantworten. Ich befahl der Kommandozentrale, sie solle weiter versuchen, den Kontakt mit der Maschine aufzunehmen, feststellen, um welchen Typ es sich handele und auf welchem Flughafen sie gestartet sei.

Schon nach kurzer Zeit meldete die Kommandozentrale, es sei eine Trident mit der Nummer 256, der Pilot sei Pan Jingyin, und sie sei in großer Eile auf dem Flughafen am westlichen Stadtrand gestartet.

Ich war natürlich ziemlich sicher, daß sich Lin Liguo in der Maschine befand. Ich vermutete, daß das Flugzeug von Personen gekapert worden war, die etwas mit dem Putschversuch zu tun hatten.

Ich bat die Kommandozentrale, meinen Chef des Stabes, Liang Pu, zu verständigen und ihm zu sagen, er solle sich in der Zentrale bei mir melden und den Befehlshaber der Luftstreitkräfte in der Militärregion Peking, Li Jitai, anweisen, sich sofort in seinem Stabsquartier einzufinden. Die Zentrale konnte Liang Pu jedoch jetzt mitten in der Nacht nicht finden. Später stellten seine Familienangehörigen fest, daß er sich irgendwo in der Nähe von Tiananmen aufhielt.

Unmittelbar nach meinem Eintreffen in der Kommandozentrale rief ich Premierminister Tschou En-lai an und meldete ihm den Vorfall. Er forderte mich auf, den Luftstreitkräften in allen Militärregionen und bei allen Kommandozentralen einen Alarmbefehl zu geben, mit dem alle Starts und Landungen auf den Flugplätzen im ganzen Land außer mit Sondergenehmigung untersagt wurden.

Premier Tschou fragte mich, ob ich die Maschine zum Landen zwingen könnte. Ich sagte, ich könnte zwar für nichts garantieren, hätte aber schon eine zweite Maschine beauftragt, die erste abzufangen.

Auf meinen Befehl ließ Li Jitai vier Maschinen vom Typ Jian-7[1] vom Flughafen Yangcon starten, die die Trident in der Inneren Mongolei überholten.[2]

Die Trident folgte nicht der Anweisung der Jagdflugzeuge, zu landen. Sie setzte ihren Flug in nördlicher Richtung fort und bog dann nach Westen ab.

Nun befahl ich den Flakverbänden und den mit Bodenluftraketen ausgerüsteten Einheiten in der Militärregion Peking, sich feuerbereit zu machen, und meldete dem Premierminister, die Trident könnte versuchen, die chinesische Grenze zu erreichen.

Der Premierminister fragte mich, was nach meiner Meinung zu tun sei. Ich riet ihm, die Maschine abschießen zu lassen.

Der Premierminister stimmte mir zu und forderte mich auf, alles Notwendige zu veranlassen.

Da das Flugzeug parallel zur Grenze flog, fürchtete ich, unsere Jäger könnten versehentlich in den mongolischen Luftraum geraten. Deshalb befahl ich Li Jitai, die Maschine mit Bodenluftraketen abzuschießen.

Li Jitai gab den Befehl an drei Bataillone der in den Luftverteidigungssektoren 10457 und 119595 liegenden Raketenbasen weiter.

Nachdem die Trident in den Luftraum der Mongolischen Volksrepublik eingedrungen war, verschwand sie von unseren Radarschirmen. Ich verständigte sofort den Premierminister.

Der Premierminister fragte mich, ob das Flugzeug schon abgeschossen sei. Ich sagte ihm, wir hätten zweimal jeweils drei Raketen abgefeuert. Ich glaubte, das Ziel sei getroffen worden.

Der Premierminister sagte: ›Sie haben heute abend Großes geleistet. Ich werde es dem Vorsitzenden Mao melden.‹

Ich ließ Liang Pu in der Kommandozentrale zurück und fuhr nach Hause. Chen Suiqi und ich sprachen darüber, was wir tun sollten, wenn wir getrennt würden. Dann verbrannten wir weiteres Material. Chen Suiqi wollte unseren Sohn, Wu Xinchao, anrufen, der als Vertreter der Luftstreitkräfte in der Flugzeugfabrik Shenyang arbeitete. Ich wollte ihn jedoch nicht beunruhigen und hielt sie davon ab.

Nun riefen Jiang Tengjiao und Wang Fei an. Chen Suiqi ging ans Telefon, und als sie sich nach mir erkundigten, sagte sie, es ginge mir sehr gut, und ich hätte dem Vorsitzenden eben einen großen Dienst erwiesen. Sie erinnerte beide an ihre Pflicht, unter allen Umständen den Befehlshaber Wu zu schützen.

Jiang Tengjiao sagte: ›Ohne Befehlshaber Wu gäbe es keinen Jiang Tengjiao.‹ Auch Wang Fei beteuerte, mir treu ergeben zu sein.

Gegen 4 Uhr morgens meldete mir Liang Pu, daß ein Hubschrauber gegen das Startverbot verstoßen hätte und auf dem Hubschrauberlandeplatz Shahe in Peking gestartet sei. Er sei in nordwestlicher Richtung abgeflogen. Er vermutete, der Hubschrauber werde in die Innere Mongolei oder die Mongolische Volksrepublik fliegen. Die Maschine beantwortete nicht die Anrufe der Luftverkehrskontrolle.

Auch diesen Vorfall meldete ich dem Premierminister Tschou. Er war schon vom ›Berg mit dem Jadeturm‹ nach Zhongnanhai zurückgekehrt und sagte mir, ich solle mir überlegen, wie man den Hubschrauber zum Landen zwingen könne. Doch diesmal wolle er, daß die Insassen am Leben blieben.

Ich beriet mich mit Chen Suiqi, die überzeugt war, alle Insassen der Hubschraubers seien Mitglieder der ›Vereinigten Flotte‹. Vielleicht waren sogar Lin Liguo und Zhou Yuchi darunter.

Ich fürchtete, daß die Passagiere, wenn sie am Leben blieben, mir mit ihren Aussagen schaden könnten. Chen Suiqi fragte mich, welche andere Möglichkeit wir noch hätten. Ich erwiderte: ›Ich werde ihn abschießen.‹

Nun rief ich Liang Pu in der Kommandozentrale der Luftstreitkräfte an und befahl ihm, den Hubschrauber auf jeden Fall abzuschießen. Ich sagte: ›Wenn wir sie am Leben lassen, wird es für Sie und für mich sehr ernste Folgen haben. Wir sind doch ihre Vorgesetzten.‹

Liang Pu war sehr zurückhaltend. Er hatte mich nicht ganz verstanden und wollte weitere Einzelheiten wissen. Ich sagte ihm, er werde das noch rechtzeitig begreifen.

Ich befahl Liang Pu jedoch trotzdem, er solle Li Jitai anweisen, den Hubschrauber von der Flak und den Raketenverbänden des Militärbezirks Peking abschießen zu lassen. Außerdem befahl ich den Flak- und Raketendivisionen, die den Luftstreitkräften direkt unterstellt waren, sich an dem Angriff gegen den Hubschrauber zu beteiligen.

Zwei Jagdflugzeuge, eine Jian-6 Jia und eine Jian-5 starteten insgesamt 14mal vom Flughafen Yangcon, um den Hubschauber zu suchen.[3] Da die Maschine jedoch immer wieder ihren Kurs gewechselt hatte, war die Suche vergeblich.

Die in Beikanzi stationierte Flakeinheit ortete den Hubschrauber, konnte aber keinen gezielten Schuß anbringen. Die Maschine flog in sehr geringer Höhe durch gebirgiges Gelände.

Liang Pu und ich drängten Li Jitai zum Handeln. Li Jitai sagte: ›Ich habe mein Bestes getan. Wenn der Hubschrauber nicht landet, werden wir ihn bestimmt abschießen.‹

Nun rief Premierminister Tschou En-lai noch einmal an und sagte, er werde mir einige Leute schicken, die mir helfen sollten. Bald darauf trafen Yang Dezhong, Li Desheng und andere in der Kommandozentrale der Luftstreitkräfte ein.

Nach ihrem Eintreffen änderten Liang Pu und ich unsere Befehle und gaben unseren Truppen die Anweisung, den Hubschrauber zum Landen zu zwingen.

Bald darauf verschwand der Hubschrauber vom Radarschirm.

Yang Dezhong forderte mich auf, ihn zur großen Halle

des Volkes zu begleiten, wo wir uns mit Premier Tschou En-lai treffen sollten. Li Desheng und Liang Pu blieben in der Kommandozentrale.«[4]

Die Trident-Düsenmaschine Nummer 256 stürzte auf dem Territorium der Mongolischen Volksrepublik in einem Wüstengebiet östlich von Ulan Bator bei Öndörhaan, mehrere hundert Kilometer nördlich der chinesischen Grenze ab. Man weiß nicht genau, was die Ursache des Absturzes gewesen ist, aber in chinesischen militärischen Kreisen nimmt man an, die Maschine sei von der ersten gegen sie abgefeuerten Raketensalve beschädigt worden, und der Pilot, Pan Jingyin, ein sehr geschickter Flugzeugführer, sei dann im Tiefflug weitergeflogen, um nicht mehr vom chinesischen Radar erfaßt zu werden. Das wäre eine Erklärung dafür, daß das Flugzeug um diese Zeit von den Radarschirmen verschwand. Vermutlich ist die Trident bis zu ihrem Absturz auf Nordkurs geblieben. Anschließend hat die Chinesische Botschaft in Ulan Bator an der Absturzstelle eine Untersuchung vorgenommen. Der geheime Bericht, den die Botschaft telegraphisch an das Außenministerium in Peking schickte, trug die Überschrift »Streng geheimes Dokument Nummer 81 029« und wurde Premierminister Tschou En-lai vorgelegt. Darin hieß es, die Angehörigen der Chinesischen Botschaft in der Mongolei nähmen an, die Insassen der abgestürzten Maschine seien zwischen 20 und 50 Jahre alt gewesen.

Tschou En-lai befahl, das Dokument im Sicherheitsbüro des Zentralkomitees unter Verschluß zu nehmen. Er selbst hat erstaunlicherweise nur wenige Minuten darauf verwendet, den Bericht im Außenministerium zu lesen.

Die Chinesische Botschaft hat sich zunächst darum bemüht, die Leichen aus den Trümmern bergen und nach China überführen zu lassen. Erst später erhielt die Botschaft – auf persönliche Veranlassung von Mao Tse-tung – die Anweisung, die Leichen an der Absturzstelle begraben zu lassen.

Zuverlässige Quellen berichten, die Sowjetunion und die Mongolische Volksrepublik hätten Fachleute beauftragt, die verkohlten Leichen zu obduzieren, um Alter und Identität festzustellen. Einige sowjetische Fachleute seien dabei zu der Überzeugung gelangt, Lin Piao habe nicht zu den Opfern des Absturzes gehört.[5]

19

Das letzte Kapitel dieses Buches bringt wieder Auszüge aus den Memoiren von Zhao Yanji, den wir schon im ersten Kapitel zitiert haben.

»Ich habe zwar umfangreiches Material über die Affäre Lin Piao zusammengetragen, konnte daraus aber keinen umfassenden und schlüssigen Bericht zusammenstellen. Es ist mir jedoch gelungen, mir ein auf begründete Vermutungen gestütztes Bild von den Ereignissen zu machen, das mir plausibel erscheint und den mir zur Verfügung stehenden Informationen nicht widerspricht. Deshalb hätte ich gern persönlich mit Wang Dongxing gesprochen, um gewisse Unklarheiten zu beseitigen und vielleicht mehr zu erfahren, als ich schon wußte. Diese Gelegenheit ergab sich 1973, als mich Wang einlud, ihn in seinem Haus in Zhongnanhai zu besuchen. Ich glaubte zunächst, er wollte mit mir über den Fall eines Kaders im Wachverband 8341 mit Namen Xu Shiguang sprechen, an dem ich damals arbeitete. Xu war wegen der Ermordung seiner Frau zu einer lebenslangen Gefängnisstrafe verurteilt worden. Jetzt hatte er Berufung gegen dieses Urteil eingelegt. Seine Akte landete auf meinem Schreibtisch, weil er an dem Attentat gegen Lin Piao beteiligt gewesen war.

Wang Dongxing interessierte sich für den Fall Xu, weil er fürchtete, auch andere, die an den Vorgängen des 12. September beteiligt waren, würden dadurch auf sich aufmerksam machen, daß sie eine bevorzugte Behandlung oder die Begnadigung für sich beanspruchten. Wang sagte mir, ich sollte das verhindern. Die ›Sonderbehandlung‹, die Xu und anderen gewöhnlich zuteil wurde, bestand darin, daß sie plötzlich starben, ohne daß die Todesursache geklärt werden konnte.

Als ich in dem palastartigen Haus Wangs an einem See bei Zhongnanhai ankam, stellte ich fest, daß die Einladung einen ganz anderen Grund hatte. Wang hatte gerade eine Hämorrhoidenoperation hinter sich und saß sehr ungemütlich auf einem Spezialstuhl in seinem Empfangszimmer. Neben ihm saß Mao Yuanxin.

Mao Yuanxin war ein Neffe des Vorsitzenden, der ihn offenbar dazu ausersehen hatte, künftig in China eine Schlüsselrolle zu spielen. Nachdem er Lin Piao hatte beseitigen lassen, beschäftigte sich Mao Tse-tung sehr intensiv mit der Frage seiner Nachfolge, und obwohl er niemals offiziell erklärt hatte, daß Mao Yuanxin an die Stelle von Lin Piao treten sollte, waren viele davon überzeugt, daß dies seine Absicht sei. Wang Dongxing und ich behandelten Mao Yuanxin jedenfalls wie einen Kronprinzen.

Damals hatte Jiang Qing allerdings noch nicht versucht, ihn mit Hilfe ihrer ›harten‹ und ›sanften‹ Taktik auf ihre Seite zu ziehen. Mao Yuanxin war zwar als hoher militärischer Führer in der Militärregion Shenyang und führender Mitarbeiter Mao Tse-tungs eine sehr einflußreiche Persönlichkeit, versuchte aber trotzdem mit allen Mitteln, sich bei der immer mächtiger werdenden Viererbande beliebt zu machen. Unter Führung von Jiang Qing und Zhang Chunqiao beteiligte er sich intensiv an den innerparteilichen Kämpfen und verzichtete schließlich auf die Nachfolge Maos, um an entscheidender Stelle an der Kulturrevolution teilzunehmen.

Mao Yuanxin hatte Wang Dongxing offenbar im Auftrag des Vorsitzenden aufgesucht. Der Vorsitzende hatte gesagt, Mao Yuanxin müsse gründlich mit der ›Anwendung von Gewalt durch das Proletariat‹ vertraut gemacht werden, und ihm vorgeschlagen, sich von Wang Dongxing berichten zu lassen, wie das Problem Lin Piao gelöst worden war.

Ich hatte den Eindruck, ich sei gerufen worden, um Maos großartigen Sieg über Lin Piao zu schildern, weil Wang zu stark beschäftigt war und keine Zeit hatte, näher auf die Einzelheiten einzugehen. Doch dann sprach Wang fast die ganze Zeit, während Mao und ich zuhörten. Ich stellte einige Fragen, die ihn dazu anregten, uns die Sache noch ausführlicher zu beschreiben, als er es bis dahin hatte tun wollen. Jetzt wurde mir manches klar, was ich vorher nicht verstanden hatte. Im Verlauf meiner Untersuchungen der Affäre Lin Piao hatte ich mir zwar ein klareres und objektiveres Bild machen können als viele der aktiv Beteiligten. Deshalb konnte mir wahrscheinlich außer Mao Tsetung, Tschou En-lai, Wang Dongxing und Yang Dezhong niemand die Antworten geben, die ich noch brauchte.

Wang Dongxing hatte ein ausgezeichnetes Gedächtnis, und als ich Einzelheiten erwähnte, die er bis dahin vernachlässigt hatte oder an die er sich nicht mehr genau erinnern konnte, erläuterte er alles sehr ausführlich und, soweit ich es beurteilen konnte, ohne Übertreibung und ohne irgendwelche Zusätze.

Wenn Wang über die Affäre Lin Piao sprach, dann hatte man immer den Eindruck, als sei er selbst gar nicht daran beteiligt gewesen. Das war eigenartig, aber ich hatte schon früher oft das gleiche erlebt. Wang schien sich selbst für einen allwissenden und objektiven Beobachter zu halten, der jedoch anonym blieb. Nur selten erwähnte er seine eigene Rolle und sagte auch nicht, was er selbst von der Angelegenheit hielt. Es war so, als läge ihm nichts daran, als bedeutende Persönlichkeit in die Geschichte Chinas einzugehen. Ironischerweise hatte es jedoch seit der Machtergreifung durch Mao praktisch keinen innenpolitischen Kampf auf höchster Ebene und keine politische Entscheidung gegeben, ohne daß Wang daran beteiligt gewesen wäre. Er hatte immer im Brennpunkt der Ereignisse gestanden, sprach aber trotzdem nur selten von dem, was er wußte.

Seine Zurückhaltung war höchstwahrscheinlich Ausdruck der uneingeschränkten Loyalität gegenüber Mao

Tse-tung. In jeder Lage dachte er an alle nur vorstellbaren Möglichkeiten, Vorteile für den Vorsitzenden daraus zu ziehen. Das war ihm augenscheinlich zur zweiten Natur geworden. Es war vermutlich das Ergebnis einer freiwilligen und unfreiwilligen Erziehung. Als Kind von Bettlern war er zum Leibburschen Maos aufgestiegen und wurde dann zu seinem zuverlässigsten Leibwächter und Militärpolitiker, damit war er ein Geschöpf Maos, das nur in der Gedankenwelt des Vorsitzenden leben konnte.

Wang glich dem Vorsitzenden charakterlich tatsächlich in mancher Hinsicht. Beide verfügten über eine erstaunliche Beredsamkeit, die Fähigkeit, Tatsachen so darzustellen – und manchmal zu verzerren –, daß Mao in einem günstigen Licht erscheinen mußte. Die von Mao ergriffenen Maßnahmen wurden dabei häufig mit theoretischen Begriffen in Verbindung gebracht und durch sie begründet wie etwa mit der ›historischen Notwendigkeit‹, der ›Bedeutung unseres Zeitalters‹ und der ›Sache der Revolution‹.

Als sich unser Gespräch jedoch den dramatischen Ereignissen des 12. September zuwandte, sprach Wang ganz trocken und präzise, ohne etwas zu beschönigen.

Er sagte, Mao sei in Hangzhou gewesen, als man ihm die durch Lin Yamei über ihren Liebhaber Lin Liguo beschafften Informationen vorlegte und er von dem Geständnis Lin Lihengs über die Aktivitäten ihres Bruders und ihrer Mutter erfahren habe. Diese Mitteilungen bestätigten andere Informationen, die Mao über die Aktivitäten der ›Vereinigten Flotte‹, den Versuch Lin Piaos, geheime Verhandlungen mit der Sowjetunion zu beginnen und über den geplanten Staatsstreich Lins erhalten hatte. Mao sei nun überzeugt davon gewesen, daß sofort gehandelt werden müsse.

Er gab Wang Dongxing drei Aufträge. Erstens sollte Wang den Premierminister Tschou En-lai telegraphisch anweisen, weiterhin alle diesen Fall betreffenden Informationen zu sammeln und nach seinem Gutdünken vorzugehen. Außerdem wollte Mao vom Premierminister wissen, wann er gefahrlos nach Peking zurückkehren könne. Zweitens sollte Wang eine geeignete Methode finden, Lin Piao zu beseitigen. Drittens mußte Wang die sofortige Abreise aus dem Süden vorbereiten. Mao verlangte zudem, daß die im Normalfall für seine Eisenbahnreisen auf jeder Station üblichen Sicherheitsmaßnahmen auf dieser Reise nicht getroffen werden sollten. Zwar wurden diese Maßnahmen immer vertraulich behandelt, aber es gab gewisse Personen, die bestimmte Pflichten zu übernehmen hatten, aus denen sie schließen konnten, wann der Zug Maos bestimmte Stationen passieren würde. In diesem Fall verzichtete der Vorsitzende auf den besonderen Schutz zugunsten der strengsten Geheimhaltung.

Wang sagte, die Methode habe sich bewährt. Es seien nur an der kurzen Strecke vom Bahnhof Peking bis zum Hause Maos in Zhongnanhai am Changan-Boulevard Posten aufgestellt worden. Im übrigen habe man für seine Ankunft keine besonderen Sicherheitsvorkehrungen getroffen.

Dann schilderte Wang das Gespräch, das im Sonderzug geführt worden war. Mao habe auf der ganzen Fahrt von Nanjing bis in die Provinz Henan geschlafen. Dann habe er Wang und Ji Zechun, einen hohen Offizier des Wachverbandes 8341, zu sich in seinen Wagen befohlen, um mit ihnen die gegen Lin Piao anzuwendende Strategie zu besprechen.

Hier habe Mao Wang gefragt, was nach seiner Auffassung geschehen sollte. Wang habe vorgeschlagen, Lin Piao festzunehmen und ihn dann ohne viel Aufsehen zu erregen rasch zu töten. Wang sagte, er habe schon damit begonnen, detaillierte Vorbereitungen zu treffen.

Darauf schüttelte Mao den Kopf, sagte aber nichts, sondern lehnte sich zurück und rauchte eine Zigarette nach der anderen.

Ji Zechun meinte, das Problem kompliziere sich durch den Umstand, daß Lin Piao der offizielle Nachfolger des Vorsitzenden sei.

Das veranlaßte Mao zu einer ausführlichen Darstellung

seines eigenen Standpunktes: ›Mein Nachfolger – wenn ich ihn ernennen kann, warum kann ich ihn dann nicht auch absetzen? Wenn ich ihn stürzen kann, was hindert mich daran, ihn zu töten? Wenn die Leute mich dafür verdammen wollen, sollen sie es tun. Was zum Teufel ändert sich dadurch?‹

Mao fuhr fort: ›Zhong Kui war ein häßlicher Mann, aber er konnte den Teufel umbringen.[1] Daraus können wir etwas lernen. Eine Witwe wird sich nicht nach einem neuen Mann umsehen, solange sie fürchtet, ihr verstorbener Mann könnte aus dem Grabe auferstehen. Es gibt auf der Welt zahllose Situationen, die von Leuten gemeistert werden müssen, die ein dickes Fell haben wie ich. Wenn Sie sich mit dem Problem Lin Piao beschäftigen, fürchten Sie niemanden, der meine Methoden kritisiert. Sorgen Sie sich nicht darum, was hinter unserem Rücken geredet wird. Wir müssen ihn loswerden, und dazu wenden wir die geeignete Taktik an.‹

Mao fragte Wang Dongxing: ›Welches ist die beste Methode, einen mächtigen General zu stürzen?‹ Wang Dongxing antwortete nicht. Dafür nannte Mao seine Lösung: ›Die beste Methode ist es, ihm den Kopf in einem einzigen kurzen Augenblick abzuschlagen und vor die Füße zu legen.‹

Nun wandte sich Mao der Geschichte von Liu Bang zu, des Begründers der westlichen Han-Dynastie, der mit Hilfe der Kaiserin Lü den Heerführer Han Xin und andere mächtige Generäle beseitigt hatte. Es bereitete Mao besonderes Vergnügen, diesen historischen Vergleich zu ziehen.

Wang behauptet, der Zug sei mit 110 oder 120 Stundenkilometern gefahren. Auf der Fahrt von Tianjin nach Peking habe ihm Mao seinen Plan erläutert.

Dieser Plan war alles andere als kompliziert. Mao wollte Lin ganz einfach auf der Stelle umbringen lassen. Außerdem verlangte er, auch selbst eine Rolle dabei zu spielen.

Wang berichtete, er habe Mao gefragt, wie viele Leute er zu seiner Unterstützung brauche. Mao erwiderte, Wang solle einmal raten. Wang nannte eine Zahl – vielleicht 1600 Mann. Zwei Bataillone für die Absperrung des Geländes und ein Bataillon für das Attentat selbst.

Der Vorsitzende lächelte, hielt einen Finger in die Höhe und fragte: ›Ist meine Zahl größer oder kleiner als Ihre?‹ Wang sagte: ›Kleiner.‹ Mao fragte: ›Um wieviel kleiner?‹ Wang sagte: um tausend Mann.

Der Vorsitzende sagte, er brauche nur hundert Mann, ›und dazu gehören Sie und ich. In Wirklichkeit brauche ich sogar weniger als hundert Mann.‹

Wang meinte, er und Mao seien sich, ohne es auszusprechen, einig darüber gewesen, woher diese hundert Mann kommen sollten.

Nun verließ Wang die Ereignisse vom 12. September und schilderte uns, wie der berüchtigte Wachverband 8341 entstanden war und welche Aufgaben er erfüllt hatte. Nach der Befreiung habe Mao ihm erklärt: ›Ich brauche nicht die Blutjünger, die Yong Zheng[2] gehabt hat. Ich brauche nur Soldaten, die mir durch dick und dünn folgen.‹

Dazu meinte Wang: ›Es ist gleichgültig, ob es irgendein Analphabet vom Lande ist. Solange er sein Gewehr sprechen lassen kann, ist er geeignet, als Soldat in die Wachtruppe 8341 aufgenommen zu werden.‹

Was nun den Gegenschlag selbst betraf, so war, wie Wang berichtete, der Ort der Aktion der einzige Punkt, in dem seine Meinung von der des Vorsitzenden abwich. Mao Tse-tung wollte die Entscheidungsschlacht in seinem Konflikt mit Lin dort schlagen, wo Lin seinen Staatsstreich zu führen gedachte. Nur das sei nach seiner Auffassung die richtige Methode.

Wang fürchtete, Lin habe zu viele Möglichkeiten, selbst irgendwelche Fallen zu stellen. Eine Einladung zum ›Berg mit dem Jadeturm‹ könnte außerdem seinen Verdacht erregen. Wang versuchte vergeblich, Mao zu überzeugen und ihn zu veranlassen, einen anderen Ort zu wählen.

Nach meiner Meinung war das geradezu perverse Verlangen Mao Tse-tungs, den Gegenschlag am ›Berg mit dem

Jadeturm‹ zu führen, Ausdruck seiner feudalistischen Haltung und seines Aberglaubens. Vor sehr wichtigen Entscheidungen oder Ereignissen befragte Mao oft ein Orakel mit *suan-gua* oder *zhan bu* nach dem *Yi Jing (I Ching).* Ich habe selbst einmal während des Befreiungskrieges für ihn Bambusstäbchen aus seinem Loszylinder gezogen. Seine Genossen Chen Yi und Xu Xiangqian besaßen auch solche Loszylinder, sie nahmen sie aber offensichtlich nicht so ernst wie Mao. Für sie waren es eher eine Art Glücksspielautomaten.

Auch in seinen Schlafgewohnheiten zeigte sich der Aberglaube Maos. Gleichgültig, wo er schlief, sein Bett mußte immer von Osten nach Westen ausgerichtet sein. Er hat oft gesagt, in seinem Namen sei das Wort *dong,* ›Osten‹, enthalten. Wenn er schlief, lag deshalb sein Kopf im Osten, und die Füße zeigten nach Westen.

Selbst seine Beziehungen zu Frauen waren durch Aberglauben beeinflußt. Er glaubte, er könne durch den Verkehr mit jungen Frauen sein Leben verlängern. Noch wichtiger war für ihn jedoch ihr Geburtsdatum. Wenn ein Mädchen nicht an einem Glück verheißenden Tag geboren war, weigerte er sich, irgendwelche Beziehungen zu ihm aufzunehmen, auch wenn es noch so schön war.

Wang Dongxing hat mir bestätigt, daß Mao sehr abergläubisch war. Mehr sagte er aber nicht.

Ich habe immer wieder darüber nachdenken müssen, wie es möglich gewesen ist, daß ein Mann, der so tiefgründige Schriften über die Theorie des Materialismus verfaßt hat und den Grundsatz vertrat, ›suche die Wahrheit bei den Tatsachen‹, ein Leben führen konnte, das so sehr von feudalistischen und idealistischen Vorstellungen bestimmt war. Das hat ihn in der Tat zu einer farbigen, eigenartigen und unberechenbaren Persönlichkeit gemacht.«[3]

Epilog

Die Affäre Lin Piao endete mit der öffentlichen Verurteilung Lins, und damit glich sein Schicksal demjenigen anderer Gegner Mao Tse-tungs nach deren Sturz. Es folgte eine wütende Anti-Lin-Kampagne, und seine Anhänger landeten im Gefängnis.

Der Tod Lin Piaos hatte erhebliche politische Auswirkungen, denn Madame Mao (Jiang Qing) und ihre Viererbande konnten im Gefolge der Anti-Lin-Kampagne die Angriffe gegen ihre Gegner verschärfen und ihren Einfluß ausweiten. Aus dem bei Beginn der Kulturrevolution 1966 entstandenen Machtkampf, an dem drei Parteien beteiligt waren, die von Jiang Qing, Lin Piao und Tschou En-lai geführt wurden, war jetzt ein Kampf geworden, in dem sich nur noch zwei Parteien gegenüberstanden. Mit Unterstützung Maos konnte Jiang Qing es sich leisten, sehr aggressiv vorzugehen. Tschou En-lai befand sich dagegen in der Defensive. Als Maos Gesundheitszustand sich zusehends verschlechterte, war Jiang Qing überzeugt, sie werde China nach dem Tode ihres Gatten beherrschen können.

Anfang 1976 starb Tschou En-lai an Krebs. Am 5. April des gleichen Jahres strömten hunderttausend Menschen spontan auf den Platz des Himmlischen Friedens, um ihrer politischen Überzeugung Ausdruck zu verleihen: Premierminister Tschou war gut, die Viererbande war schlecht. Als Mao die Demonstration auflösen ließ, schadete er damit seinem Ansehen und seiner Beliebtheit.

Im Herbst 1976 starb auch Mao. Der amtierende Premierminister, Hua Guofeng, ließ die Viererbande mit Unterstützung von Wang Dongxing sehr bald darauf festnehmen. Dann versuchte Hua, seine Machtposition in China zu festigen.

Doch statt dessen stieg Deng Xiaoping, der vorher zweimal in Ungnade gefallen war, zum neuen Führer auf, und Hua Guofeng und Wang Dongxing verloren entsprechend an Einfluß. 1980 verurteilte die von Deng geführte herrschende Partei die ganze Idee der Kulturrevolution und setzte ein Sondergericht ein, um die Gefolgschaft von Jiang Qing und Lin Piao zur Verantwortung zu ziehen. Die Anhänger von Lin Piao erhielten die folgenden Strafen:

Huang Yongsheng, 18 Jahre Gefängnis,
Wu Faxian, 17 Jahre Gefängnis,
Li Zuopeng, 17 Jahre Gefängnis,
Qiu Huizuo, 16 Jahre Gefängnis,
Jiang Tengjiao, 18 Jahre Gefängnis.

Die Untersuchungshaft wurde bei allen auf die Gefängnisstrafe angerechnet.

Die Angehörigen der »Vereinigten Flotte«, die nach Abschluß der Affäre Lin Piao alle verhaftet worden waren, erhielten Gefängnisstrafen auf unbestimmte Zeit. Nach chinesischem Recht darf ein Strafgefangener, der seine Strafe abgesessen hat, wieder ein normales Leben führen. Der Verfasser glaubt jedoch, daß diese Männer auch weiterhin unter strenger staatlicher Aufsicht stehen werden. Sie wissen zu viel über bestimmte Partei- und militärische Geheimnisse, und das bedeutet für die Herrschenden eine Gefahr.

1982 wurden Huang, Wu, Li und Qiu aus dem Gefängnis Qingchen entlassen und durften außerhalb des Gefängnisses unter günstigeren Bedingungen leben, allerdings voneinander und von ihren Familien getrennt und unter strenger Aufsicht. Seit 1981 befindet sich ein neues Gefängnisgebäude für diese vier im Bau. Die Entscheidung, sie zu verlegen, wurde zum Teil mit dem schlechten Gesundheitszustand von Huang und Li begründet, zum Teil entsprach sie auch dem Wunsch der Regierung, einen Unterschied zwischen den Personen zu machen, die dem Befehl des Zentralkomitees nachgekommen waren und ihre Verbrechen gestanden hatten, und denen, die sich wie Jiang Qing und Zhang Chunqiao geweigert hatten, das zu tun.

Auch unschuldige Personen, die in die Affäre Lin Piao hineingezogen wurden, haben schwer darunter leiden müssen. Lins Tochter, Lin Liheng, wurde gezwungen, einen anderen Namen anzunehmen; sie arbeitet und lebt heute unter Bedingungen, die von der Organisationsabteilung der Sicherheitsorgane des Zentralkomitees festgelegt worden sind. Zwar führt sie ein in mancher Hinsicht privilegiertes Leben, leidet jedoch an schweren Depressionen.

Auch die ehemaligen »Engel« Lin Liguos kamen ins Gefängnis, wurden aber nach jahrelangen Untersuchungen wieder in die Gesellschaft eingegliedert und erhielten neue Namen. Sie mußten sich zum Schweigen verpflichten, und heute führen die meisten von ihnen ein gewöhnliches, unauffälliges Leben als Ehefrauen und Mütter.

Die Frauen von Huang Yongsheng, Wu Faxian, Li Zuopeng, Qiu Huizuo und Jiang Tengjiao leben getrennt von ihren Männern, deren Gesundheitszustand in den meisten Fällen schlecht ist. Ihre Kinder versuchen, ein normals Leben zu führen und sind keinen besonderen Beschränkungen unterworfen, leiden aber natürlich unter der Schande, die über diese Familien gekommen ist.

Der erste Mitverschwörer Maos, Wang Dongxing, hat sich zwar gewisse Verdienste erworben, weil er zum Sturz der Vierer-Bande beigetragen hat, war aber an zu vielen während der Kulturrevolution begangenen Verbrechen beteiligt, um eine reine Weste zu behalten. Seit ihn Deng Xiaoping von der politischen Bühne verdrängt hat, darf er zwar unangefochten in Peking leben, aber seine Bewegungsfreiheit ist eingeschränkt. Allerdings arbeitet er bei der Abfassung seiner Memoiren mit dem Zentralkomitee zusammen. Niemand kann über Mao und das Leben, das der Vorsitzende geführt hat, besser Auskunft geben als er.

Wenn man die gegenwärtige Lage betrachtet, dann erkennt man, daß alle während der Kulturrevolution maßgebenden Persönlichkeiten auf diese oder jene Weise ausgeschaltet worden sind. Mao Tse-tung, Lin Piao, Tschou En-lai und Kang Sheng sind tot. Die Gefolgsleute von Lin Piao und Jiang Qing sitzen entweder im Gefängnis oder sind vollständig isoliert. Zwar sind sie örtlich nicht sehr weit voneinander getrennt, dürfen aber nicht miteinander sprechen.

Der Führer der kommunistischen Revolution in China ist im Verlauf von vierzig Jahren zu einer legendären Persönlichkeit geworden. Kein politischer Gegner hat ihm vor oder nach seinem Tode eine Niederlage beibringen können. Nicht einmal Lin Piao, hinter dem das ganze Militär stand, konnte triumphieren. Und doch ist es Mao, der die Verschwörung seines offiziellen Nachfolgers aufdecken und niederschlagen konnte, nicht gelungen, seinen Nachfolger selbst zu ernennen. Er hat den Weg, den China heute geht, nicht vorausbestimmt. Das ist vielleicht ein Glück.

Anhang

Namenverzeichnis

BAI CHONGSHAN. Befehlshaber der 5. Luftflotte.

BI JI. Chef des Stabes des Raketenregiments der Raketendivision der Luftstreitkräfte in Shanghai.

CAO LIHUAI. Erster stellvertretender Befehlshaber der chinesischen Luftstreitkräfte.

CAO YI-OU. Ehefrau von Kang Sheng; Mitglied des Zentralkomitees der Kommunistischen Partei.

CHEN BODA. Mitglied des ständigen Ausschusses des Politbüros; führender maoistischer Ideologe und Polemiker; zeitweilig Redakteur der Zeitschrift *Rote Flagge;* 1966 zum Leiter der für die Kulturrevolution zuständigen Gruppe ernannt; auf dem zweiten Plenum des 9. Parteikongresses angegriffen. Als Parteigänger der Kulturrevolution verhaftet und nach dem in den Jahren 1980 bis 1981 durchgeführten Gerichtsverfahren zu 18 Jahren Gefängnis verurteilt.

CHEN DAYU. Offizier beim militärischen Nachrichtendienst des Generalstabs in der für die Sowjetunion zuständigen Abteilung.

CHEN LIYUN. Politischer Kommissar der chinesischen 5. Luftflotte; hoher Funktionär in der Provinz Zhejiang; nach der Affäre Lin Piao mit Gefängnis bestraft.

CHEN LUNHE. Englischer Übersetzer beim Nachrichtendienst der Luftstreitkräfte; Mitglied der »Vereinigten Flotte«.

CHEN SHIYIN. Geschwaderführer im 101. Regiment der 34. Division der Luftstreitkräfte.

CHEN SHOU. Der leibliche Vater von Yang Dingkun; Großgrundbesitzer, Angehöriger der Kuomintang, Polizeichef und Magistratsbeamter in der nationalistischen Periode.

CHEN SUIQI. Ehefrau von Wu Faxian; stellvertretende Direktorin des Generalbüros des Parteiausschusses der Luftstreitkräfte; gegenwärtig unter Hausarrest.

CHEN XILIAN. Mitglied des Politbüros; Mitglied des Militärausschusses; Vizepremier des Staatsrats; Befehlshaber der Militärregion Shenyang und später der Militärregion Peking; hoher militärischer Führer während der Kulturrevolution; nach Verhaftung der Vierer-Bande Gefolgsmann von Hua Guofeng.

CHEN XIUWEN. Staffelführer im 101. Regiment der 34. Division der Luftstreitkräfte; von den Parteiführern bevorzugter Pilot; hat während der chinesisch-sowjetischen Grenzstreitigkeiten an zahlreichen Flügen teilgenommen; spezialisiert auf Langstreckenflüge und Nachtflüge.

CHEN YI. Mitglied des Politbüros; einer der 10 Marschälle in den chinesischen Streitkräften; Außenminister; wurde bei Beginn der Kulturrevolution von den Roten Garden angegriffen; starb 1972 an körperlichem und geistigem Verfall.

CHENG HONGZHEN. Angehöriger der »Vereinigten Flotte«; Sekretär des Generalbüros des Parteiausschusses der Luftstreitkräfte; während der Affäre Lin Piao verhaftet.

CHI YUTANG. Kader im Verband 8341.

DENG XIAOPING. Generalsekretär des Sekretariats der chinesischen Kommunistischen Partei; stellvertretender Vorsitzender des Politbüros; Vizepremier des Staatsrats; Chef des Stabes der Streitkräfte; zweimal verhaftet; 1977 rehabilitiert, gilt als mächtigster Mann im heutigen China.

DI XIN. Einer der Freunde von Lin Liheng, der Tochter Lin Piaos.

DING SIQI. Subalternoffizier bei den Luftstreitkräften in der Militärregion Nanjing, der versucht hat, Wu Faxian über die Aktivitäten der »Vereinigten Flotte« zu informieren und deshalb getötet wurde.

FENG YINJIE. Kader bei der Nachrichtenvermittlung der Luftstreitkräfte.

GAO GANG. Mitglied des Politbüros; Vorsitzender des staatlichen Planungsausschusses; Ende der 40er Jahre stellvertretender Befehlshaber und stellvertretender politischer Kommissar der nordöstlichen Militärregion; 1955 aus der Partei ausgeschlossen.

GU TONGZHOU. Chef des Stabes der Luftstreitkräfte in der Militärregion Kanton.

GUO YUFENG. Minister der Organisationsabteilung des Zentralkomitees.

HAN HONGKUI. Sekretärin von Wang Weiguo.

HE LONG. Einer der 10 Marschälle in den chinesischen Streitkräften; Direktor des nationalen Ausschusses für körperliche Ertüchtigung; wurde auf Veranlassung Maos verhaftet und starb während der Kulturrevolution im Gefängnis.

HOU TINGFANG. Kommandeur eines Raketenregiments der Raketendivision der Luftstreitkräfte in Shanghai.

HU MIN. Ehefrau von Qiu Huizuo.

HU PING. Kommandeur der 34. Division der Luftstreitkräfte; stellvertretender Chef des Stabes der Luftstreitkräfte.

HU XIAODONG. Einer der Freunde von Lin Liheng.

HUA GUOFENG. Vor der Kulturrevolution Parteisekretär in der Provinz Hunan; Mitglied des Politbüros und amtierender Premierminister während der Kulturrevolution; während seiner Amtszeit als Vorsitzender der Partei und Premierminister verantwortlich für die Verhaftung der Vierer-Bande; verlor in den Jahren 1980/81 beide Posten.

HUANG YONGSHENG. Mitglied des ständigen Ausschusses des Politbüros; Chef des Stabes der Volksbefreiungsarmee; wichtiges Mitglied des harten Kerns der Clique um Lin Piao; während der Affäre Lin Piao verhaftet und zu 18 Jahren Gefängnis verurteilt.

JI ZECHUN. Zugführer bei der Wachtruppe 8341.

JIANG GUOZHANG. Direktor des Büros für militärische Angelegenheit in der 4. Luftflotte; wichtiges Mitglied der »Vereinigten Flotte«.

JIANG QING. Mitglied des Politbüros; vierte und letzte Ehefrau von Mao Tse-tung; Anführerin der Vierer-Bande; 1976 verhaftet und zum Tode verurteilt; die Todesstrafe ist gegenwärtig zur Bewährung ausgesetzt.

JIANG TENGJIAO. Politischer Kommissar der 4. Luftflotte; politischer Kommissar der Luftstreitkräfte in der Militärregion Nanjing; wichtiges Mitglied der »Vereinigten Flotte«; während der Affäre Lin Piao verhaftet und zu 18 Jahren Gefängnis verurteilt.

KANG SHENG. Stellvertretender Vorsitzender des ständigen Ausschusses des Politbüros; an leitender Stelle mit nachrichtendienstlichen und Spionageaufgaben beschäftigt.

KE QINGSHI. Mitglied des ständigen Ausschusses des Politbüros; erster Sekretär des Ost-China-Büros der chinesischen Kommunistischen Partei; Bürgermeister von Shanghai; »ultralinker« Funktionär und Vertrauter Maos.

LI DESHENG. Mitglied des Politbüros; gegenwärtig Befehlshaber der Militärregion Shenyang.

LI JITAI. Befehlshaber der Luftstreitkräfte in der Region Peking.

LI KENONG. Hoher Beamter, verantwortlich für den Nachrichtendienst in der chinesischen Kommunistischen Partei und Beauftragter für wichtige Untersuchungen.

LI WEIXIN. Stellvertretender Direktor des Sekretariats der 4. Luftflotte in Shanghai; während der Affäre Lin Piao verhaftet.

LI WENPU. Sekretärin von Ye Qun.

LI XUEFENG. Mitglied des Politbüros; erster Parteisekretär der Militärregion Peking; verlor auf der zweiten Plenarsitzung des 9. Parteikongresses alle Posten.

LI ZHEN. Chef des Militärausschusses im Ministerium für öffentliche Sicherheit; amtierender Minister für öffentliche Sicherheit; starb unter verdächtigen Umständen.

LI ZUOPENG. Mitglied des ständigen Ausschusses des Politbüros; erster politischer Kommissar der chinesischen Flotte; stellvertretender Chef des Stabes der Volksbefreiungsarmee; Mitglied des harten Kerns der Lin Piao-Clique; während der Affäre Lin Piao verhaftet und zu 17 Jahren Gefängnis verurteilt.

LIANG JUN. Politischer Kommissar am zweiten technischen Institut der Luftstreitkräfte.

LIANG PU. Chef des Stabes der Luftstreitkräfte; verantwortlich für die während der Affäre Lin Piao durchgeführten illegalen Flüge ins Ausland; während der Affäre Lin Piao entlassen und später verhaftet.

LIN JIANPING. Kraftfahrer bei der Akademie der Luftstreitkräfte.

LIN LIGUO. Der Sohn von Lin Piao und Ye Qun; stellvertretender Chef der Operationsabteilung der Luftstreitkräfte und Anführer der »Vereinigten Flotte»; starb während der Affäre Lin Piao.

LIN LIHENG (Kosename Lin Dou-Dou). Tochter von Lin Piao; Redakteurin in der Presseabteilung der Luftwaffe.

LIN PIAO. Der dritte der 10 Marschälle Chinas; Verteidigungsminister; stellvertretender Vorsitzender der Kommunistischen Partei; zum Nachfolger Maos ernannt; starb am 12. September 1971.

LIN YAMEI. Angehörige der Luftstreitkräfte; zur Mätresse für Lin Liguo bestimmt; 1972 aus den Luftstreitkräften entlassen, lebt heute unter falschem Namen.

LIU JINPING. Bürochef bei der zivilen chinesischen Fluglinie.

LIU PEIFENG. Stellvertretender Direktor des Generalbüros des Parteiausschusses bei den Luftstreitkräften; wichtiges Mitglied der »Vereinigten Flotte«; starb während der Affäre Lin Piao.

LIU QUANJUE. Kader an der Kommandozentrale der Anlage »Nummer Null«.

LIU SHAOQI. Vorsitzender der Volksrepublik China; stellvertretender Vorsitzender des Ständigen Ausschusses des Politbüros; bei Beginn der Kulturrevolution aus seinem Amt entlassen; starb 1967.

LIU SHIYING. Stellvertretender Direktor des Generalbüros des Parteiausschusses der Luftstreitkräfte; wichtiges Mitglied der »Vereinigten Flotte«.

LIU YALOU. Chef des Stabes der 4. Feldarmee; erster Befehlshaber der chinesischen Luftstreitkräfte; verstorben 1965.

LU MIN. Chef der Operationsabteilung der Luftstreitkräfte; verhaftet im September 1971.

LU YANG. Wachtposten bei der Akademie der Luftstreitkräfte.

LUO RUIQING. Minister für öffentliche Sicherheit; Chef des Generalstabes; während der Kulturrevolution verhaftet und mit Gefängnis bestraft; nach der Kulturrevolution zum Generalsekretär des Militärausschusses ernannt.

MAO TSE-TUNG. Vorsitzender der chinesischen Kommunistischen Partei; Vorsitzender des Militärausschusses; gestorben 1976.

MAO YUANXIN. Neffe von Mao Tse-tung; Techniker bei den Raketentruppen der Luftstreitkräfte; wurde während der Kulturrevolution politischer Kommissar der Militärregion Shenyang und politischer Kommissar der Luftstreitkräfte in der Militärregion Shenyang; von Hua Guofeng verhaftet und bestraft.

PAN JINGYIN. Stellvertretender politischer Kommissar der 34. Division der Luftstreitkräfte; von führenden chinesischen Politikern bevorzugter erfahrener Pilot.

PENG DEHUAI. Mitglied des Politbüros; Verteidigungsminister; zweitältester chinesischer Marschall; Kontroverse mit Mao auf dem Plenum von Lushan im Jahr 1959; verhaftet und 1966 vor ein öffentliches Gericht gestellt.

QI SHIJING. Als Verlobte für Lin Liguo in Aussicht genommen.

QI ZIJING. Als Verlobte für Lin Liguo in Aussicht genommen.

QI YAOFANG. Wachtposten in der Akademie der Luftstreitkräfte.

QIU HUIZUO. Mitglied des ständigen Ausschusses des Politbüros; Chef der Logistikabteilung; wichtiges Mitglied des harten Kerns der Clique um Lin Piao; während der Affäre Lin Piao verhaftet und zu 16 Jahren Gefängnis verurteilt.

RAO SHUSHI. Führender Funktionär im Nord-Ost-Büro der chinesischen Kommunistischen Partei; in den 50er Jahren ebenso wie Gao Gang von Mao angegriffen.

SHI NIANTANG. Direktor des allgemeinen Büros der Luftstreitkräfte für den Einsatz von Flugzeugen.

SU QANDE. Kader bei der Wachtruppe 8341.

TAN SHU. Kraftfahrzeugsachverständiger im Geheimdienst der Wachtruppe 8341.

TSCHIANG TSCHING-KUO. Sohn von Tschiang Kaischek; der heutige Führer der nationalistischen Partei und Präsident der Republik China.

TSCHIANG KAISCHEK. Präsident der Republik China auf dem chinesischen Festland bis 1949; nach Gründung der Volksrepublik China bis zu seinem Tode im Jahr 1975 Präsident in Taiwan.

TSCHOU EN-LAI. Stellvertretender Vorsitzender der Kommunistischen Partei; Premierminister im Staatsrat.

WANG BINGZHANG. Stellvertretender Befehlshaber der Luftstreitkräfte; Minister im 7. Maschinenbauministerium.

WANG DONGXING. Stellvertretender Vorsitzender des Politbüros; Direktor des allgemeinen Büros des Zentralkomitees der Partei; engster Vertrauter Mao Tse-tungs, verantwortlich für Fragen der Sicherheit; Kommandeur der Wachtruppe 8341; hat seinen Posten 1979 verloren.

WANG FEI. Stellvertretender Chef des Stabes der Luftstreitkräfte; einflußreiches Mitglied der »Vereinigten Flotte«; während der Affäre Lin Piao verhaftet und mit Gefängnis bestraft.

WANG HONGKUN. Stellvertretender politischer Kommissar der Flotte; wegen seiner Beteiligung an der Affäre Lin Piao 1980 unter Hausarrest gestellt.

WANG HONGWEN. Mitglied des ständigen Ausschusses des Politbüros; stellvertretender Vorsitzender der Partei; Mitglied der Viererbande; sehr einflußreicher Führer von Massenorganisationen während der Kulturrevolution; 1976 verhaftet und zu einer lebenslänglichen Gefängnisstrafe verurteilt.

WANG LIANGEN. Stellvertretender Direktor des allgemeinen Büros des Zentralkomitees der Partei; Assistent von Wang Dongxing.

WANG MING. In den 30er Jahren Generalsekretär des Zentralkomitees der Partei; 1935 durch Mao abgelöst; wurde Anfang der 40er Jahre in Yanan entmachtet; ging in die Sowjetunion.

WANG PU. Befehlshaber der Luftstreitkräfte in der Militärregion Guangzhou.

WANG RONGYUAN. Offizier im Geheimdienst bei der Wachtruppe 8341.

WANG SHAOYUAN. Befehlshaber der Luftstreitkräfte in der Militärregion Lanzhou.

WANG WEIGUO. Politischer Kommissar der 4. Luftflotte in der Militärregion Nanjing; Chef des militärischen Kontrollausschusses in Shanghai; einflußreiches Mitglied der »Vereinigten Flotte«; während der Affäre Lin Piao verhaftet und mit Gefängnis bestraft.

WANG YONGKUI. Direktor des Verwaltungsbüros der Luftstreitkräfte; während der Affäre Lin Piao verhaftet und mit Gefängnis bestraft.

WANG YUANYUAN. Einer der Freunde von Lin Liheng.

WANG ZHUO. Stellvertretender Kommandeur der Transportverbände der Luftstreitkräfte; persönlicher Fahrer Lin Liguos.

WANG ZIGANG. Offizier des Geheimdienstes in der Wachtruppe 8341.

WU DAYUN. Gehörte zu den mit vertraulichen Aufgaben betrauten Personen im Büro des Parteiausschusses der Luftstreitkräfte.

WU DEFENG. Angehöriger des chinesischen Nachrichtendienstes, der mit Kang Sheng zusammengearbeitet hatte.

WU FAXIAN. Mitglied des ständigen Ausschusses des Politbüros; Oberbefehlshaber der Luftstreitkräfte; stellvertretender Chef des Stabes der Volksbefreiungsarmee; gehörte als einflußreiches Mitglied zum harten Kern der Clique um Lin Piao; während der Affäre Lin Piao verhaftet und zu 16 Jahren Gefängnis verurteilt.

WU XINCHAO. Sohn von Wu Faxian; Vertreter der Luftstreitkräfte bei der Flugzeugfabrik Shenyang.

WU ZONGHAN (Pseudonym). Militärtechniker; Spion für die Sowjetunion; Agent für den Nachrichtendienst des Generalstabes der Volksbefreiungsarmee.

XI ZHUXIAN. Stellvertretender politischer Kommissar der 8. Artilleriedivision der 4. Luftflotte; einflußreiches Mitglied der »Vereinigten Flotte« in Shanghai.

XIAO JINGUANG. Oberbefehlshaber der Flotte; stellvertretender Verteidigungsminister.

XIAO KE. Direktor der militärpolitischen Akademie.

XIAO QUANFU. Divisionskommandeur der 9. Kolonne in der 4. Feldarmee Lin Piaos; stellvertretender Befehlshaber der Militärregion Shenyang; Befehlshaber der Militärregion Urumqi.

XIE FUZHI. Mitglied des ständigen Ausschusses des Politbüros; Minister für öffentliche Sicherheit; Befehlshaber der Sicherheitstruppen; stellvertretender Premier im Staatsrat; spielte eine führende Rolle in der Kulturrevolution und war ein Anhänger der Vierer-Bande.

XU LIMIN. Nachrichtenoffizier in den Luftstreitkräften.

XU SHIGUANG. Kader bei der Wachtruppe 8341.

XU SHIYOU. Befehlshaber der Militärregion Nanjing.

XU XIANGQIAN. Mitglied des Politbüros; einer der 10 Marschälle Chinas.

XU XIUXU. Sekretär des allgemeinen Büros des Parteiausschusses der Luftstreitkräfte.

YAN ZHONGCHUAN. Befehlshaber der 43. Armee in der 4. Feldarmee; stellvertretender Chef des Stabes der Volksbefreiungsarmee.

YANG CHENGWU. Löste bei Beginn der Kulturrevolution Luo Ruiqing als Chef des Generalstabes ab; wurde später aus seinem Amt entlassen; ist heute Befehlshaber der Militärregion Fuzhou.

YANG DEZHONG. Einflußreicher Sekretär von Tschou En-lai, verantwortlich für Sicherheitsfragen.

YANG DINGKUN. Offizier im Militärlazarett und medizinischer Berater Lin Piaos; verlobt mit Lin Liheng.

YANG JIDA. Stiefvater von Yang Dingkun; Offizier in einem Divisionsstab.

YANG ZHENGANG. Der persönliche Fahrer von Lin Piao.

YAO WENYUAN. Mitglied des Politbüros; Sekretär des Parteikomitees von Shanghai; einflußreicher Literat und Theoretiker während der Kulturrevolution; Mitglied der Vierer-Bande; 1976 verhaftet und zu 20 Jahren Gefängnis verurteilt.

YE JIANYING. Der 10. Marschall Chinas; stellvertretender Vorsitzender des Politbüros; Verteidigungsminister; Vorsitzender des nationalen Volkskongresses; stellvertretender Vorsitzender der Partei.

YE QUN. Mitglied des Politbüros; Ehefrau von Lin Piao; Leiterin des allgemeinen Büros von Lin Piao; Mitglied der Verwaltungsgruppe des Militärausschusses, starb am 12. September 1971.

YU BOKE. Einer der Freunde Lin Lihengs.

YU SANG. Stellvertretender Minister für öffentliche Sicherheit.

YU XINYE. Direktor der ersten Sektion des allgemeinen Büros des Parteikomitees der Luftstreitkräfte; einflußreiches Mitglied der »Vereinigten Flotte«.

YU YUNSHEN. Chefsekretär Lin Piaos.

ZENG GUOHUA. Stellvertretender Befehlshaber der Luftstreitkräfte.

ZHANG CHUNQIAO. Mitglied des ständigen Ausschusses des Politbüros; stellvertretender Premierminister im Staatsrat; erster Sekretär des Parteikomitees von Shanghai; Direktor der allgemeinen politischen Abteilung; Mitglied der Vierer-Bande; einflußreicher Führer während der Kulturrevolution; 1976 verhaftet und zum Tode verurteilt.

ZHANG TINGFA. Mitglied des Politbüros; Chef der Operationsabteilung in der zweiten Feldarmee Liu Bochengs und Deng Xiaopings; stellvertretender Befehlshaber der Luftstreitkräfte; während der Kulturrevolution aus allen Ämtern entlassen; Befehlshaber der Luftstreitkräfte.

ZHANG YONGGENG. Politischer Kommissar der Luftstreitkräfte in der Militärregion Shenyang.

ZHAO SHANGTIAN. Direktor des politischen Büros des Raketenregiments der Rakentendivision der Luftstreitkräfte in Shanghai.

ZHAO YANJI (Pseudonym). Hoher Funktionär im Geheimbüro zur Untersuchung des Sonderfalles Lin Piao; Leiter des allgemeinen Büros der besonderen Untersuchungsbehörde für den Fall Lin Piao.

ZHOU DEYUN. Kader in der 4. Luftflotte; Mitglied der »Vereinigten Flotte« in Shanghai, verantwortlich für die Schulung des Ausbildungsverbandes.

ZHOU XIHAN. Stellvertretender Befehlshaber der Flotte.

ZHOU YUCHI. Stellvertretender Direktor des allgemeinen Büros des Parteikomitees der Luftstreitkräfte; einflußreiches Mitglied der »Vereinigten Flotte«; starb während der Affäre Lin Piao.

ZHU BINGLIANG. Chef der Sicherheitskräfte Lin Piaos.

ZHU DE. Der erste der 10 Marschälle Chinas; stellvertretender Vorsitzender des Zentralkomitees der Partei; stellvertretender Vorsitzender des Militärausschusses; stellvertretender Vorsitzender des Staates; Vorsitzender des nationalen Volkskongresses.

ZHU TIESHENG. Direktor der zweiten Abteilung des Parteikomitees der Luftstreitkräfte; Mitglied der »Vereinigten Flotte«; während der Affäre Lin Piao verhaftet und mit Gefängnis bestraft.

ZU FUGUANG. Offizier in den Luftstreitkräften der Militärregion Nanjing; Mitglied der »Vereinigten Flotte«.

Anmerkungen

1. KAPITEL

Wie schon im Text erwähnt, stützt sich dieses Kapitel auf die unveröffentlichten Erinnerungen von Zhao Yanji. Der Verfasser sieht sich nicht in der Lage zu sagen, wie das Dokument in seine Hände gelangt ist.

1. »8341« ist die Bezeichnung für die Sicherheitstruppe des Zentralkomitees der Kommunistischen Partei unter Wang Dongxing. Als Wang 1980 politisch entmachtet wurde, ließ man die Bezeichnung 8341 fallen, und die Truppe wurde unter einer neuen Führung umgegliedert.
2. Das Sanatorium Baqi in Dalian (Dairen) war früher im ausländischen Besitz und steht heute hohen Offizieren der Streitkräfte zur Verfügung. Es untersteht der Militärregion Shenyang.
3. Die 34. Division der Luftstreitkräfte ist die Transportdivision. Sie verfügt über verschiedene Typen von Flugzeugen und Hubschraubern. Sie stellt unter anderem die von hohen Parteifunktionären benötigten Flugzeuge zur Verfügung. Der Verband ist auf dem Flughafen am westlichen Stadtrand von Peking stationiert.
4. Die Rote Armee hatte vor 1949 noch keine militärischen Dienstgrade. Das gleiche traf bis 1954-55 auch für die Volksbefreiungsarmee zu. Dann wurde in der Volksbefreiungsarmee ein System eingeführt, nach dem der Militärausschuß des Zentralkomitees der Kommunistischen Partei und das Verteidigungsministerium den Offizieren in den einzelnen militärischen Verbänden ihre Dienstgrade verliehen. Dieses System wurde 1965 von Mao Tse-tung und Verteidigungsminister Lin Piao abgeschafft.
5. Neben Wang Liangen gab es noch zwei andere Direktoren für diesen Sonderfall. Es waren dies Li Zhen und Yu Sang.
6. »Drei Tore« ist die Bezeichnung für eines der Hauptbürogebäude des Militärausschusses. Das ist ein altes, reich ausgestattetes und streng bewachtes Haus in der Jingshan Front Straße in Peking.

2. KAPITEL

Es ist schwierig, das »pikante« Privatleben von Lin Liguo bis in alle Einzelheiten zutreffend zu schildern. In den vergangenen Jahren hat es in China alle möglichen Gerüchte darüber gegeben, darunter auch einige recht unglaubwürdige, sie kursieren vor allem bei den jungen chinesischen Militärs. Die hier zitierten persönlichen Berichte sind vertraulichen Dokumenten entnommen, die die mündlichen Geständnisse von Angehörigen der »Vereinigten Flotte« enthalten. Sie sind ergänzt durch Informationen aus anderen vertraulichen Dokumenten und aus persönlichen Gesprächen des Verfassers über Fragen wie das Interesse Lin Liguos an der Politik, seine Beziehung zu Lu Min und die Rolle seiner Mutter, Ye Qun.

1. »Material aus den Geständnissen von Xi Zhuxian, Zhou Deyun und Zu Fuguang.«
2. »Material aus Zeugenaussagen von Qi Shijing.«

3. KAPITEL

Der Inhalt dieses Kapitels stammt zum größten Teil aus der Geheimakte »Bericht der Sicherheitssektion für den Sonderfall des Zentralkomitees der Partei über die Antiparteiclique Lin Piaos, vorgelegt dem Genossen Wang Dongxing«, Abschnitt 5, »Zusammenfassung und Originaltext des aus 7 Teilen bestehenden Geständnisses des treuen Gefolgsmanns von Lin Piao, Wu Faxian, geschrieben in der Zeit vom 7. Oktober bis zum 11. Dezember 1971.« (»Geständnis von Wu Faxian«) Weitere Hintergrundinformationen sind anderen vertraulichen Akten entnommen.

1. »Memoiren von Chen Suiqi.«
2. »Geständnis von Wu Faxian.«
3. Im folgenden als »Lushan-Plenum« bezeichnet.
4. »Untersuchungsbericht über den Ding Siqi Zwischenfall.« Aus vertraulichen Akten des Zentralkomitees der Kommunistischen Partei über die Behandlung des Falles Ding Siqi.
5. »Geständnis von Wu Faxian.«

4. KAPITEL

Dieses Kapitel stützt sich weitgehend auf das Geständnis von Wu Faxian und die Memoiren von Yu Yunshen. Diese beiden Unterlagen sind nicht veröffentlicht worden. Sie enthalten detaillierte Gesprächsprotokolle. Die Einzelheiten der hier geschilderten Vorgänge – zum Beispiel das Gespräch zwischen Wu und Lin, Wus Überlegungen und seine Reaktion – werden in offiziellen Dokumenten nicht erwähnt.

1. Die Verwaltungsgruppe des Militärausschusses war während der Kulturrevolution die höchste Instanz bei den chinesischen

Streitkräften. Sie bestand aus Huang Yongsheng, Wu Faxian, Ye Qun, Li Zuopeng, Qiu Huizuo, Li Xuefeng und anderen.
2. »Verschiedene Sandkörner mischen« war ein von Mao Tsetung geprägtes Wort. Es bedeutet die Infiltration des feindlichen Lagers mit eigenen Leuten, um Informationen zu sammeln, feindliche Aktivitäten zu sabotieren und den Widerstand des Gegners zu brechen.
3. »Memoiren von Chen Suiqi.«
4. »Ich war Lin Piaos Sekretär«, von Yu Yunshen.
5. »Geständnis von Wu Faxian«; »Material aus dem Geständnis von Wu Faxian über geheime Pläne mit Lin Piao«; »Zusammenfassung der Aufzeichnungen von Ye Qun«; »Ich war Lin Piaos Sekretär« von Yu Yunshen; »Material aus den Geständnissen von Huang Yongsheng über geheime Vorbereitungen für eine Verschwörung« und andere Quellen.
6. Babaoshan bedeutet »Berg mit den acht Juwelen«. Das ist das vornehmste Krematorium in China. Es liegt am westlichen Stadtrand von Peking.
7. »Politik der drei Gemeinsamkeiten« von Mao geprägter Begriff.
8. In den Geständnissen von Yu Yunshen wird Lin Piao wie folgt zitiert: »Er (Mao) geht fort und läßt mich hier in Peking zurück, um zu sehen, was ich als nächstes unternehmen werde. Ich werde mich aber nicht in eine Falle locken lassen. Auch ich werde in die Ferien gehen und bei ihm den Eindruck erwecken, daß Lin Piao in Peking gar nichts vorhat, daß es ›nichts Neues im Westen‹ gibt.«

5. KAPITEL

Außer dem hier vorgelegten und schon bekannten historischen und biographischen Material werden in diesem Kapitel auch verschiedene vertrauliche Dokumente verwendet. Der Verfasser stützt sich auch auf Gespräche mit Personen, welche die Beziehungen zwischen den Angehörigen der Familie Lin und der »Antipartei-Clique« Lin Piaos kannten.
1. »Arbeitstagebuch von Ye Qun«; »Ich war Lin Piaos Sekretär« von Yu Yunshen.
2. »Geständnis von Wu Faxian«; »Auswahl aus den Geständnissen von Wu Faxian«.
3. »Ich war Lin Piaos Sekretär« von Yu Yunshen.
4. »Zusammenfassung der Geständnisse von Li Zuopeng«.

6. KAPITEL

Was der Verfasser hier als das Vorhaben »Berg mit dem Jadeturm« bezeichnet, nämlich der Versuch Lin Piaos, seinen militärischen Einfluß für einen gegen Mao Tse-tung gerichteten Staatsstreich zu nutzen, und die eigentliche Ursache seines Todes, wird in den in Umlauf gebrachten offiziellen Dokumenten nicht erwähnt. Die öffentliche Bekanntgabe der Teilnahme der meisten mächtigen militärischen Führer Chinas an der Verschwörung hätte die Schwäche Maos zu deutlich offenbart, der als Vorsitzender des Militärausschusses des Zentralkomitees der Kommunistischen Partei nomineller Oberbefehlshaber der chinesischen Streitkräfte war. Darüber hinaus spielte der »Berg mit dem Jadeturm« bei dem Gegenangriff Maos gegen Lin eine wesentliche Rolle, und Mao wollte auch diese Ereignisse geheimhalten. Deshalb handelte es sich bei der Affäre Lin Piao nach der Version Maos vor allem um die Aktivitäten des Sohnes von Lin Piao, Lin Liguo, und seiner »Vereinigten Flotte«.

Die Geständnisse der Gefolgsleute von Lin Piao bei den von Wang Dongxing geleiteten Untersuchungen zum Abschluß der Affäre Lin Piao enthalten alle Einzelheiten über die gescheiterte Verschwörung von Lin. Da der Verfasser leider nicht wörtlich aus diesen Akten zitieren kann, ist auch das Gespräch zwischen Lin Piao und Huang Yongsheng nicht wörtlich wiedergegeben. Inhalt und Ton entsprechen jedoch den Originalquellen, und die Schilderung der äußeren Umstände darf als zutreffend angesehen werden. Die genaue Datierung einiger Dokumente ist nicht möglich.

1. »Ich war Lin Piaos Sekretär« von Yu Yunshen; »Zusammenfassung der Geständnisse von Li Zuopeng«.
2. »Originaldokumente zur ›Verschwörung am (Berg mit dem Jadeturm)‹.«
3. »Material über die Verbrechen von Lin Piaos ergebenem Gefolgsmann Huang Yongshen«.
4. Was hier als »Berg des Jadeturms« bezeichnet wird, hat in Wirklichkeit einen anderen Namen, den der Verfasser aus Sicherheitsgründen nicht nennt. Westlich von Peking gibt es geheime Einrichtungen, in die sich die chinesische Führung im Falle des nationalen Notstandes zurückziehen kann.
5. »Geheime Gespräche zwischen Lin Piao und Huang Yongshen«.

7. KAPITEL

Der Name Wu Zonghan (ein Pseudonym) wird in keinem der Dokumente genannt, die den Fall Lin Piao behandeln und hohen chinesischen Parteifunktionären zugänglich gemacht wurden. Um jedoch zu verstehen, wie Tschou En-lai den Versuch Lin Piaos, geheime Verhandlungen mit der Sowjetunion aufzunehmen, entdecken und verhindern konnte, muß man wissen, welche Rolle dieser Mann gespielt hat.

Die wichtigsten Quellen für die Darstellung der in diesem Kapitel erwähnten Ereignisse sind gewisse Geheimdokumente, deren Titel aus Sicherheitsgründen nicht genannt werden können. Die Titel anderer Dokumente, die diese Ereignisse betreffen, werden unten genannt.

1. »Bericht des 5. Untersuchungs- und Forschungsbüros über den Fall Wu Zonghan«.
2. »Bericht des Verwaltungsbüros über den Tod von Li Zhen«; »Erinnerungen des Genossen Yang Dezhong an die von Premier Tschou ergriffenen Maßnahmen«.
3. »Aufzeichnungen von Yu Sang über den Fall Li Zhen«.

8. KAPITEL

Die Tatsache, daß Lin Piao dem Vorsitzenden falsche medizinische Diagnosen vorgelegt hatte und Mao dahinterkam, wird nicht in den Dokumenten erwähnt, die den hohen Parteifunktionären zur Kenntnis gebracht wurden. Diese Feststellung und der von Tschou En-lai entdeckte Versuch Lins, in geheime Verhandlungen mit der Sowjetunion einzutreten, waren für Tschou und dann für Mao der unmittelbare Anlaß, gegen Lin vorzugehen.

Die Quellen für dieses Kapitel sind außer den unten angeführten Dokumenten gewisse Originaldokumente, deren Titel aus Sicherheitsgründen nicht angegeben werden können.

1. Ein Brief der Genossin Gong Peng (1963), ein offizielles Dokument im Archiv des Militärausschusses, das zwar nicht verteilt worden ist, das jedoch einige hohe militärische Führer gesehen haben. Gong Peng war eine Sekretärin von Tschou En-lai. Gegen Ende der Kulturrevolution heiratete sie den damaligen Außenminister Qiao Guanhua. Später starb sie an einer Krankheit.
2. »Erinnerungen des Genossen Yang Dezhong an die von Premier Tschou ergriffenen Maßnahmen«; »Wichtige Äußerungen des Genossen Tschou En-lai zu dem Zwischenfall Lin Piao« und

andere Geheimdokumente über die von Tschou En-lai ergriffenen Maßnahmen.

In einem von dem verstorbenen Zhou Rongxin, einem ehemaligen Sekretär von Tschou En-lai und Erziehungsminister, verfaßten Manuskript (das jetzt in einem streng geheimen Aktenstück im Sicherheitsbüro des Zentralkomitees aufbewahrt wird), schildert der Autor sehr ausführlich seine privaten Gespräche mit dem Premierminister über die im Fall Lin Piao ergriffenen Maßnahmen.

3. »Erinnerungen des Genossen Yang Dezhong über die von Premierminister Tschou ergriffenen Maßnahmen.«

4. »Bericht des 5. Untersuchungs- und Forschungsbüros über den Fall Wu Zonghan.«

9. KAPITEL

In den in Umlauf gebrachten offiziellen Dokumenten wird Lin Yamei nur als eine der zahlreichen Mätressen von Lin Liguo erwähnt. Welche Rolle sie wirklich in der Geschichte von Lin Liguo und seinem Vater gespielt hat, wird hier zum ersten Mal berichtet. Nur wenige Menschen wissen genau, wie Wang Dongxing das, was er über das Sexualleben von Lin Liguo wußte, dazu benutzen konnte, ihn bloßzustellen.

1. Die Militärakademie Whampoa in Kanton war eine berühmte, 1924 noch vor Beginn der sogenannten Nordexpedition von der Kuomintang gegründete Einrichtung. Einige dort ausgebildete Offiziere wurden später kommunistische Parteiführer.

2. »Bericht der allgemeinen politischen Abteilung über die Geständnisse von Cheng Hongzhen.«

3. Ebenda; »Bericht über die Arbeit der Genossin Lin Yamei.«

10. KAPITEL

Die Aktivitäten der »Vereinigten Flotte« werden in den in Umlauf gebrachten offiziellen Dokumenten sehr ausführlich beschrieben. Der Plan, den Sonderzug Maos anzugreifen, wie er in dem sogenannten »Entwurf für das Projekt 571« aufgezeichnet ist, wird in allen Einzelheiten geschildert. Damit hat man augenscheinlich zwei Absichten verfolgt. Einmal wollte man die Beteiligung Lin Piaos an dem Komplott nachweisen, zum zweiten jedoch die Aufmerksamkeit der Öffentlichkeit von den Aktivitäten Lins – und Maos – ablenken.

Die Besprechungen der Angehörigen der »Vereinigten Flotte«, bei denen der »Entwurf für das Projekt 571« ausgearbeitet wurde, und eine Zusammenfassung dieses Entwurfs stützten sich auf die den Parteifunktionären zugeleiteten Dokumente. Der Inhalt dieser Dokumente entspricht den in nicht verfälschten Geheimdokumenten enthaltenen Informationen. Die letzteren berichten jedoch außerdem Einzelheiten über bestimmte Zusammenkünfte und Gespräche.

1. »Mündliches Geständnis von Wang Fei.« Die Erste Abteilung war das Sekretariat für kriegerische Operationen; die Zweite Abteilung war das allgemeine Verwaltungsbüro; die Dritte Abteilung war das Parteibüro.

2. »Mündliche Geständnisse von Mitgliedern der ›Vereinigten Flotte‹«.

3. Belastendes Material über die parteifeindliche Clique Lin Piaos. Dazu gehört eine Abschrift des »Entwurfs für das Projekt 571«.

4. Die jeweils erste und letzte Sitzung in den Verfahren gegen die Lin-Piao-Clique und die Vierer-Bande fanden im Stadtzentrum von Peking im Gebäudekomplex des Ministeriums für öffentliche Sicherheit statt, aber das Gericht, das den Fall der Clique Lin Piaos behandelte, hielt seine Sitzungen in der Akademie der Luftstreitkräfte ab.

5. Nach dem Attentat auf Lin Piao wurden Zhu Tiesheng, Li Weixin, Cheng Hongzhen und Wang Yongkui verhaftet und ins Gefängnis eingeliefert.

6. »Geständnisse über meine kriminellen Aktivitäten bei der Teilnahme an dem Komplott mit dem Ziel, unserem großen Führer, dem Vorsitzenden Mao, Schaden zuzufügen« von Jiang Tengjiao.

7. In Wirklichkeit unterstanden die Raketenbasen in Shanghai und Hangzhou dem Kommando der Luftstreitkräfte in der Militärregion Nanjing.

11. KAPITEL

Zwar werden die Pläne der »Vereinigten Flotte«, den Sonderzug Maos anzugreifen, in den geheimen Papieren, die die Regierung hochgestellten Parteifunktionären zugänglich gemacht hat, immer wieder erwähnt, aber gewisse Einzelheiten sind nicht veröffentlicht worden. In diesem Kapitel werden die Vorgänge sehr viel ausführlicher geschildert, denn der Verfasser verwendet die bisher noch nicht veröffentlichten Geständnisse eines Teilnehmers. Er hat den Namen des Mannes, auf dessen Aussagen hier Bezug genommen wird, nicht feststellen können. Da er nicht zu den führenden Mitgliedern der »Vereinigten Flotte« gehörte, ist es auch sehr schwierig, Vermutungen über seine Identität anzustellen.

1. »Mündliche Geständnisse von Mitgliedern der ›Vereinigten Flotte‹«.

2. Der Name der Brücke wird in diesem Dokument nicht genannt, sondern sie wird nur als »Ziel Nummer 1« bezeichnet. Offensichtlich ist es eine Brücke an der Bahnstrecke zwischen Hangzhou und Shanghai.

3. »Geheimer Arbeitsbericht des Sonderbüros des Allgemeinen Politischen Büros für die Bearbeitung von zwei Fällen. (Ergänzendes Material: Geständnisse führender Mitglieder der ›Vereinigten Flotte‹)«.

12. KAPITEL

Daß der Angriff der »Vereinigten Flotte« gegen den Sonderzug Maos scheiterte, ist allgemein bekannt, aber die Ursache des Scheiterns wird nirgends erklärt, noch hat man bisher gewußt, daß es Lin Piao gewesen ist, der sich den Plänen seines Sohnes widersetzt hat, wobei er von Wu Faxian unterstützt wurde.

Die offiziellen Dokumente sprechen von zahlreichen Fällen, in denen Lin Liguo und Lin Piao zusammengekommen sind, sie wollen damit jedoch die Behauptung stützen, daß Lin Liguo auf Anweisung seines Vaters und nicht gegen dessen Willen gehandelt hat. Die Quellen für dieses Kapitel werden vor allem durch geheime Berichte über die Aktivitäten von Mitgliedern der »Vereinigten Flotte« ergänzt (Wu Faxians »Geständnisse« und Yu Yunshens Memoiren).

1. »Mündliche Geständnisse von Mitgliedern der ›Vereinigten Flotte‹«.

2. Während des 9. Parteikongresses.

3. »Ich war Lin Piaos Sekretär« von Yu Yunshen.

4. »Meine kriminellen Aktivitäten bei der Preisgabe der geheimen Machenschaften von Lin Liguo an Lin Piao und Ye Qun« von Wu Faxian.

5. »Ich war Lin Piaos Sekretär« von Yu Yunshen.

13. KAPITEL

Die den hohen Parteifunktionären zur Einsicht überlassenen offiziellen Dokumente erwähnen nicht den von Lin Piao entworfenen Plan »Berg mit dem Jadeturm«. Die Darstellung dieses Plans durch den Verfasser stützt sich auf verschiedene Quellen, die aus Sicherheitsgründen nicht genannt werden dürfen, sie ist jedoch nicht vollständig, weil der Verfasser glaubt, ein noch mehr ins einzelne gehender Bericht könnte der nationalen Verteidigung Taiwans schaden.

1. Das ist nicht die richtige Bezeichnung.

14. KAPITEL

Nach dem offiziellen Bericht hat die Tochter von Lin Piao, Lin Liheng, Tschou En-lai über die Aktivitäten ihres Vaters informiert. Es wird jedoch nicht gesagt, was sie ihm im einzelnen mitgeteilt hat. Aus Geheimdokumenten geht hervor, wie es auch in diesem Kapitel geschildert wird, daß Tschou En-lai Lin Liheng unter Druck gesetzt hat, ihm zu sagen, was sie über die Aktivitäten ihrer Familienangehörigen wußte. Dieser Umstand ist offensichtlich verschwiegen worden, weil damit auch einiges über die Operationen Tschou En-lais auf dem Gebiet der Spionage und des Nachrichtendienstes ans Licht gekommen wäre.

Die wichtigsten Quellen für dieses Kapitel sind Geheimdokumente über Einzelheiten der Aktivitäten Tschou En-lais, wie sie von Tschou selbst in später mit verschiedenen Mitarbeitern geführten Gesprächen dargestellt worden sind. Yang Dezhong war lange Zeit Tschou En-lais Sekretär. Deng stand damals unter Hausarrest. Den Namen Qi Zujia kennt der Verfasser nicht.

1. »Erinnerungen des Genossen Yang Dezhong an die Tätigkeit des Premierministers Tschou«; »Wichtige Aussagen des Genossen Tschou En-lai über den Fall Lin Piao«. Zu den Quellen gehört auch die persönliche Beurteilung Tschou En-lais über den Fall Lin Liheng. Hier äußert er sich zu den folgenden Fragen:
a) Die Auswirkungen der Niederlage von Lin Piao auf Lin Liheng,
b) die Arbeit, die Tschou En-lai und andere im Zusammenhang mit dem Fall Lin Liheng geleistet haben,
c) alle Yang Dingkun betreffenden Fragen,
d) die Bedeutung der »durchsichtigen Beziehungen« bei den innerparteilichen Kämpfen,

e) die erfolgreiche Methode des geheimen Vorgehens bei innerparteilichen Auseinandersetzungen.

15. KAPITEL
Ein großer Teil dieses Kapitels sind Zitate aus den Geständnissen von Wu Faxian, die in einem Geheimdokument enthalten sind. Im Gegensatz zu der offiziellen, den hohen Parteifunktionären gegebenen Darstellung hat sich Lin Piao danach während der letzten Tage seines Lebens in Peking und nicht in Beidaihe aufgehalten, und außerdem werden hier seine Pläne, gegen Mao vorzugehen, in vollem Umfang geschildert. Hier wird auch gesagt, welche Gegensätze zwischen der »Vereinigten Flotte« und den persönlichen Anhängern von Lin Piao bestanden.
1. »Ich war Lin Piaos Sekretär« von Yu Yunshen.
2. »Heeresartillerie«; damit sind die Waffen gemeint, die gewöhnlich von der Artillerie verwendet werden, schwere Geschütze und Raketen.
3. »Die zweite Raketenbasis der Artillerie« ist das Stabsquartier des zweiten Artillerieverbandes, eines Truppenteils, der mit Raketen und Fernlenkwaffen ausgerüstet war.
4. »Wie Lin Piao in letzter Minute seine Entscheidungen getroffen hat« von Wu Faxian.
5. »Ich war Lin Piaos Sekretär« von Yu Yunshen.

16. KAPITEL
Dieses Kapitel, das über die Ereignisse in Peking am letzten Tage des Lebens von Lin Piao berichtet, zitiert ausführlich die bisher unveröffentlichten Memoiren des Untersuchungsbeamten Zhao Yanji. Dieser Bericht widerspricht der manipulierten offiziellen Version über den Tod Lin Piaos. Danach hat er sich an Bord der Trident befunden, die in Peking gestartet war und in der Mongolei abstürzte.

Der Verfasser hat nicht feststellen können, ob der Name des Kraftfahrzeugsachverständigen Tan Shu, aus dessen von Zhao Yanji zitierten Memoiren hier einige Abschnitte abgedruckt sind, sein wirklicher Name oder ein Pseudonym ist. In Geheimdokumenten werden oft Pseudonyme verwendet, und das Pseudonym Tan Shu ist dem Verfasser nicht bekannt.
1. »Meine kriminellen Aktivitäten im Falle 9/13« von Liu Shiying.

2. »Memoiren von Zhao Yanji.«
3. Ebenda.

17. KAPITEL

Offizielle Quellen beschäftigen sich ausführlich mit den Flügen der Trident-Düsenmaschine Nummer 256 und des Hubschraubers Nummer 3685. Für die Trident wird der falsche Ort für den Start der Maschine angegeben, es werden andere als die wirklichen Passagiere genannt, und es wird nichts über die Ursache des Absturzes gesagt. Die offiziellen Angaben für den Hubschrauber stimmen zum großen Teil. Der Hubschrauber startete auf dem Flughafen Shahe bei Peking. Die Passagiere waren Zhou Yuchi, Yu Xinye, Li Weixin und Chen Shiyin. Der Pilot war Chen Xiuwen, der von Zhou Yuchi erschossen wurde. Der Hubschrauber beförderte eine große Menge geheimer Dokumente, Waffen und Geld, und er wurde zur Landung gezwungen.

Dieses Kapitel verwendet die persönlichen Aussagen der Teilnehmer, die in geheimen Dokumenten enthalten sind, füllt gewisse Lücken und berichtigt die offizielle Darstellung in manchen Punkten.

1. »Meine kriminellen Aktivitäten im Fall 9/13« von Liu Shiying.
2. Ebenda.
3. »Geständnisse von Xu Limin.«
4. »Mündliches Geständnis von Li Weixin.«
5. »Untersuchungsbericht über den Fluchtversuch des Hubschraubers«, Teil 4; »Mündliche Geständnisse.«
6. Der Hubschrauber vom Typ ZHI-5 ist ein chinesisches Fabrikat, das dem sowjetischen Modell MI-4 nachgebaut wurde.

18. KAPITEL

Der Bericht über den Flug der Trident Nummer 256 in den offiziellen Dokumenten unterscheidet sich wesentlich von der hier gegebenen Darstellung sowohl was die an Bord befindlichen Personen als auch was die Ursache des Absturzes in der Mongolei betrifft. Nach der offiziellen Version wurden Lin Piao und seine Frau beim Absturz getötet. Hier ist nichts darüber gesagt, daß die Maschine von chinesischen Raketenbatterien beschossen worden war, die unter dem Befehl von Wu Faxian standen, der seinerseits die Anweisungen von Tschou En-lai befolgte.

Die offizielle Version über den Flug des Hubschraubers stimmt eher mit dem hier gegebenen Bericht überein, erwähnt allerdings nicht, daß Wu Faxian versucht hat, den Hubschrauber abzuschießen.

Eine wichtige Quelle für dieses Kapitel sind wieder die Memoiren von Wu Faxian, die als Geheimdokument bisher nicht veröffentlicht worden sind. Der Verfasser verwendet außerdem den unveröffentlichten Bericht 81 029 über die von Angehörigen der Chinesischen Botschaft in der Mongolei an der Absturzstelle durchgeführte Untersuchung.

1. Die Maschine vom Typ Jian-7 wurde in China hergestellt und war der sowjetischen MiG-21 nachgebaut.
2. Die Innere Mongolei gehört zu China. (Anmerkung des amerikanischen Übersetzers.)
3. Die Jian-6 Jia ist ein chinesischer Nachtjäger und der sowjetischen MiG-19 nachgebaut. Die Jian-5 ist ebenfalls eine chinesische Maschine und entspricht der sowjetischen MiG-17.
4. »Geständnisse von Wu Faxian.«
5. »Die sowjetische Reaktion auf chinesische Radiosendungen.«

19. KAPITEL

Die Quelle für dieses Kapitel sind wieder die unveröffentlichten Memoiren von Zhao Yanji. Ein großer Teil des Materials wird durch verschiedene Geheimdokumente gestützt. Die offiziellen Berichte über die Affäre Lin Piao, die hohen Parteifunktionären zugänglich gemacht wurden, sagen allerdings nichts darüber aus. Die Bekanntgabe auch nur von Teilen dieser Vorgänge, von der Verwendung des Verbandes 8341 bis zur persönlichen Beteiligung von Mao, hätte zu schweren innerpolitischen Rückschlägen geführt.

1. Zhong Kui war eine legendäre Persönlichkeit und konnte böse Geister bannen. Die Chinesen hängen gern sein Bild an ihre Türen, um Geister zu verscheuchen.
2. Yong Zhen, der zweite Kaiser der Qing-Dynastie, hat eine der umfassendsten nachrichtendienstlichen Organisationen in der Geschichte Chinas entwickelt. Gegen Ende seiner Regierungszeit sind seine Agenten, die sogenannten »Blutjünger«, mit ihren Aktivitäten auf die entschiedene Ablehnung der Bevölkerung gestoßen.
3. »Memoiren von Zhao Yanji«.

Quellenverzeichnis

Die im folgenden genannten Dokumente enthalten den offiziellen Bericht über die Affäre Lin Piao. Sie haben eine weite Verbreitung gefunden und sind wenigstens zum Teil in China veröffentlicht worden:

»Die parteifeindliche Clique Lin Piaos belastendes Material über einen konterrevolutionären Staatsstreich« (Dokument des Zentralkomitees der Partei, 26. Juni 1972).

»Die parteifeindliche Clique Lin Piaos belastendes Material, Teil 1, 2, 3« (Dokument des Zentralkomitees der Partei, 3. September 1972).

Die folgenden Dokumente sind nur in bestimmten offiziellen Kreisen in Umlauf gebracht worden:

»Ein Brief der Genossin Gong Peng an die militärwissenschaftliche Akademie der Volksbefreiungsarmee« (Vertrauliches Dokument, 1963).

»Die sowjetische Reaktion auf chinesische Rundfunksendungen« aus »Täglicher Bericht der vereinigten Stabschefs zu Schlüsselfragen« (Vertrauliches Dokument, 1971 - 72).

Die folgenden geheimen Dokumente und Materialien sind weder in China noch im Ausland veröffentlicht worden:

»Zusammenfassung der Geständnisse von Li Zuopeng über das Komplott (›Berg mit dem Jadeturm‹)« (Geheimdokument, 17. September 1972).

»Zusammenfassung der Aufzeichnungen von Ye Qun«, Band 17 (Geheimes Material, November 1973).

»Die Erläuterungen des Genossen Wang Dongxing zur Festnahme der neun in den Fall Lin Piao verwickelten Hauptverbrecher« (Geheimes Dokument, Februar 1980).

»Material aus den Geständnissen von Huang Yongsheng über geheime Vorbereitungen für einen Staatsstreich, über die Lin Piao und Wu Faxian am 10. Juli 1971 beraten haben« (Geheimdokument, Februar 1972).

»Material aus den Geständnissen von Wu Faxian über mit Lin Piao am 10. Juli 1971 geführte geheime Gespräche« (Geheimdokument, 18. April 1972).

»Material aus den Geständnissen von Xi Zhuxian, Zhou Deyun und Zu Fuguang über ihre illegalen Aktivitäten bei der ›Entdeckergruppe‹« (Geheimdokumente, 1972).

»Geständnisse von Wu Faxian: Ein Geständnis, gegenüber dem Volk verbrecherisch gehandelt zu haben« (Geheimdokument, November 1974).

»Geständnisse von Xu Limin« (Geheimdokument, 1972).

»Unterlagen über die Verbrechen des treuen Gefolgsmannes von Lin Piao, Huang Yongsheng« (Ergänzendes Material: Huang Yongshengs Geständnisse über seine Aktivitäten vom 12. bis zum 13. September; Huang Yongshengs Geständnisse betreffend die Verschwörung am ›Berg mit dem Jadeturm‹; Huang Yongshengs Geständnisse betreffend Wu Faxian und Li Zuopeng; Huang Yongshengs Berichte über Gespräche mit Lin Piao und Ye Qun in Maojiawan am 24. August 1971), (Geheimdokument, März 1972).

»Der Beschluß, die Personen zu belohnen und zu befördern, die sich daran beteiligt haben, die parteifeindliche Clique Lin Piaos zu zerschlagen: Ausführungen des Genossen Wang Dongxing über die Bedeutung der Geheimhaltung von Tatsachen betreffend die Affäre Lin Piao« (Geheimdokument, 20. September 1971).

»Anweisungen des Genossen Wang Dongxing an Personen, die an der Zerschlagung der parteifeindlichen Clique teilgenommen haben, über die Sicherstellung der Geheimhaltung« (Geheimdokument, April 1972).

»Dokument über die 24 Direktiven des Genossen Wang Dongxing, die nach 1971 über die Behandlung des Eigentums von Lin Piao und der Familie Lin Piaos verfügt worden sind« (Ergänzendes Material: Zwei Briefe der Genossin Lin Liheng, in denen sie die Rückgabe des gesamten Eigentums der Familie Lin Piaos beantragt: Eine Erläuterung der Rolle der Genossin Lin Liheng in der Affäre Lin Piao), (Geheimdokument, April 1980).

»Wie Lin Piao seine Entscheidungen in letzter Minute getroffen hat« von Wu Faxian (Geheimdokument, 8. April 1972).

»Ich war Lin Piaos Sekretär« von Yu Yunshen (Geheimdokument, 1972).

»Wichtige Aussagen des Genossen Tschou En-lai gegenüber Deng Xiaoping und Qi Zujia über den Fall Lin Piao« (Geheimdokument, 7. Januar 1975).

»Untersuchungsbericht der Untergruppe Nummer 2 zur Untersuchung der Ursache des Absturzes der Trident Nummer 256 als Ziel der von der Raketenbasis Xiao Shanzi am 13. September

1971 um 0.14 Uhr abgeschossenen Raketen« (Geheimdokument, Februar 1972).

»Untersuchungsbericht über den Fall Ding Siqi; Protokoll der Aussagen und mündlichen Geständnisse der an dem Fall Ding Siqi Beteiligten; Akte über die von der parteifeindlichen Clique Lin Piaos im geheimen getöteten Angehörigen der Luftstreitkräfte« (Geheimdokument, 1972).

»Untersuchungsbericht über die Entführung des Hubschraubers«, Teil 4, »Mündliche Geständnisse« (Geheimdokumente, 1973).

»Brief des Genossen Wang Dongxing an die Genossen Hua Guofeng und Deng Xiaoping« (Ergänzendes Material: Material über den Beitrag des Genossen Wang Dongxing zum Fall 9/13 und 15 Vorschläge zum Gerichtsverfahren gegen die parteifeindliche Clique Lin Piaos), (Geheimdokumente, 15. Februar 1980).

»Briefe der Genossin Lin Liheng an das Zentralkomitee« (Geheimdokumente, 28. September 1972).

»Memoiren von Chen Suiqi« (Geheimdokument, Mai 1972).

»Aussagen des Genossen Yang Dezhong über gewisse Maßnahmen des Premierministers Tschou vor und nach dem Zwischenfall 9/13« (Geheimdokument, Dezember 1976).

»Erinnerungen von Zhao Yanji« (Geheimdokument, 1974).

»Mein kriminelles Verhalten bei der Enthüllung der geheimen Aktivitäten von Lin Liguo gegenüber Lin Piao und Ye Qun« von Wu Faxian (Geheimdokument, 4. August 1972).

»Mein verbrecherisches Verhalten im Fall 9/13« von Liu Shiying (Geheimdokument, 18. Oktober 1971).

»Die Enthüllung des verbrecherischen Verhaltens des treuen Gefolgsmannes von Lin Piao, Zhou Yuchi, durch mich« von Wang Fei und »Geständnis meiner verbrecherischen Aktivitäten« von Li Weixin, Teil 17 aus »Verbrecherische Aktivitäten des Konterrevolutionärs Zhou Yuchi« (Geheimdokumente, 1973).

»Mündliche Geständnisse von Angehörigen der ›Vereinigten Flotte‹«, Teil 7 von »Verbrechen der konterrevolutionären Clique Lin Piaos bei ihrer Verschwörung, den Vorsitzenden Mao zu töten« (Geheimdokument, 1973).

»Mündliche Geständnisse von Li Weixin« aus dem ergänzenden Material für den »Geheimen Arbeitsbericht des Büros für die Behandlung von zwei Fällen im allgemeinen politischen Büro über die Vernehmung der 11 treuen Gefolgsleute von Lin Piao bei den Luftstreitkräften« (Geheimdokument, 18. Februar 1980).

»Mündliche Geständnisse von Wang Fei« aus dem ergänzenden Material zu »Geheimer Arbeitsbericht des für zwei Fälle zuständigen Sonderbüros des allgemeinen politischen Büros über die Vernehmung von 11 treuen Gefolgsleuten Lin Piaos bei den Luftstreitkräften« (Geheimdokument, 18. Februar 1980).

»Originaldokumente über das ›Komplott am Berg mit dem Jadeturm‹, Pläne der parteifeindlichen Clique Lin Piaos für einen militärischen Staatsstreich« (Geheimdokument, 20. Oktober 1971).

»Dokument des Zentralkomitees der Partei über die Sicherstellung der Vertraulichkeit für die Geständnisse von Mitgliedern der parteifeindlichen Clique Lin Piaos« (Geheimdokument, August 1974).

»Empfehlungen des Genossen Wang Dongxing an den stellvertretenden Premierminister Deng Xiaoping« (Geheimdokument, August 1980). (Anmerkung: Wang Dongxing glaubte, die vorsichtige Behandlung der Affäre Lin Piao sei entscheidend wichtig für die Erhaltung des Ansehens des Vorsitzenden Mao und der Partei).

»Bericht des Verwaltungsbüros des Zentralkomitees der Partei über mehrere Analysen der Todesursache von Li Zhen«, Teil 101 (Geheimdokument, 1973).

»Bericht der technischen Abteilung der Luftstreitkräfte über die Untersuchung des Absturzes der Trident Nummer 256« (Geheimdokument, 15. Mai 1972).

»Bericht des 5. Forschungs- und Untersuchungsbüros des Staatsrates über die Untersuchung der Leichen von Lin Piao und Ye Qun« (Geheimdokument, 28. September 1971).

»Bericht des 5. Forschungs- und Untersuchungsbüros des Staatsrates an Premierminister Tschou über den 6. Indizienbeweis zum Fall Wu Zonghan: Die Behandlung des Falles ›Illegale Beziehungen zwischen dem Generalstab und dem Ausland‹ durch Li Zhen« (Geheimdokument, 7. Juni 1972).

»Bericht der allgemeinen politischen Abteilung der Volksbefreiungsarmee über die Geständnisse des treuen Gefolgsmannes von Lin Piao, Cheng Hongzhen, vom 8. Juni 1972 bis zum 1. September 1972« (Geheimdokument, 1972).

»Bericht des Sicherheitsbüros des Zentralkomitees der Partei an den Vorsitzenden Mao und den Genossen Wang Dongxing über das Problem des Anlegens von Akten über Gespräche zwischen dem Vorsitzenden Mao und Lin Piao während der Ereignisse 9/13« (Ergänzendes Material: Niederschriften der Tonaufnahmen), (Geheimdokument, Dezember 1971).

»Bericht der Sicherheitsabteilung des Zentralkomitees der Partei über den Sonderfall der parteifeindlichen Clique Lin Piaos für den Genossen Wang Dongxing«, Abschnitt 5; der Bericht enthält die »Zusammenfassung und den Originaltext der aus 7 Teilen bestehenden Geständnisse des treuen Gefolgsmannes von Lin Piao, Wu Faxian, niedergeschrieben vom 7. Oktober bis zum 11. Dezember 1971« (Geheimdokument, 20. Dezember 1972).

»Bericht über die Arbeit der Genossin Lin Yamei« (Geheimdokument, Februar 1973).

»Bericht über den Tod von Lin Piao, Ye Qun und Lin Liguo« (Geheimdokument, Dezember 1979).

»Bericht über das Ersuchen des Sicherheitsbüros des Zentralkomitees der Partei an das Zentralkomitee, es möge Anweisungen über die sichere Aufbewahrung von Akten geben, in denen die vier Äußerungen des Vorsitzenden Mao zur Affäre Lin Piao enthalten sind«, Akte Nummer 7 (Ergänzendes Material: Vollständiges Protokoll der vier Äußerungen von Mao), (Geheimdokument, Dezember 1979).

»Geheime Gespräche zwischen Lin Piao und Huang Yongsheng am 4. Juli 1971« (Geheimdokument, 1972).

»Geheimer Arbeitsbericht des für zwei Fälle verantwortlichen Büros (Das »für zwei Fälle verantwortliche Büro« hat den Fall Lin Piao und den Fall der Viererbande behandelt. Die Bezeichnung ist 1976 entstanden.), des allgemeinen politischen Büros über die Vernehmungen von 11 treuen Gefolgsleuten Lin Piaos in den Luftstreitkräften«. Ergänzendes Material: Die Aussagen des ehemaligen Befehlshabers der Luftstreitkräfte Li Jitai über den Befehl Wu Faxians und Liang Pus, zwei Flugzeuge abzufangen; Niederschrift über den Funkverkehr des Kommandos der Luftstreitkräfte in Peking in der Zeit vom 12. September 1971 um 23 Uhr bis zum 13. September 1971 um 5.55 Uhr; Aussagen des ehemaligen Chefs des Stabes der Luftstreitkräfte, Liang Pu, über die Maßnahmen des Kommandos der Luftstreitkräfte bei dem Fluchtversuch von Flugzeugen am 13. September 1971; Aussagen führender Mitglieder der »Vereinigten Flotte«: Wang Fei, Li Weixin, Jiang Guozhang und 10 anderen (Geheimdokument, 18. Februar 1980).

»Auszug aus den Geständnissen von Wu Faxian, 1972 bis 1973« (Geheimdokument, 23. April 1975).

»Aussagen von Qi Zhijing«, Teil 3 (Geheimdokumente, 1972).

»Streng geheimes Dokument des Außenministeriums Nummer 81024« (Geheimdokument, 19. September 1971). (Anmerkung: Bericht der Chinesischen Botschaft in der Mongolischen Volksrepublik über die Untersuchung und Behandlung von Leichen, die an der Absturzstelle der Maschine Nummer 256 gefunden wurden).

»Arbeitstagebuch von Ye Qun« (Geheimdokument, 1972).

»Aufzeichnungen von Yu Sang über zwei Meldungen zum Fall Li Zhen« (Geheimdokument, 1973).

Die Illustrationen sind einer »streng geheimen« Veröffentlichung mit dem Titel *»Kriminell belastendes Material betreffend die parteifeindliche Clique Lin Piaos«* entnommen. Dieses Dokument wurde am 3. September 1972 vom Zentralkomitee der Chinesischen Kommunistischen Partei herausgegeben.

Zur Umschrift der chinesischen Eigen- und Ortsnamen

a) *allgemein:* Vor einigen Jahren meldeten die Nachrichten, die Chinesen hätten ihre *Aussprache* geändert. Diese Nachricht war übertrieben. Die Chinesen haben nicht ihre Aussprache, sondern die alphabetische *Umschrift* für die Zeichen ihrer Schriftsprache in ein einheitliches System, das sogenannte *pinyin* gebracht. Neben die vielen bereits bestehenden Umschriftssysteme trat damit ein neues.

Für den europäischen Leser wurde dadurch die Identifizierung chinesischer Begriffe zunächst einmal komplizierter. Denn man mußte sich daran gewöhnen, daß z.B. der ehemalige Ministerpräsident der Volksrepublik nicht nur als Herr Tschou En-lai, Herr Chou En-lai, sondern auch als Herr Zhou Enlai im Druck erscheinen konnte. Die alphabetische Wiedergabe chinesischer Laute war immer heikel, bestenfalls eine Frage der Gewohnheit. Das erklärt sich u.a. auch schon daraus, daß – um bei unserem Beispiel zu bleiben – ein Franzose das Wort Tschou anders aussprechen wird als ein Italiener oder ein Portugiese – und wer damit näher an das Original kommt, ist wieder eine neue Frage.

Nun wird sich aber in Zukunft die neue chinesische Umschrift, das *pinyin,* wohl international durchsetzen, einfach deshalb, weil die Chinesen in ihren eigenen Publikationen daran festhalten werden. Konkret bedeutet das, daß wir uns für die nächsten Jahre darauf einstellen müssen, mit Mischformen zu leben, denn die Umstellung setzt eine Gewöhnung voraus, die zunächst einmal auf dem Bekannten aufbaut. Wir werden in unseren Büchern und Zeitungen in absehbarer Zeit also mit Mischformen rechnen müssen, ein wenig traditionell deutsche Umschrift, ein bißchen englische Transkription (wenn Buch oder Nachricht von einem Angelsachsen verfaßt wurden) und ein wenig Original-Chinesisch.

b) *konkret:* In dem hier vorgelegten Buch haben wir uns für eine radikal eingeschränkte Mischform entschieden: Nur etwa ein Dutzend Namen sind in der den meisten Lesern vertrauten Form belassen worden. Das prominenteste Beispiel ist Lin Piao, der eigentlich zu Lin Biao hätte werden müssen, wären wir ganz auf *pinyin* umgeschwenkt. Der »starke Mann« Chinas, Deng Xiaoping, den viele Leser noch als Teng Hsiao-p'ing im optischen Gedächtnis haben mögen, verkörpert dagegen schon den neuen Trend –

da bei ihm von allen hier auftretenden Personen Schriftbild und Aussprache ohnehin am stärksten abweichen, schien uns dieser Rigorismus gerechtfertigt. Ähnliches gilt für den ehemaligen Staatspräsidenten Liu Shaoqi, alias Liu Tschao-tschi. Gerade in seinem Fall gibt es in der jüngeren Literatur der Volksrepublik eine große Zahl neuerer Publikationen (auch auf deutsch), die es angeraten erscheinen lassen, der neuen Schreibweise den Vorzug zu geben.

Noch ein Wort zu den Familiennamen: Sie werden im Chinesischen vorangestellt, im Falle von Lin Piao ist also Lin der Familienname. Die Ehefrauen, insbesondere die Ehefrauen prominenter Genossen, behalten auch nach der Heirat ihren Mädchennamen bei. Deshalb taucht die letzte Gemahlin des ehemaligen Parteivorsitzenden Mao in unserem Text unter dem Namen Jiang Qing (frühere Schreibweise Tschiang Tsching) auf, die Frau von Lin Piao als Ye Qun.

Bei der Schreibweise chinesischer Ortsnamen haben wir gleichfalls die oben beschriebene Mischform praktiziert. Wir hoffen dadurch die Verwirrung in ertragbaren Grenzen gehalten zu haben.

Dr. Clara Abend

Inhalt

Einführung 5
Kapitel 1 bis 19 17
Epilog 236
Namenverzeichnis 240
Anmerkungen 249
Quellenverzeichnis 262
Zur Umschrift der chinesischen Eigen- und Ortsnamen 268